3.11以後を生きる震災誌

津波によってすべて流失したなかで唯一残されたお地蔵様。
現場では神がかり的な現象が多く見うけられる。
(石巻市北上町2011年3月27日)

「門脇,南浜町は原爆が落ちたか,まるで戦争の焼け跡のような光景に,言葉もありませんでした」(遠藤美千代「石巻は火と水と寒さ」『3.11慟哭の記録』より)。
石巻市門脇の火災跡
(石巻市立門脇小学校近く
2011年4月23日)

仙台市荒浜の貞山堀運河では，震災1年後のお盆に精霊流しが執り行われ，人びとは亡くなった人に対して静かに手を合わせていた。（2012年8月18日）

防災対策として，浸水域に住居などの建築を制限するのが「災害危険区域」指定である。現在，仙台市荒浜は災害危険区域に指定されて，住むことができない。
ふるさと荒浜に戻りたい住民の異議申し立てが今も続いている。
他方，陸前高田市では浸水した現地に自宅を再建したい住民の意向を尊重して，「安全は自己責任」の立場をとり，災害危険区域指定を面ではなく点にとどめている。（2012年8月18日）

獅子振りは,元来大漁祈願の儀式に厄除けや悪魔祓いなど,家内安全や無病息災祈願も合わせて,宮城県女川町や牡鹿半島の各浜に伝えられた。獅子頭,笛や太鼓の音色,舞い方が浜ごとに異なるために,地域の「まとまり」をもって代々培われてきた伝統文化である。
震災後,女川町竹浦から秋田に避難したホテルで,女性たちが夕食時に,座布団・空缶・スリッパなど手作りの獅子舞を披露した。涙して喜ぶ住民もいた。
(2011年6月7日 阿部貞さん撮影)

2013年12月4日,震災から1000日の月日が経った。死者1万5883人,行方不明者2651人,避難者27万8000人にのぼる。せっかく助かった3089人もの人びとが震災関連死(2014年3月末)している。私たちは行方不明者を含めた「死者」にどのように接すればよいのだろうか。
女川町立病院におかれた行方不明者捜索ファイル
(2011年3月27日)

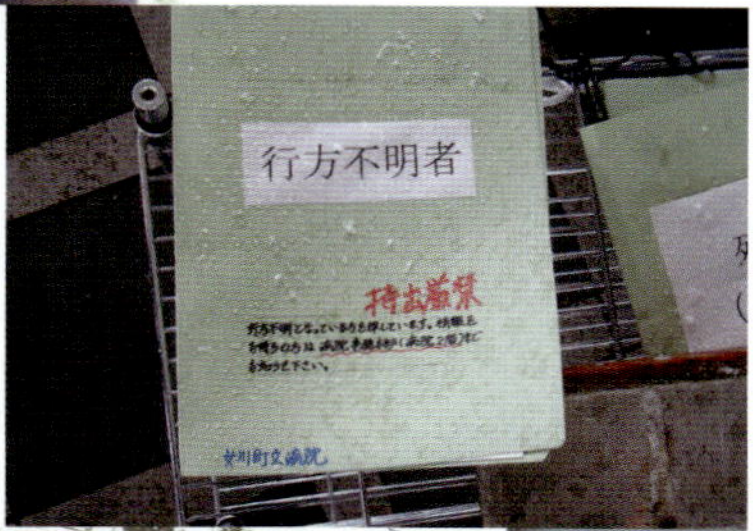

400年前に伊達政宗が宮城県名取市閖上(ゆりあげ)浜を訪れた際,漁師たちが万祝(まいわい)と呼ばれる晴れ着を着て樽や板子を叩いて囃し,「閖上大漁祝い唄」を歌い踊って歓迎したと伝えられている。漁師町らしく声が大きく,高く唄われるのが特徴である。震災1年後,閖上復興祭において仮設住宅で披露された。(名取市2012年3月19日 佐藤航太撮影)

岩手県宮古市の浄土ヶ浜で，重要無形文化財に指定されている岩手県平泉・毛越寺に伝わる「延年舞」，および「黒森神楽」「山口太鼓」が奉納された。門外不出であった延年舞が舞われたことはもちろん，まだ瓦礫が浜を覆い尽くすなか，国立公園に指定されている浄土ヶ浜で舞台を設置して舞を奉納することは，常識的にはありえなかった。津波で亡くなった人びとの遺体身元調査ボランティアに関わった実行委員長の手腕が大きかった。
（宮古市・浄土ヶ浜「鎮魂の祈り」2012年7月7日同実行委員会撮影）

2004年12月26日にインドネシアのスマトラ島沖で起きたM9.1の地震。この時発生した大津波はインド，モルディブ，アフリカ諸国にまで達し，死者・行方不明者は合計で22万7,898人にものぼった。そのうち，4万人が津波の犠牲になったスリランカの慰霊碑。レリーフには列車に乗っていた乗客が津波に飲み込まれる様子がリアルに描かれている。
（スリランカ・パラーリヤ 2013年8月23日）

「ここで漁業をあきらめ，重茂（おもえ）を去るのか，みんなでもう一度協力して困難を乗り越えるのか」。2011年4月9日，伊藤隆一組合長のもと，宮古市重茂漁協組合員全員協議会に約380名が参集し，組合長が直接問いかけた。即座に漁業再建の絵が描かれ，漁協が中心となって中古船の買い取り，新造船の費用負担，ワカメ養殖再開などに奔走した。これには道普請や浜の清掃活動，漁協による魚付林の購入，合成洗剤追放の運動など，共同の精神がふだんから醸成されていた。

左：明治29（1896）年，昭和8（1933）年の海嘯（大津波）記念碑。「高き住居は児孫の和楽　想へ惨禍の大津浪　此処より下に家を建てるな」と刻まれている。（宮古市重茂（姉吉）2013年7月28日）

中：新造船が揃った重茂漁港（2013年7月28日）
下：コンブの切り取りと引揚げ作業をおこなう若い漁師（2013年11月20日）

石巻市北上町は,昭和50年代から宮城県の中でも出稼ぎが一番多い地域であった。そこで青年研究会を中心にワカメ,コンブ,ホタテ養殖の周年漁業を導入して,海で生きていく方策を試行錯誤してきた。

左:震災前のワカメ選別作業(北上町十三浜 2010年3月22日)

右:「一部体力のある人間が利益を得て,体力のある声の大きい人だけの意見を聞いて,そのまま通すとたいへんだっちゃ。好きで船を持たないならいいけど,(津波で)持って行かれてなくなったんだから。一人が百歩進むことを許すわけにはいかないから,百人で一歩ずつ進むことで(漁協の)中をまとめた」と話す佐藤清吾十三浜漁協運営委員長。
(2011年11月20日 右は筆者。齋藤宇成撮影)

アワビ口開け(解禁)の朝(十三浜小滝 2012年12月8日 青山英幸氏撮影)

北海道南西沖地震後に,奥尻島の周囲に張り巡らされた防潮堤。「地震の3分後に津波が襲ってきて,逃げる間もなかった。海が見えなくなってさびしくなったなあ」と奥尻町住民は語ってくれた。そこには10メートルを超える防潮堤がそびえ立ち,海と陸を隔てる壁となっていた。

(奥尻島 2012年11月1日)

気仙沼では,約50年前の昭和35(1960)年のチリ地震で約1.5メートルの津波の被害を受けたが,それでもなお防潮堤建設計画を拒否し,「無」防潮堤のままであった。
左:震災前の気仙沼内湾　魚町地区
(2007年11月9日)

右:震災後の同地区(2011年4月14日)。気仙沼湾では石油貯蔵タンクが燃え上がり,火の海となった。漁港にも壊滅的な被害があったにもかかわらず,巨大防潮堤建設計画には強い反対の声が上がった。

左:「防潮堤を勉強する会」は気仙沼市内で合計14回行われた。参加者が百名を超すこともあり,熱心に防潮堤に関する議論が交わされた。町ぐるみといっても過言でないほど関心の高いトピックとなった。(2012年8月24日)

下:明治時代　気仙沼内湾の町並み
(出典)「明治時代四 気仙沼湾内湾の町並」佐藤正助監修『目で見る気仙沼・本吉・登米の100年』郷土出版社(2000:44)

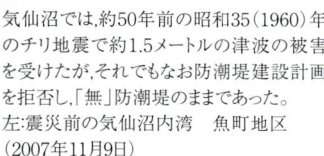

震災から1週間後,阪神･淡路大震災の経験をもとに震災の記録を集めることを念頭において活動を開始する。バスと徒歩で最初に津波浸水地区を訪れたのが,仙台港･蒲生だった。小学校の敷地には時計が流されていて,津波到達時刻を刻んで止まっていた。天地がひっくり返り,この世のものとは思えない光景が拡がっていた。何もかもが「ぐじゃぐちゃ」という表現しかできず言葉を奪われた。（仙台市宮城野区蒲生 2011年3月18日）

周囲が津波の被害を受けて瓦礫が散乱するなかで,お地蔵様の祠の一角だけがきれいに残されていた。あまりにも凛とした姿が印象的だった。（2011年3月18日）

左:仙台市も震度6強の烈震に見舞われ,筆者の自宅も3分近い揺れによって本棚がすべて倒れる。携帯のワンセグで確認すると,大津波が各地に押し寄せるという警報が出ていた。避難した屋上から仙台空港付近を眺めると,すでに津波が到達してまるで海のような光景が拡がっていた。
(仙台市青葉区 2011年3月11日)

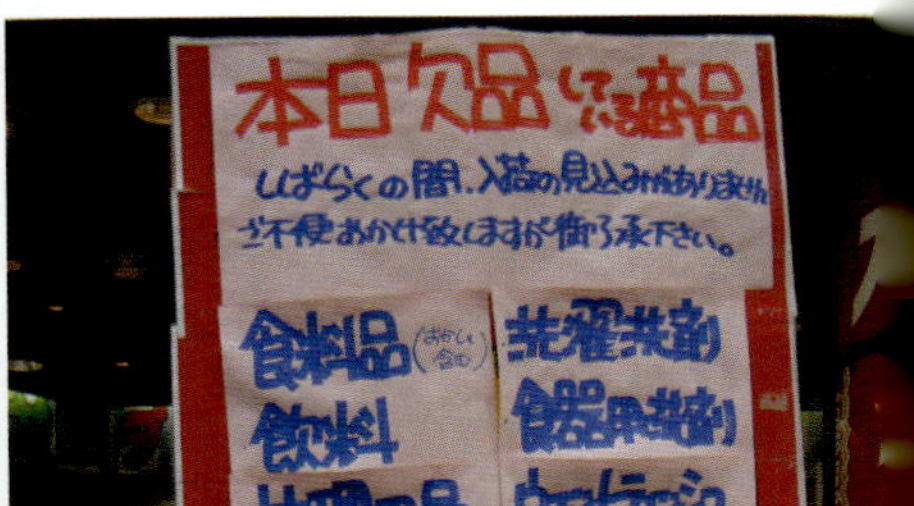

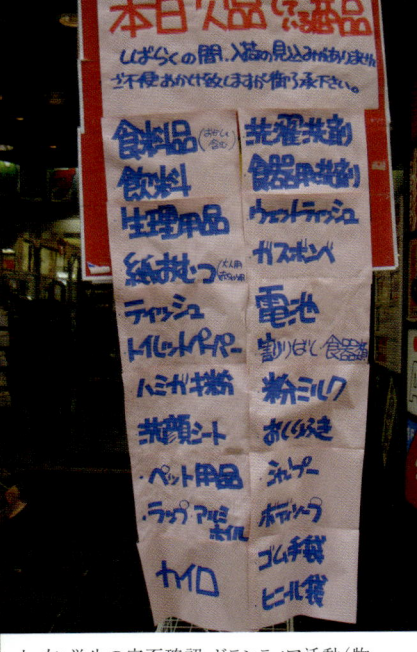

上・左:学生の安否確認・ボランティア活動(物資の運搬・泥かき)・研究室の片づけや食料の買い出しなどに追われる。仙台市内でもあらゆるものが長期にわたって品不足に陥った。
(2011年4月15日)

「壊滅」という言葉がふさわしかった。リアス式海岸に面した女川の津波高は10メートルを超え，高台にある町立病院を呑み込んだ。しんとした雪の舞うなかでロープにぶら下がった車が不気味な音を立てて軋む。

破壊しつくされた女川町中心部
（2011年3月27日）

震災ひと月後。船も家も瓦礫と化した。（2011年4月14日）

女川町の実家で両親と祖母の3人を一度に亡くした女性は「正体不明のつなみが悲しみだけを残していった」と記した。
（丹野秀子「正座したままで逝った父,母,祖母」『3.11慟哭の記録』より）

土台ごと引き剥がされて倒壊したビル
（女川町 2011年3月27日）

南三陸町防災庁舎。職員や町民が犠牲になった。骨組みだけが残り,取り壊される予定であったが,震災遺構として保存すべきか議論が分かれて決まっていない。
（南三陸町 2011年3月27日）

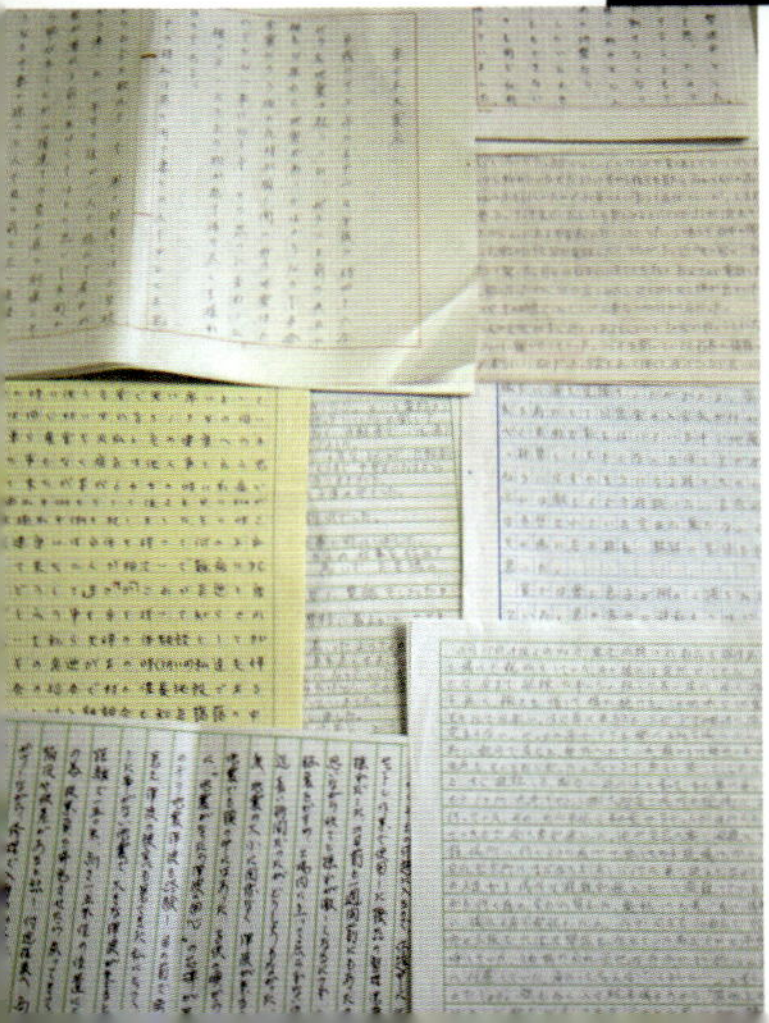

『3.11慟哭の記録』に寄せられた手書きの原稿
震災のちょうど1年後に『3.11慟哭の記録——71人が体感した大津波・原発・巨大地震』（新曜社）を刊行した。
3県27市町村71人の切実な言葉が541頁,50万字にわたってぎっしりと詰め込まれている。何もかも失った方々に震災記録の執筆を依頼することは良識を逸脱していたが,遺族の手記でなければ、大震災の正体はわからないという予感があった。刊行後お礼に訪問したところ,亡くなった人が「本の中に生きているようで」と思いがけず感謝の言葉をいただいた。（2012年3月）
（YouTube 3.11慟哭の記録　https://www.youtube.com/watch?v=qLdB48j2vmc）

3・11 慟哭の記録

3・11
慟哭の
記録
東北学院大学
サンドウィッチマン 推薦!

震災当日の夕暮れ（2011年3月11日 赤井志帆さん撮影）

震災から1年 出発の朝
（石巻市北上町十三浜小室
2012年3月11日 青山英幸氏
撮影）

「スーパームーン」
（同　大室 2012年6月22日）

震災メメントモリ

第二の津波に抗して

金菱 清
KANEBISHI KIYOSHI

新曜社

震災メメントモリ　目　次

装幀　大橋一毅（DK）／地図制作　谷崎文子
＊断りのない写真は著者撮影・提供による

はじめに

私たちが目撃あるいは体験した巨大津波本体を「第一の津波」だとすれば、本書で述べる「第二の津波」は、その後やってくる生活全般の過酷な再編と心身の苦痛を伴う耐えがたい経験である。

第一の津波の直後は、想像を絶する被害に世論が沸騰して集合的な関心が高揚し、被災民は物心両面で支えられる。しかし、時が経つにつれて周囲の無理解のなかでしだいに孤立感が漂い、肉親の死を受け止めきれず、あるいは故郷《ふるさと》に戻れず、新たな見通しがないまま将来設計をしなければならない。第二の津波は何度も押し寄せては人びとに襲いかかり、長期にわたって執拗に苦しめ続ける。

なぜなら第一の津波が人間の文明とは無関係に発生しそれを破壊する自然現象であるのに対して、希望を運んでくるはずの復興の実体は、現実の場面では荷厄介な法律手続き、亡くなった肉親の供養や行方不明者の捜索、まだ見ぬ子孫に対する命の責任という形で、第二の津波として被災者に重くのしかかるからである。それは賽の河原の石のように、一人ひとりがたゆまず積み上げては崩れる果てしない営みである。

本書で取り上げるある若い女性は、震災前は等間隔に立つ街灯の光に照らし出されるように、十年先、二十年先の未来を見通すことができたが、震災が起きて心の中の灯りは消え、足元すら見えない、いつ消えるかもわからない弱々しいロウソクの光に変わってしまった、と語った。これは単なる隠喩ではない。父親の死に直面した女性はまだ津波の水も引いていない真っ暗な街を、葬儀業者を探してさまようことになった。暗闇のなか、ロウソクの光だけを頼りに水をかきわけて歩いた経験と、先の見えない未来を重ね合わせているのである。第二の津波の強圧的な力によって、震災の遺族や被災民の生活は、忍び難い悪循環に落とし込められようとしている。

しかしながら被災の現場をつぶさに見た時に、人びとは第二の津波の一方的な圧力に屈しているかといえば、決してそうではない。激しい攻防戦が繰り広げられており、場面・事象によっては抗し難い力を撥ね退けるような、瞬発力と弾力性を伴った集合的行為が生まれている。この力は多くの場合、個人の力では解決できない課題に対して、集団として対処する際に生まれる。こうしてはじめて第二の津波を辛うじて制御《コントロール》することができるのである。私たちは、このような大災害の後に立ち現れる胎動に対して、多感な肌感覚をもつ必要があるだろう。津波という自然現象を社会科学的な見地からとらえなおすとき、第二の津波に抗する生活戦略のヒントを具体的に見いだすことが可能となる。人間の力ではどうすることもできない千年災禍を、何とか集合的にコントロールするための生活の術《すべ》を現場から学び取ることができる。

災害現場では、多くの場合、被災民の壮絶な喪失体験や仮設住宅の実状などは、行政のまちづくり方針の違いによって個別に分断されて、表層に現れることがない。

しかし、人びとのほんの小さな〝つぶやき〟が大きな意味をもっていることがある。ある女性が私にこんなことを話してくれた。なんでも仮設住宅で暮らす高齢者が畑を耕しに、自分のふるさとに戻っているという。心が癒され、笑顔を取り戻すことが多くなった。ところが、津波に流されて誰も住まなくなったふるさとにバスは運行されない。高齢者が自力で行けない、というつぶやきが洩れるゆえんである。

残念ながらこのようなほんとうに小さな声は「復興」というスピード感をもった言葉によってかき消されているのが現状である。ただし、ここにはたいへん重要な問題が隠されている。それは被災地において高齢者の認知症の防止には、何よりも自ら意思を持って何かに働きかけることが大切であるが、そのための福祉行政がなおざりにされている。実はこのふるさとは現在「災害危険区域」に指定されており、住宅建築が制限されているが、この制度の一番の問題はなによりも人びとが働きかけるべき「ふるさと」を否定するところにある。すなわちこのような空間の再編は場所性を喪失させ、「第二の津波」による心身の剝奪にもつながることを物語っている。「災害危険区域には誰も近づかせない」ことで、逆に高齢者の心身の健康を危険にさらし、移動の自由を奪っていることに行政は気づいていない。この女性のつぶやきは何千億円もの防潮堤、立派な道路を望んだりするものではない。ほんの少しの工夫や改善ですむ話である。ふるさとと仮設住宅を結ぶ福祉バスまでは無理でも、数百メートル手前で止まっている停留所を元に戻す、たったこれだけのことである。

ふるさととは何か。津波が襲って根こそぎ流されてしまった危険地帯には、以前のような風景のふるさとはもうない。しかし、ふるさとの深部には彼女たち彼らの先祖という「死者」が眠っている。多くの高齢者は、自分も近いうちに旅立つという予感があるためか、先祖のいる土地がつねに「気になる」。先祖伝来の土地にできれば帰りたいという想いがある。流された地で真っ先に建て直されたものは、電柱でもなければ防潮堤でもなく、お墓であった。お墓や仮設の自室にある位牌の前で「なぜ俺の時代にこんな目にあわなくてはならないのか」と先祖にひとり語りかける男性がいたことが象徴的である。

もちろん、ふるさとをやむなく捨てざるをえない人びとの理屈もまた、この「死者」との接点をもっている。それは、この地で愛する家族が亡くなったからである。このふたつの事実は同じコインの裏表の関係にあり、人びとの行為がいずれも死者によって強く規定され、衝き動かされるからだともいえる。どちらの人びとにとっても、ふるさとはつねに「気になる」存在なのである。

甚大な被害を被った、宮城県名取市閖上《ゆりあげ》に住んでいた遺族は、「息子が亡くなった閖上の土地には二度と住みません。もし住めば、お父さん、なぜ僕が亡くなったところで住むの?と言われそうで」と吐露する。その一方で、「できれば閖上の海の香りを嗅ぐことができる一番近いところに住みたい」という本音もある。私たちは二度と住まないという、決意にも似た「行為」の選択に着目するよりも、むしろ後者のもどかしい思いを抱きつづける「心意」に寄り添って考えることが、重要なのではないだろうか。

物理的防御によって災害リスクを可能な限りゼロに近づけようとする、善意かつ早急な復興・防災策は、10メートルもの防潮堤建設計画に端的に表れている。高い防潮堤を前提にほかのまちづくりも進んでいる以上、この高さは変更できない、と行政は強調する。これには、ともすれば海辺で暮らすことを危険で「誤った」選択とする暗黙の認識が含まれている。復興の多くの過程で見過ごされているのは、死者や過去(歴史性)の問題である。被災民は災害で亡くなった犠牲者を切り離すことを求められ、真新しい生活への適応を外側、内側から強圧的に迫られる。そのことが第二の津波として、被災者を追いつめている。ことに、行政も専門家も気づいていない。つまり、多くの科学は死者を忘却することによって、生者の生き方の追求に邁進しているようにみえる。その意味で、現在の科学は生者と死者の関係性にきわめて鈍感である。

災害復興の議論は、生きるか／死ぬかという生存の議論にすりかえられ、そこで死者との関係性も含む、よりよく生きる生活の質や文化的な営みは退けられる。たとえ復興の論理に整合性がとれていたとしても、たとえば「私の代でふるさとを捨てるとは、ご先祖様に申し訳がたたない」といった切実な訴えにぶつかったとき、それらは狭量であることが明らかである。

とりわけ、高い防潮堤はそのことを端的に表しているといえよう。生存権に託けた防潮堤建設の議論は、将来起こるかもしれない災害への防御である。それに対して、現場で問われているのは、アルコール依存症や自死、震災関連死という、震災で助かった命が今日明日ついえようとしている被災者の危機である。福島県の高齢者を中心に、すでに震災関連死は、３０８９人（二〇一四年三月末現在）にものぼり、阪神・淡路大震災の直接死の半分を超える。目に見える巨大なコンクリートの防潮堤を建てる議論よりも、このような内なる危機に対して目に見えない心の防潮堤をしっかり立てる発想の転換が必要であることを、現場が鋭く問いかけてくる。

私は、数多くの現場を踏むなかで、災害リスクを逃れた安全・安心を考えるのではなく、海辺に近い土地、あるいは海辺そのものから「死者」を取り込んだ復興のあり方を考えなければならないと強く考えるようになった。被災者自身が心の奥にしまい込み、見えなくなっている実態からの問いかけである。

本書では、死者や喪失との「つきあい方」を通して次のステップに向かうことに軸足をおく。ここではそれを「震災メメントモリ」と呼んでいる。メメントモリとは元々「死を忘れるな」「死を想え」という旧約聖書に由来するラテン語の言葉であるが、震災のために生を中断せざるを得なかった人びとへの想いでもある。そして死者および死者と関わる人びとの想いを捨象すれば、震災の経験を何も踏襲しないことと同義であるという教えでもあるように思われる。ここで強調したいのは、死者との霊的な交流や宗教儀礼ではなく、震災に伴う遺体や埋葬のあり方、遺族が死者と共にいる感覚、〝過剰な〟コミュニティの働きかけによって救われる魂など、生者である被災者の共同行為に軸をおいた見方である。

私たちフィールドワーカーはまず一人ひとりの個人の経験の襞に分け入りながら耳を傾け、それが最も強く現れる集団の力《エートス》とでもいうべきものについて表象することが求められる。

本書の第1章「彷徨える魂のゆくえをめぐって――災害死を再定位する〝過剰な〟コミュニティ」では、宮城県名取市の仮設住宅で、阪神・淡路大震災後の仮設住宅で孤独死やアルコール依存症者が数多く発生したことを教訓として、自治会レベルで講じてきたさまざまな対策をまとめた。すると、自治会のある意味〝過剰な〟コミュニティ運営が功を奏していることが浮かび上がってきた。この過剰なコミュニティ運営は、生死のわからない行方不明者の彷徨える魂に対処する、擬似的な社会・文化的装置と見なすことができる。この章では、大規模災害で生じる無念な「死」に対して、民俗学・宗教学とは異なる視角から、コミュニティの役割を社会学的に探る。そのことを通して、犠牲者を未だ彼岸の「死者」として扱えず、此岸に残された人びとの社会的生に対する積極的な位置づけをおこなう。

第2章「「生きなおす」ための祭礼―拠って立つ居場所を具現化する祭礼の意義」では、震災後各地で復活あるいは再開された祭礼が、一見生活にとって二の次にみえながら、震災後の生活再建にむけてどのような役割を果たすのかを問うてみる。

第3章「内なるショック・ドクトリン―第二の津波に抗する生活戦略」では、カナダのジャーナリストであるナオミ・クラインが「ショック・ドクトリン」として描きだした惨事便乗型資本主義を取り上げ、津波の後にやってくるどさくさ紛れの産業振興策に対して、コミュニティはどのように対応し、生活戦略としてそれを防ぎながら、同時に震災以前から問題になっていた内部の構造改革を成し遂げようとしているのかを、「内なるショック・ドクトリン」として明らかにする。

第4章「千年災禍のコントロール―原発と津波をめぐる漁山村の論理」では、東北各地において地域自立への「問い」がすでにあったことに注目する。各地域は過疎や高齢化に対して、震災以前から対処していたのである。千年災禍といわれる未曾有の津波や原発事故に直面して、どのようにコミュニティは災害脆弱性（ヴァルネラビリティ）を克服し、千年災禍をコントロールする試みに寄与したのかをとらえることで、災害に対する回復力（レジリエンス）を考える。このことは危険をめぐる行政の線引きとは異なる水準を提示することになる。

第5章「「海との交渉権」を断ち切る防潮堤―千年災禍と日常を両属させるウミの思想」では、震災以後未曾有の津波に対処すべく、10メートルを超える防潮堤の建設計画に対して各地で疑問の声があがり、反対意見の表明がなされたことを取り上げる。なぜ命を守ってくれるはずの防潮堤建設を拒否するのだろうか。宮城県気仙沼の内湾地区を事例にして、これまで「無」防潮堤を選択することで「海との交渉権」

を確保し、それを拡充させ、海からの恵みを最大限享受してきたことを明らかにする。陸《オカ》と海《ウミ》との濃密なつながりから得られた豊富な恵みと魚市場の文化を守るために、「無」防潮堤を志向してきた歴史がある。その歴史を無視した時に、気仙沼が漁港として存立しうるのかを問うている。

第6章「震災メメントモリ―痛みを温存する「記録筆記法」と死者をむすぶ回路」では、生者を通じて語られる死者の言葉に私たちはどれだけ寄り添い、かすかな囁きに耳を傾けることができたのだろうか。行方不明のまま「死亡届」を出さざるをえない遺族は次のように問うことになる。「果たして私の愛する人はほんとうに逝ってしまったのだろうか」。突然、生を中断せざるをえなかった「彷徨える魂」とどのように向き合うことができるのか。最終章では、東日本大震災特有の被害の特徴を解き明かすために、私が編集した震災の記録集『3・11慟哭の記録』のなかで、被災者自ら書き綴る「記録筆記法」という試みから発見したことを手がかりに、考えてみたい。

巻末の「震災覚え書き　灯りの見えない未来―ねじれていった心」は、赤井志帆さんの手記を掲載した。志帆さんは津波で父君を亡くされ、『3・11慟哭の記録』には間に合わなかったが、その後、記録筆記法による執筆に再度チャレンジしてくれた。二〇一二年後半から一三年初めにかけて、フジテレビの報道特別番組『0311、知られざる心の闘い　こころの再生・復興』企画制作スタッフが志帆さんに密着取材し、二〇一三年三月九日（13：30～15：30関東）、同月二五日（深夜1：25～3：25宮城）に放送された。記録筆記法の実際の執筆プロセスを伝える貴重な映像となった。

巻頭の「3・11以後を生きる震災誌」は著者が自ら撮影し、一部を提供・引用させていただいた写真集である。

秋　田
秋田
盛岡
田老
浄土ヶ浜
宮古
重茂
岩　手
花巻
大槌
釜石
北上
奥州
大船渡
陸前高田
平泉
一ノ関
気仙沼
唐桑町
内湾・魚町
新庄
栗原
登米
南三陸
志津川
戸倉
山　形
宮　城
古川
北上町十三浜
追波
女川
雄勝
東松島
石巻
女川町竹浦
石巻市
桃浦
塩竈
仙台
仙台新港
山形
蒲生
荒浜
名取
閖上
仙台空港
亘理
山元
相馬
福島
飯舘村
南相馬
福　島
浪江
双葉
福島第一原発
大熊
郡山
N
0
50km

第1章

彷徨《さまよ》える魂のゆくえをめぐって

——災害死を再定位する〝過剰な〟コミュニティ

写真1.1　閖上日和山の慰霊碑（名取市 2012年５月２日）

1　不条理な肉親の死――仙台市と女川町を襲った津波

1.1　遺族に襲いかかる第二の津波

災害は突然やってくる。そして未経験の人びとを待ち構え、次々に困難が襲いかかる。ここに紹介するのは、二〇代という若さで、津波によって最愛の父親を亡くした女性である(1)。

地震の直後から連絡が取れていた父は「今から帰るよ」というメールを最後に、急に音信が途絶えてしまった。女性は「大丈夫。きっとお父さんは大丈夫。きっと率先して、みんなを助けているんだよ。心配することないよ。私ももうすぐ家につくから、一緒にお父さんの帰りを待っていよう」とあえて笑って、母をなだめた。大丈夫、大丈夫と、自分にも言い聞かせていた。しかしそれから何十回となくメールや電話をしてもついに父親の携帯につながることはなかった。

震災発生から二日後、父の会社の同僚が自宅を訪ねてきた。彼は静かに深く、母にお辞儀をして「ご主人は、家に帰ってきていますか?」と尋ねた。母親は「帰ってきていません。いったい何があったのか教えてください」と、体を震わせながらも静かに落ち着いた声で答えた。彼は「私は、自分の知っているとのすべてを、奥さんに伝えなくてはいけないと思って、やっと今日ここまで来れました。遅くなってしまい、申し訳ありません」と、目を伏せてもう一度深くお辞儀をした。そして、地震発生後、自分の運転する車で、彼女の父と一緒に会社を出たが、帰り道の産業道路で、二人とも津波に巻き込まれた、と話し始めた。

いつもの国道45号線に出る道で曲がろうとしたが、あまりにも道が混んでいて、どうしても曲がれず、仕方なくまっすぐ産業道路を進んできた。そして、その先の交差点で、突然「黒い水」が視界の右側に飛び込んできた。そこで初めてハッとわれに返り、二人で車から降りようとしたが、その時にはもう運転席側のドアは水の重みで開かなかった。彼女の父が乗っていた助手席側のドアが開き、同僚は父の後を追うように助手席から外に逃げ出した。

先に走り出た父が、何かにしっかりしがみついたのを見て、同僚も夢中で自分の目の前にある物につかまった。お互いを確認した時には、津波がすごい勢いで身体にぶつかってきた。何とかその勢いに耐えて顔を上げたときには、父の流されていく姿が遠目に見えたという。顔は水面に出ていたが、自分ではどうすることもできなかった。本当に申し訳ないが、そのまま見失ってしまった……「奥さん、すみません、すみません」と何度も苦しそうに言葉を詰まらせながら吐き出した。同僚は偶然フェンスに引っ掛かり助かったが、父はそのまま流された。

彼は帰り際に「顔が水面に出ていたのは、間違いないです。ケガはしていても、助かっているかもしれない」と、ひときわ大きい声で言い、帰って行った。彼女は、父は生きている、父もきっと生きている、と繰り返した。涙がぼろぼろと落ちたが、口に出して、言葉にして、何度も何度も繰り返していた。

その後、祖父、母と共に父の同僚が話をしてくれた場所まで父を探しに行った。津波の水は引いていたが、ひどい惨状だった。舗装されたアスファルト道はどこにも見えず泥で覆われていた。あるのは、数えきれないほどの車が、つぶれて積み重なっている光景であった。

父が流されてきたであろう方向を推測して、人が残っている民家や商店の戸口をたたいて尋ねて回った。ケガをした人たちや遺体を小学校に収容したという話を聞いたので、そこをめざすことになった。押し潰された車を何台もよじ登り、手や足に泥がつくのも構わずに無心で進んでいった。行った先で尋ねると、遺体は隣町にある県の総合体育館に収容された、と教えてくれた。

遺体安置所に着いたのは夕方であったが、発電機のモーター音がひびくなか、工事現場でよく見かける大きな灯りがともされた。入口のフロアには宮城県警と書かれた上着を着た人が数人いて、整理券を手渡していた。そしてパイプ椅子が並べられた場所で待つように言われた。待っている人たちは意外と多かったが、お互いに言葉を交わす人はほとんどいなかった。心底凍えるような寒さのなかようやく整理券の番号が呼ばれ、警察官の質問を受けながら、行方不明者として父親の特徴を用紙に書いていった。後退したオデコのことや、二重瞼の目、昔ケガで少し欠けたという前歯のことや、身体的特徴、持ち物、服の色などを伝えながら、彼女と母親はほんの少し「笑顔」になっていたという。周りから見ると変だったかもしれないが、彼女は父親のことを誰かに伝えるのがうれしくて、まるで彼のことを自慢するかのように警察官に伝えた。

警察官が「確認します」と衝立の後ろに入って行って、戻ってくるまでにあまり時間はかからなかった。その間彼女は不安に駆られる。小さな声で母親に「ここでお父さんに会えるのと会えないのと、どっちがいいんだろう」と聞くと、母親は「わからないけど、早くお父さんに会いたいね」と答えた。先ほどの警察官が静かに言った。「一致する方がいらっしゃいます。お会いになれますか」。彼女は何も言えず、頭が真っ白になってそこから動けなくなってしまう。母親は一呼吸おいてから、静かにはいと答えた。

ファスナーのついた白くて大きい重そうな袋が五、六人がかりで運ばれてきた。その後からきた透明なビニール袋の中には、明らかに父の荷物が見えていた。「どうしよう、お父さんのカバンだ」。もしかしたら、袋の中には違う人が入っているかもしれない、父の荷物だけが別の人の所に流れ着いて、父はどこかで生きて私たちを待っているはずだ、と思った。目の前に置かれた白い袋のファスナーが、ゆっくりと降ろされる。そこにあったのは、まぎれもなく、父の顔だった。その瞬間彼女は足から力が抜けて、床にひざまずき、嗚咽を漏らしていた。

1.2　遺体との対面と埋葬

次に紹介する三〇代女性も、宮城県女川《おながわ》町の津波で祖母と両親の三人を亡くした(2)。塩竈《しおがま》市で被災した女性と夫は無事であったが、女川町の実家に夜通し連絡を取ろうと試みたが、何度電話をかけてもつながらなかった。女川町の情報は皆無で、震災五日後の夜になってようやく町の様子がテレビニュースで放映された。五分程度だったが、震災後初めて見る女川は信じられないくらい変わり果てていた。国道沿いの民家が建ち並んでいたところには家らしきものは一軒もなく、瓦礫が山積みになっていた。何度も繰り返し再生してやっと撮影場所が特定できたほどであった。

その場所は海からはだいぶ離れていて、津波など来るはずがなかった。同時に女性の兄から「女川に行った知人がいて、その人からの情報によると町立病院まで津波が上がった」というメールが入る。町立病院といえば海に程近いところにあるが、海抜15メートルはある丘の上に建っている。津波がそこまで来るはずがない。何かの間違いだろう。町立病院まで津波が来ていたら、うちの実家も駄目だろうけど、そんなことはありえないと思った。入り組んだリアス式海岸に面した女川は津波の被害に何度も遭っており、従来よりこの程度の地震ならば津波が来ることは周知されていた。今回はそれをはるかに超える津波が襲来したことになる。

　軽自動車に夫やきょうだい四人で乗り合わせて女川に向かった。まず目に飛び込んできたのは変わり果てた女川の街と実家だった。家は残っていたが、一目見て「ダメだ」と思った。屋根の上まで角材や瓦礫が残っていて、家ごとすっぽり津波にのまれたのがわかった。隣の家もどこか違って見えたし、なによりも実家の屋根の上に、ほかの家が一軒乗っかっていた。バイパスは海岸のほうに向かって伸び、マリンパル女川という施設にぶつかる。バイパスの両脇は昔からの商店や家が建ち並んでいたがその建物は何一つとして残っていなかった。建物の代わりに何をどうしたら出るのだろうと思うほど瓦礫の山、山、山が、景色一面を覆い尽くし連なっていた。

　実家の近くに車を停め、隣の家の前を通って実家に近づいた。その細い道路には電柱が倒れ、ガラスが散乱し、角材のようなものや原型をとどめていない布や金属、泥、石が散らばっていて、注意して歩かないと怪我をしそうだった。隣の家はよく見るとぺっちゃんこに潰れていて、その上に見たことのないほかの家が乗っていたのだった。実家の庭にも同じような瓦礫が山積みになってはいたが、家はしっかり建っていた。だが、家の中に入る隙間がなかった。

　あきらめて両親は知人宅に避難しているかもしれないと、そちらに向かってみたがいなかった。途中同級生に会い、両親のことを尋ねてみたが、情報は全くなかった。その同級生は避難所がどこにあるのか、携帯の通じる場所などを教えてくれた。

　教えられた避難所をしらみつぶしにあたる。避難者名簿を見て、中の人たちにも両親のことを尋ねたが誰一人として見た人はいなかった。

朝から降り続いている雪で道路の瓦礫や散らばったガラス、切れて垂れ下がった電線が真っ白になり、歩くにはさらに危険だった。七つの避難所と津波の被害を受けた町立病院を回り、なんの情報も得られぬまま、もう一度実家に戻った。

少しもろくなっている勝手口の脇の外壁を壊し四人で中に入った。台所には母の思い出が詰まっていた。彼女にとって台所＝母なのだ。変わり果てた台所には思い出のある食器やなべ、電化製品が泥をかぶって並んでいた。一つ一つ手に取ると母親の顔が浮かぶ。「お母さん、どこに行ったの？ どこに行ったの？」。涙が出て止まらなかった。

夫が戻ってきて低い声で「お母さん見つかったよ」と言った。奥の部屋に入り「どこにいるの？」「床の間の前だよ」。正座した状態で体をすこし後ろに倒して母親は亡くなっていた。声を出して泣いた。そして早く助けてあげなければと思った。誰かの応援をもらうため道路に出た。すぐに自衛隊の車が通り、車を止めてお願いした。自衛隊はすぐに無線で連絡を取ってくれた。女性と兄の二人で本部に向かい、直接話をしたが、今日は雪でこれ以上活動はできない、明日朝一番で向かうとの約束をとりつけた。

こんな寒いなか、母親をおいて帰らなくてはいけないのか。しかたなく、彼女の自宅（七ヶ浜町）へ帰路についた。車の中ではみな無言だった。きっとお父さんもおばあちゃんも一緒にいるよ。三人一緒だよと心の中で思った。だが翌日はガソリンが手に入らず、白いテントの遺体安置所でブルーシートに包まれた母親と対面したのは二日後だった。

お母さんだ。すぐに母親とわかった。母親の頬を触ったらとても冷たかった。心底冷えて冷たかった。

眉には津波の砂が入り込んでいて、タオルで拭いてあげた。お母さん、お母さん、寒かったね。怖かったねと声をかけながら、拭いても、拭いても砂は残る。お父さんもおばあちゃんも見つけてあげるからね。お母さん……。母親の顔がそう苦しそうにみえなかったのが唯一の救いだった。

数日たって行方不明だった父と祖母が見つかる。町の担当者から「ご遺体をどういたしますか?」と尋ねられ、町では「仮土葬」の方針であることを知らされる。「うちの両親たちをそんなことにさせてたまるか」という怒りを覚えるが、どうしようもない状況であった。

三月の下旬に女川町から仮土葬の案内が来た。何を準備していいのかわからなかったが、普通の葬式を思い出しながら準備をした。お花、お線香、お茶、お水、お供えの果物とお菓子、お金や味噌、お米など。それぞれの愛用の品を入れてあげたいと思ったが、何一つないのが悲しかった。せめてきれいなものをと、自宅にあった新品の下着と靴下、ハンカチをそれぞれにそろえた。夏になるとタオルを欠かせない汗かきの父親にはタオルを、着物をよく着たおばあちゃんには被災した実家から何とか見つけた草履を準備した。

当日仮土葬の会場にはほかの遺族もたくさん来ていた。きれいな長方形の穴がたくさん掘ってあり、木の杭に番号と名前が記されていた。係が穴の前まで棺を運んでくれる。棺のフタをずらし最後のお別れをした。土の中でごめんね、何もしてあげられなくてごめんね。それぞれの好きだった花や手紙、前日準備した下着や靴下を入れ、従姉が亡くなった従姉のお母さんの着物を母と祖母に掛けてくれたのには、本当に救われた。祖母の米寿のお祝いの写真からそれぞれを抜き出し小さな写真たてに入れ、お供え物とともに棺の前に飾った。

少しすると男性五～六人くらいで棺を持ち上げ穴の中に納めた。穴は大人の背丈ほどの深さもあった。親族が一人ひとりスコップで土を掛けお線香をあげ手を合わせた。お坊さんもお経もない。みな普段着で長靴やスニーカーで参列した、本当に小さな儀式だった。

翌日重機で土を入れ名前と番号が記された杭を目印に立てると説明を受け、後日弟家族が土を盛った仮のお墓の前にお供え台を置いてくれた。

町の火葬場が稼働し始めて火葬ができたのは五月二日のことだった。棺は仮土葬場から火葬場前のテントに安置されていた。そこから炉の入口まで家族、親類の男性陣が棺を運んだ。出棺の際によく見かける光景だったが、棺が土をかぶり、とても重そうだった。持ち上げた棺からは雨水が垂れていて、彼女はやるせない気持ちになった。

1.3　想定内の災害

以上は、初めて大規模災害に遭遇した女性が経験した、家族の捜索・遺体との対面・埋葬・処理に関わる出来事である。何から何まで普通では考えられない出来事に直面し、大切な家族を一度に失いながら悲しみに浸る暇もなく、間髪入れず次から次へと対応と判断を迫られる。

ただし学問の世界では、こうした事態は大規模災害時に起こりうることとして、ある程度想定されている。とりわけ一九九五年に発生した阪神・淡路大震災の災害研究では、より大規模な災害について警鐘を鳴らしている。そのなかでも特に注目すべき研究は、京都大学防災研究所が中心となって発表した論文「大規模災害時における遺体の処置・埋火葬に関する研究」（舩木ほか 2006）である。

国や地方公共団体のほとんどは、災害時いかに犠牲者を軽減できるかに力を注ぎ、犠牲となった死者への対応は防災行政にとって〝禁断〟の領域になっていることを指摘している（舩木ほか 2006：448）。その上でこの論文は、阪神・淡路大震災当時から改善された点といまだ未解決である問題点を洗い出し、最後に、当時の予測で死者が2万4700人にのぼる可能性があるとされた東海・東南海・南海地震、および首都直下地震などの広域災害を想定して、大規模災害が発生した場合の火葬処理の広域的な協力体制の重要性を訴えている。一地方自治体での火葬数には限界があり、たとえば宮城県を例にとれば、火葬場は28施設、最大の火葬能力は一日179体で、それが災害時には125体（最悪63体）まで落ち込む。10万人当たりの人口数に換算すると、一日7・6体（全国平均：11・1体、東京都5・5体、大阪府4・4体）の遺体しか火葬処理できない計算になる。これをブロックごとに災害時対応を行えば、11・3体まで上げることができる。その結果、関東ブロックを例にとれば、火葬場が70％稼働した場合、東京都単独で二四日かかるところを、ブロック協定によって14日程度まで縮めることが可能となる。東南海・南海地震の予測では高知県では66日もかかる。これは想定死者数が大幅に見直される前に予測された日数である。実際に女川町でそうだったように、火葬まで二ヵ月以上かかるというのはもはや架空の話ではない。

東日本大震災では、石油基地やタンカーの入港できる港湾が激しく損傷し、車の燃料であるガソリンが長期にわたって不足することで、遺体安置所へ／からの搬送、身元確認の作業、火葬場の燃料など遺体処理に関連する手続きがすべて停滞することになった。想定規模の災害であっても、予期せぬ事態に対する対処は今後の課題となるだろう（表1・1と図1・1に市町別・地域別の死者・行方不明者数、人口推移を示す）。

表1.1　市町別震災死者・行方不明者・住宅全壊数および地域別死者数・死亡率

	市町別	死亡者数	行方不明者数	住宅全壊	地域別	死亡者数	人口	死亡率（%）
宮城県	名取市	952	40	2,801	閖上	705	5,424	13.00
	仙台市	908	30	30,034	若林区荒浜	110	1,570	7.01
	女川町	607	219	3,143	竹浦	12	182	6.59
	石巻市	3,518	439	19,975	北上町	199	3,718	5.35
					桃浦	10	174	5.75
	南三陸町	619	219	3,143	戸倉	137	2,350	5.83
	気仙沼市	1,197	234	8,483	唐桑町	79	7,420	1.06
					魚町	12	400	3.00
岩手県	宮古市	473	94	2,767	重茂	25	1,186	2.11

（注１）市町別：2014年３月１日現在；地域別：2012年11月30日現在
（注２）地域別の集計方法は谷（2012），地域別死亡者数は各県警資料，人口は2010年国勢調査による
（出典）市町別：消防庁災害対策本部，地域別：谷謙二（2012）「小地域別にみた東日本大震災被災地における死亡者および死亡率の分布」『埼玉大学教育学部地理学研究報告』32号：19-24.

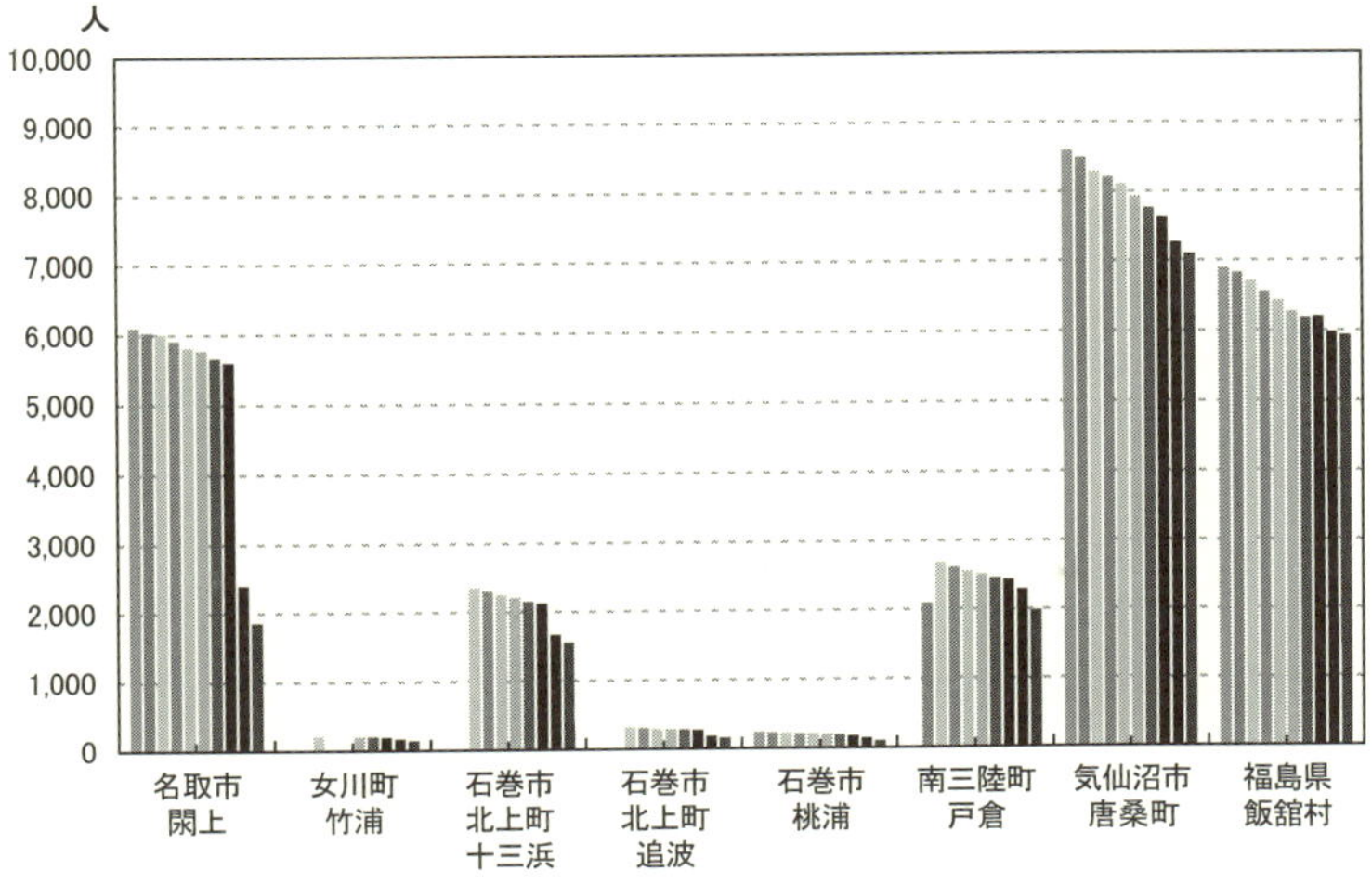

図1.1　被災地域別人口推移（2003～12年）
（注）各地域のグラフ左端が2003年の人口。１年ごとの変化を示す。右端より２本目が2011年
（出典）各市町統計データより作成。飯舘村のみ福島県のデータ

2　災害死の社会・文化的位置づけ

2.1　根源的な問い

上記のような広域大規模災害時の物理的な遺体処理をめぐる制度設計は、国や自治体にとって大きな役割である。その一方で、社会や人間はどのように災害死を受け止め、慰撫してきたのだろうか。災害死をめぐる社会・文化的側面について私たちは検討しなければならない。というのも、大規模災害では自分の近しい人が突然亡くなり、しかも帰ってきたのは身体の一部だけであることも珍しくない。さらに、いまだその痕跡さえわからず、行方不明のまま「死亡届」を出さざるをえない遺族は次のように問うことになる。「果たして私の愛する人はほんとうに逝ってしまったのだろうか」。このような根源的な問いかけに対して、恒常的に死に接してきた宗教者ですら答えに窮するであろう。なぜなら宗教者は亡くなった人を扱うことには慣れているが、未だ亡くなったかどうかわからない人をどのように扱ってよいのかは必ずしも習熟していない。まして社会科学は、これまで死者を視野の外におくことで、理論を展開することができた（荻野 2005）。

本章では、生を中断せざるをえなかった「彷徨える魂」をどのようにして社会集団＝コミュニティが鎮めることができるのか、コミュニティの社会・文化的な疑似装置の側面を明らかにする。東日本大震災で被災地に建てられた仮設団地において〝過剰な〟運営を試みる自治会を取り上げ、災害コミュニティという社会組織におけるこの擬似装置の発動を見ていく。

である。

2.2　災害コミュニティ

自然災害の多い日本では、災禍のたびに尊い犠牲を払いながら、改善すべき防災上の諸課題が浮かび上がってくる。3・11東日本大震災の現場を見ると1・17阪神・淡路大震災など過去に学んだ成果は明確に表れており、支援物資の運搬ひとつとっても、個々人がバラバラに送るのではなく、地域やブロックごとに支援物資をまとめる（たとえば滋賀県は福島県を支援する）など、改善されたところが少なくない。災害時におけるコミュニティの役割も、とりわけ過去の大規模地震の経験を手がかりとして前進させている。先に述べた遺体処理の手続きも、過去の災害のシミュレーションに基づいて改善が加えられてきたのである。

阪神・淡路大震災では、地区ごとの仮設住宅入居ではなく、高齢者や障害者などの生活弱者を優先して入居させたことが、居住環境の変化による人間関係の喪失につながり、孤独死を多く生みだすことになった。その教訓から、新潟・中越地震の際には、居住環境に配慮した仮設住宅づくりが進められた。また、義援金支給、住宅解体助成制度等の実益のある生活支援策を実行した。ただし、阪神・淡路大震災の経験を踏まえた仮設住宅運営であったにもかかわらず、すべての仮設住宅が地区ごとの入居とはいかず、新潟・中越地震でも関連死が52人（死亡総数68人のうち76％：日弁連 2012）にのぼり、必ずしもこの問題が解決されたわけではない。東日本大震災においても、すでに震災関連死と自殺者数が把握されているだけでも相当数にのぼっている（表1・2）。

宮城県名取市にある「箱塚桜団地」と呼ばれる仮設住宅では、これから見ていくように、さまざまな催

表1.2　都道府県別震災関連の死者数と自殺者数の推移

震災関連死（2014年３月31日現在）

都道府県	年齢			計
	20歳以下	21～65歳	66歳以上	
岩手県	1	54	386	441
宮城県	1	111	777	889
山形県	0	1	1	2
福島県	0	154	1,550	1,704
茨城県	2	6	33	41
埼玉県	0	1	0	1
千葉県	0	1	3	4
東京都	1	0	0	1
神奈川県	0	1	2	3
長野県	0	0	3	3
全国計	5	329	2,755	3,089

（出典）復興庁（2013年９月30日調査，同12月24日公表）
URL：https://www.reconstruction.go.jp/topics/main-cat2/sub-cat2-1/20131224_kanrenshi.pdf

関連自殺者数（2011～13年）

	男	女	計
2011（平成23）	42	13	55
2012（平成24）	18	6	24
2013（平成25）	23	15	38
計	83	34	117

	岩手県	宮城県	福島県	計
2011（平成23）	17	22	10	49
2012（平成24）	8	3	13	24
2013（平成25）	4	10	23	37
計	29	35	46	110

（出典）内閣府自殺対策推進室（2014年３月分，同４月21日公表）
URL：http://www8.cao.go.jp/jisatsutaisaku/toukei/pdf/saishin_shinsai.pdf

しや取り組みが実施されている。ここで着目したい点は、自治会の取り組みが一般のそれと比べると〝過剰な〟コミュニティ運営となっていることにある。自治会役員がメガホンで各戸に呼びかけ、挨拶して回ったり、バスで自宅のあった土地や近しい人が流された被災地に出かけたり、毎朝ごみの内容を管理したりする。この仮設団地の自治会運営は、住民が無関心で参加率の低い自治会のあり方とは対極的であり、〝過剰〟なのである。

何ゆえに災害時・後においてコミュニティは、過剰にならざるをえないのか。災害発生の百時間後（四日）から千時間後（四〇日後）にかけて「災害ユートピア」（ソルニット 2010）が発生しやすいと言われ、コミュニティは緊急避難的な保護膜としての役割を期待される。しかし半年から一年以上が経過し、被災者も避難所から仮設住宅に入居した段階でなお、このような共同幻想としての絆を維持することは容易ではない。それでは、このようなコミュニティを私たちはいったいどのようにとらえればよいのか。本章では、〝過剰な〟コミュニティの継続の意味を読み解き、コミュニティが浮遊する災害死をどのようにコントロールしようとしているのかについて考えたい。

2.3　未曾有の災害における「ホカヒ」の位置づけ

戦争や災害においては、大量死という現実を避けて通ることはできない。それが通常の死と異なり問題となるのは、集合的な死としての意味づけによって、死が社会に位置づけられる点にある。たとえば、民俗学者の柳田國男は、『先祖の話』（柳田 1975）のなかで、第二次世界大戦が終結した際に、戦争で亡くなった多くの人びとの不祀りの鎮魂のために、日本人は何をなすべきかを説いている。戦争で亡くなった人びとをどのように祀るべきかについての問いは、万単位の犠牲者を生んだ大規模災害にも重なる。

それだけでなく、津波によって多くの行方不明者を出したことも、兵士の遺体が戻らないことの多い戦争と似通っている。そのなかで柳田國男は、マツリとホカヒという言葉を区別して用いている。ホカヒとは、親族の死者の霊を慰める祀り（マツリ）とは異なり、一座の周囲に無縁仏や外精霊といった不特定の霊への儀礼を含む点を重視している（石川 2009）。子孫によって先祖が祀られることを自明としていた人びとは、遺体も戻らないような不祀りの霊が増加していることに対して、大きな「怖れ」を抱かざるをえなかった。無縁仏の魂を鎮め、安定化させることで現世の人びとが安寧を得る操作が必要だという考えである。そこで先祖の棚の片脇に余分の座をこしらえて、供物を分かち与える配慮をしなければならなかった点に柳田は着目する。すなわち、親族といった先祖だけではなく、誰とも知れない人にまで供物を分配するホカヒに着目することで、非血縁である第三者による、不祀りの霊の鎮魂の可能性を探る（石川2009: 76）。

鎮魂や慰霊の祭礼は戦争や災害時に注目されるが、このような宗教的な儀礼は通常、彼岸の側にいる、すでに亡くなった死者を想定している。しかし、戦争や津波による行方不明者は、彼岸とも此岸とも居場所の定まらない、括弧付きの「死者」なのである。いわば「彷徨える魂」に対処するためには、家族や親族が死者を祀るような親密な関係というよりは、むしろより集合的な死として社会が対処する方法、すなわち柳田のいう〝ホカヒ〟としてとらえる必要がある。本章は、狭い意味での死者を祀る宗教的な儀礼ではなく、災害死を抱えて生きる人びとの不安を取り除くコミュニティの社会・文化的装置として、ホカヒを社会学的に展開し解釈し直す試みである。

3 〝過剰な〟コミュニティの誕生――名取市閖上《ゆりあげ》の仮設自治会

3.1 名取市閖上の箱塚桜団地の試み

宮城県上町地区は仙台市の南側に隣接する名取市の閖上一丁目と二丁目の一部からなり、467世帯、1351人（二〇一一年二月末）が住んでいた。震災では86人が亡くなり、うち10名が行方不明である

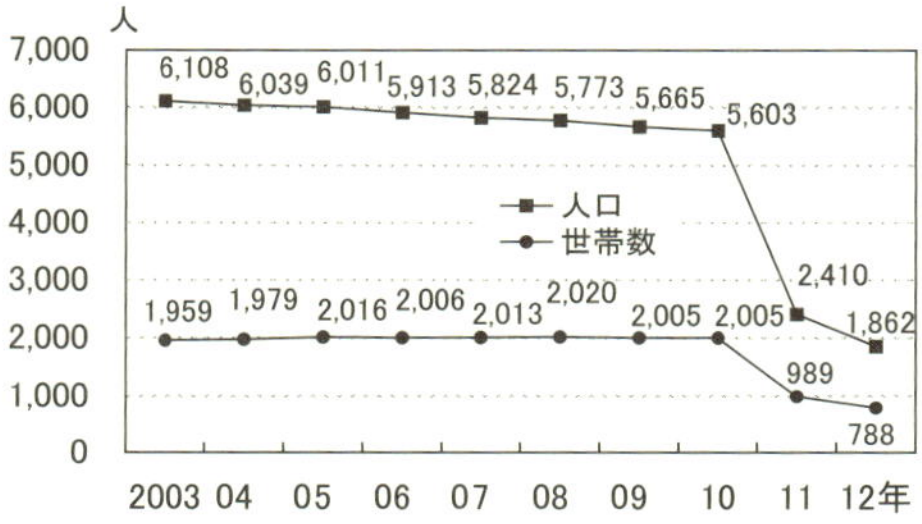

図1.2　名取市閖上位置図と人口・世帯数の推移
（2003～12年）（注）各年９月30日現在
（出典）名取市統計データより作成

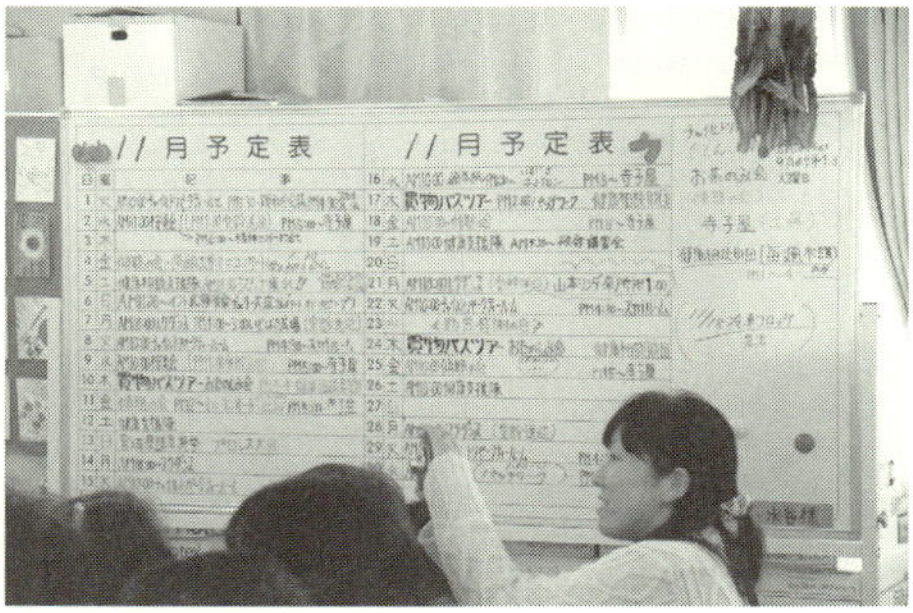

写真1.2　箱塚桜団地自治会
ぎっしり行事の詰まった
イベントカレンダー
（名取市 2011年11月21日
佐藤航太撮影）

（図1・2）。太平洋に面した閖上の被害はメディアでたびたび取り上げられ、宮城県の災害危険区域に指定されて住宅建築が禁止されている。

閖上・上町地区の被災者は、二〇一一年五月三日に避難所から応急仮設住宅「箱塚桜団地」に入居した。阪神・淡路大震災時のように仮設住宅への抽選入居方式ではなく、名取市はできる限り地区ごとに被災者を入居させた。そして、この集合化が功を奏して、入居五日後の五月八日に仮設住宅に自治会が発足し、自治会活動を始めている（佐藤ほか 2012）。

一例をあげると、仮設住宅内の道路を通行止めにして子どもの遊び場を設置した「ちびっこひろば」、買い物に行くためのバスの運行や被災地へのバスツアー（5節）、手作りの神輿を担ぐ夏祭りの催行、集会所内の居酒屋経営などである。イベントカレンダーをみてもぎっしり予定が埋まっており、全世代の参加機会をカバーできるものとなっている（写真1・2）(3)。

そこにはある危機感があった。それは、入居者が避難所の共同生活から開放されて、仮設住宅の各部屋に閉じ込もることによって、阪神・淡路大震災時の仮設住宅で相次いだ、孤独死や自殺が生じるのではないかという危惧である。自治会は設立にあたって、孤独死・自殺者数をゼロとすること、そしてアルコール依存症を出さないことを目標として掲げた。具体的には、次に挙げる二つの活動を通して、災害関連死を防ぐ仕掛けを施していった。

3.2　さまざまな世代を巻き込む

第一段階として、特定の世代に偏りがちな自治会活動を、すべての世代が参加できるように変えていった。といっても、初めから全世代が一体となっていたわけではなく、世代ごとに活動が活発になるにつれて、それらを徐々に結びつけていったのである。まずは仮設住宅（以下、仮設と略す）への救援物資の置き場を、人びとが集まり交流する集会所として機能させた。ここから生じた活動が、ティールームとチャイルドパークである。ティールームは、高齢者を中心に平日の毎日、お茶や食べ物を提供し、会話ができる場である。チャイルドパークは、未就学児への遊戯・遊び場の提供である。母親が交代で子どもたちの面倒をみるしくみで、母親たちが震災以来の疲れを癒す保育園の代替機能を果たした。

このふたつが統合されたものが、「「化石」（高齢者）と「砂利」（子ども）の遭遇」と表現されるチャイルドパーク&ティールームである。同じ空間で、ティールームのお年寄りがお茶を飲みながら子どもたちに口出しする（＝さっぱめる）。そのことによって、子どももお年寄りを意識するようになり、高齢者からさまざまな事を学び、子どもたちの笑顔や笑い声は高齢者にとっても震災後の沈みがちな気分を明るく変える役割を果たす。このように交流してお互いに役割を補完する機能を、仮設の空間に生みだしたのである。

集会所における世代を超えた連携は、集会所の外へ拡がりを見せた。仮設内の道路において一定時間車の出入りを禁止し、その場所に〝ちびっこひろば〟という子どもたちの遊び場を設置した。その通りを

写真1.3　箱塚桜団地「ちびっこひろば」
（2012年２月17日）

写真1.4　「桜大通り」で談笑
（2011年11月25日　佐藤航太撮影）

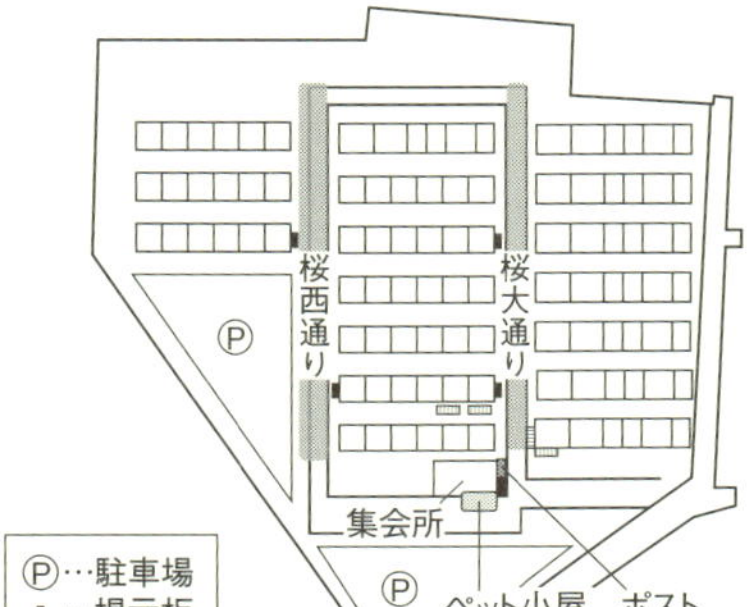

図1.3　箱塚桜団地見取図
（出典）箱塚桜団地自治会資料

「桜大通り」「桜西通り」と呼び、単なる市道を自分たちのものとして「場所」化していった。そして、集会所と同じように、お年寄りが子どもを見守れるように屋外にベンチを配置し、住民がゆっくり会話できるようにしたのである（写真1・3、4、図1・3）。

3.3 住民への働きかけ

高齢者と子どもたちの交流が進むなかで浮かび上がってきた課題は、若年層の家族や六五歳以上のひとり暮らしの高齢者が参加していないことであった。とりわけ後者のひとり暮らし高齢者への対処は、場所の提供だけで解決できる問題ではなく、具体的には次にみるような四つの自治会からの働きかけがあった。

一つめは、掲示板によるアプローチである。仮設の敷地に五ヵ所の掲示板を設置し、集会所でおこなわれている行事などを積極的に告知した。

二つめの働きかけとして、回覧板によるアプローチであるが、普通自治会で用いられる回覧板よりもかなり分厚く大きなファイルの回覧板を用いた。手狭な仮設では分厚い回覧板は邪魔になり、部屋にためておけない。そこですぐさま全部に目を通し、隣に回してもらうことで、次々に情報が伝わることが期待された。過去の情報もすべて載せて、いつ見てもすべての情報を把握できるようにした。

三つめの試みは、部屋に閉じこもっているひとり暮らし高齢者に対して外からメガホンを用いて呼びかけをおこない、ひとりではないことを認識させた。この取り組みは四つめの「見守り隊」による呼びかけ運動にもつながる。

四つめの「見守り隊」は六〇代の女性九人で構成され、地元閖上地区の方言を用いた挨拶運動を毎日行い、各部屋の居住者が少しでも顔を見せた時に健康状態も把握した。さらに家庭ごみを調べて、失業保険が切れた後に日本酒や焼酎などの飲酒量が増える傾向があることをつきとめ、飲酒量の変化を把握するように努めている。

以上のような自治会の積極的な試みは、行政支援やボランティア活動ではとらえきれない人びとを、かなり入念にサポートするしくみを生みだしている。個人情報保護の観点から入居者個人の情報を行政から入手できない状況下で、仮設によっては、警備会社に情報管理を委託するところも少なくなかった。そのなかにあって閖上の仮設は、入居者を綿密に把握しながらサポートする意味において、〝過剰〟に個人に介入するコミュニティが誕生しているといえる。これは一見災害特有のユートピアともみえる活動であるが、見守り隊はまだしも、捨てたごみのチェックをするなど、行き過ぎた干渉とも思える。しかも通常三ヵ月程度しか続かないといわれる災害ユートピアの期間を超えて、かなりの時間が経過している。

したがって、この箱塚桜団地の人びとが、災害ユートピアのなかにいるのではなく、阪神・淡路大震災に学んだがゆえに、直面した問題に創造的に取り組んでいるという解釈が成り立つ。なぜこれほどまでに人びとが過剰にコミュニティを立ち上げなければならないのか、その必然性についてさらに深い問いかけをしなければならない。

4　ifの未死と彷徨える魂のゆくえ

同じ大規模災害といっても、共通点と相違点がある。とりわけ、近年の災害史上の相違点としては、一九九五年一月一七日の阪神・淡路大震災は、断層のズレによる都市直下型地震だったのに対して、二〇一一年三月一一日の東日本大震災は、海溝型の津波を伴う巨大地震であった。この地震の違いが、災害死のとらえ方の違いとなっていることにも気づかされた。

すなわち、阪神・淡路大震災は、17秒の短く激烈な揺れであったことと、午前5時46分という夜明け前に起こったこともあり、犠牲者の死因は長田地区など一部の火災（12・8％）を除けば、ほぼ建物倒壊による圧死であった（建物倒壊による頭部損傷、内臓損傷、頸部損傷、窒息・外傷性ショック等83・3％：兵庫県監察医平成七年）。しかも自宅で就寝中に亡くなった人がほとんどであった。それに対して、東日本大震災の場合、午後2時46分に始まり3分以上にわたる長い揺れの後、津波が到達するまでに数十分～一時間などの時間的猶予があり、家族も分散状態であった。この約一時間がのちに遺族を苦しめることになる。犠牲者の死因はほとんどが津波による溺死であった（溺死92・4％、表1・3）。

どちらのケースも家族の突然の死は耐えがたいものであるが、とりわけ東日本大震災を阪神・淡路大震災と比較すると、津波による死は避けられたのではないかという「ifの未死（もし自分が～していたなら家族は生きていたのではないか／いや生きていたはずであるという自問自答）」が含まれている点がたいへん特徴的である。客観的にみれば、同じ生物学的死であるが、遺族にとってみればその死は「たられ

表1.3　関東大震災，阪神・淡路大震災，東日本大震災　被害の比較

	関東大震災	阪神・淡路大震災	東日本大震災
発生日 時間	1923年9月1日 11時58分	1995年1月17日 5時46分	2011年3月11日 14時46分
死者数(人) 行方不明者数	105,385 —	6,434 3	15,885 2,623
死因(%)	火災　87.1 家屋全潰　10.5 工場等の被害　1.4 流失埋没　1.0	窒息・圧死等　83.3 焼死　12.8 不詳　3.9	溺死　92.4 圧死･損壊死･その他　4.4 焼死　1.1 不詳　2.0

(出典) 関東大震災：日本地震工学会（諸井・武村 2004)；阪神・淡路大震災：国土交通省近畿地方整備局；東日本大震災：警察庁資料（2014年4月10日）

ば」のifの世界で構成されている。「金曜日（地震当日の曜日）ではなく翌日の土曜日だったら……」「津波が沿岸側だったら、津波からすぐに逃げたていたのに……」「在宅でなく、仕事に行っていたら……」「チリ沖地震がなければ（安心しなかったのに）……」「自分がいたら（助けたのに）……」「溺れて苦しんだのではないだろうか……」等の遺族による無数の悲痛な言説に出くわす。

阪神・淡路大震災の時のような、圧死による比較的「きれいな」遺体ではなく、津波にさらわれ水死して瓦礫に揉まれ、家族にも判別できないほど顔が膨れあがったり、裂傷を伴い死化粧もできないような無惨な状態の遺体に対面した遺族は、モノ言わぬ遺体とifの未死を生きなければならない。

また、「(自分がこれから）自殺するとあの世で母や息子と暮らせないから、誰か崖から突き落として（殺して）くれないかな」「今日は息子と母の一周忌法要。遺体すら見つからないのに一周忌法要をしなければならなくて、正直今も戸惑って受け入れられない自分がいます」と言う行方不明者の家族にとっては、そもそも（生物学的）死すら成立していない。三年を経た現在でも死をいったん留保するケースも見受けられる。

海溝津波型（東日本）

生者 ―― 中間項 ―― 死者

彷徨える魂

死に呼びこまれる生

↓

強迫自責（フロイト）

震災関連死（自殺）・アルコール依存症

↓

過剰性の付与

図1.4　津波型地震の被害

（出典）内田（2004：第５章）より作成

もう戻ってこない不可逆な生物学的死と、ひょっとして「死んではいないのではないか」という可逆的なifの未死の間を遺族は揺れ動くことになる。それは同時に、鎮められてはじめて昇華するはずの魂が浮かばれないという意味をも含んでいる。生者とも死者ともつかない保留状態の「中間項」（内田 2004）が大震災では極限まで拡大しているといえる。

内田樹は、『死と身体――コミュニケーションの磁場』（内田 2004）のなかで、死んでいるけれども、死んでいない両義的な場を完全には処理しないで、中間領域として暫定的にカテゴライズしてしのぐことに着目している。そして、この生者とも死者ともいえない中間項にいる犠牲者が問題となるのは、遺族の生を脅かす点にある。彷徨える魂に呼び込まれるように此岸から彼岸へ導かれ、自殺やアルコール依存症を生む危険性が高まる（図１・４）。

つまり、遺族（生者）と魂（死者）の二重の不安定さは、残された遺族を彼岸の世界へ誘う呼び水ともなる。この死への導線を断ち切り、不安定な状態を脱する手立て（現世を生き延びる道として）が必要となる。ただし、葬儀や慰霊祭のような狭い意味での宗教的儀礼は、先述したように、彼岸の側に立った鎮魂である。行方不明者を多く抱えるような大震災では、未だ彼岸にいない死というものに対処するには不向きな面もある。

さらに、同じ津波被災沿岸域でも、大雑把に規定すると、宮城県の南三陸町以北と石巻市以南では、このような津波を含む海難死の対処に大きな違いがある。すなわち、南三陸町以北の沿岸域は、昭和・明治三陸大津波をはじめとしてこれまで繰り返し津波に襲われた、いわば津波常襲地帯だといえる。それに比して石巻市以南は、津波はめったに来ない非常襲地である。

この常襲か非常襲かの津波の頻度によって、それに対処する人間の文化的装置もかなりの違いがある。たとえば、津波常襲地帯に属する宮城県気仙沼市唐桑町では、3・11の大津波の後百箇日に御施餓鬼供養とハマ祓いという儀礼が執り行われている(4)。おもにカツオ漁や遠洋マグロ漁業などに深く関わってきた唐桑では、度重なる海難で数多くの人命が失われてきた。その際、海を穢《けが》れているととらえ、海難に遭遇した死者・行方不明者の魂を一ヵ所に呼び寄せ、祓い清めることで浄化された海に出る(出漁する)ことを可能にしてきた。すなわち、たとえ千年に一度の大津波といえども、日常に回帰するためのレジリエンス(回復)機能が文化として内在化している(植田 2012)。

ただし、このような宗教的儀礼による生の回復は、度重なる自然災害に向き合って発動される文化的・宗教的装置だといえる。そのため、多くの人が海の生業から離れている閖上地域のような津波の非常襲地帯には、常襲地帯におけるような災害に対処する文化的・宗教的装置はそなわっていない。浪分神社など貞観津波の遺構は一部、震災後着目されてはいるが、津波に対する参照点(この災害にはこのように対処するという準拠枠)となるべき装置が不在である。そこで重要となるのが、瞬間的に立ち上げることができる疑似的な社会・文化的装置の存在である。

もちろん、死と生の中間項における対処の仕方は、おがみや(オカミ)さんやイタコなどの東北地方固有の口寄せ(降霊によるお告げ)があげられる。しかしながら一時的に安心感を与えるだけではなく、日常の安定を支える集合的装置として機能するのは、本稿で取り上げてきたコミュニティの過剰性であると筆者は考えている。次節では、伝統的なコミュニティとはいえない閖上地区が立ち上げる代替的な社会・文化的装置に着目して、生と死のどちらでもない中間項（彷徨える魂）に対処する仕方（処方箋）を考えてみたい。

5　〝過剰な〟コミュニティの意味

本章で〝過剰な〟コミュニティと名づけた仮設自治会のとりわけ特徴的な三つの試みを取り上げてみる。そこから、大規模災害における被災コミュニティの過剰性の意味について考察する。

5.1　被災者の、被災者による、被災者のための被災地ツアー

まずひとつは、自治会による被災地ツアーである。被災地ツアーとは、通常、外部（たとえば東京）から災害現場を訪れ、自分たちの地域の防災に活かす情報を得るための視察をおこなう、あるいは現地に「お金を落とす」ことで経済的に被災地を支援するねらいがある。しかし、閖上の被災地ツアーは、被災者自らが、自分たちが被災した現場や周辺被災地を巡る試みである。

閖上の仮設住宅のほとんどが、公共施設や商業施設まで時間を要する郊外の不便な場所に位置している。そのため自治会が要請を行い、市内の大型ショッピングモールまで買い物バスを週に一度運行している。朝九時から復路のバスが出発する一二時までは三時間もあるので、若者をターゲットにしたショッピ

ングモールでは、高齢者はすぐに時間を持て余してしまう。自治会でも時間をどのように使うのがよいか困ってしまった。そこで急きょ浮上したのが希望者を募り、被災地を巡るバスツアーの企画である。

震災から四ヵ月も経たない七月に、まず閖上地区を見渡せる日和山を訪れることになった。小高い丘に登り、被災後初めて自分たちが暮らしてきた地域を見渡したとき、わかりきっていた惨状であるが、改めて変わり果てた故郷を目の当たりした彼女ら彼らの絶望は、はかり知れないものがあった。人びとは「あらら、何もなくなってしまっただー」「○○さん死んでしまったよお」「おらいの家もうねぇだあ」と口々に言い合い嗚咽を洩らしながら涙をぼろぼろと流し、震える肩をお互いにたたきながら慰めあった。

しかし、自治会長は「泣くときは我慢しないで泣かいん（泣いたほうがよい）」と同じ被災者たちに声をかけた。身近な死や被災の惨状を親族や家族内で閉ざすのではなく、一緒に泣く場を設けることで、災害死を集団で「共有化」したのである。このことは、自治会長が結果的によかったと振り返るように、意図せざる効果として生まれた現象である。

被災地ツアーでは、自分たちのふるさとへの訪問のほかに、同様に津波被害を受けた隣接地域にも赴き、自分たちの地域だけではないことを住民同士が共有することができた。いわば被災経験が準拠する枠組みに視野を広げることで、気分を和らげる効果があることを発見した。また官民あげて早期復旧・復興を果たした仙台空港を視察することで、将来計画の有無によって復興に差があることを自分たちの目で実際に確かめ、将来の見通しを被災者自ら内在化させて集団で共有する方向性を見いだすことができた。

5.2　自治会主催の慰霊祭

次に一周忌にあたる二〇一二年三月一八日（一一日は市の慰霊祭と重なるため一週間後）に桜団地自治会が主催する慰霊祭が実施された。慰霊祭は、市町村主催で執り行われるが、宗派を超えて、仮設住宅という主体のあいまいな単位で開催されることはあまりない。

自治会長は、事あるごとに震災の遺族に、耐え忍んではダメだという話をしている。明るく笑って過ごすことが亡くなった故人に報いるひとつの方法で、それが供養なんだという。会長自身も親族を六人亡くしているが、自治会としては慰霊祭でひとつの区切りをつけたいと考えている。そこで、愛唱歌の「ふるさと」や「春の小川」を全員で歌いこみ、慰霊祭の冒頭に奏楽として熱唱した。慰霊祭はその後、一人一人の御霊の名前を呼ぶ修礼、黙禱、祭文、慰霊の言葉、鎮魂歌と続き、献花をおこなった。練習の際はみんなで歌うことが楽しく、笑いが絶えなかった。この一連の取り組みによって、心にひっかかっていたものがとれて初めて安堵した（心の安らぎを得た）と人びとは言う。

5.3　自治会主催の居酒屋

最後に自治会主催による居酒屋さくらの開店である。開催のきっかけとなったのは、失業保険が切れる時期に過度な飲酒が増えることが家庭ごみなどから判明したことであった。つまり一人で飲酒すると際限なく酒瓶を飲み干してしまう。亡くなった遺族のことを想い嘆く飲酒や、眠れないために飲む寝酒をこのまま続けさせればアルコール依存症にもなりかねない。しかし自治会は、禁止するのは簡単だが、呑みたい気持ちもわかるという立場をとる。そして過度な飲酒ではなく、むしろ適度な量の飲酒の場を設けるべ

写真1.6　居酒屋さくらに集う人びと（同上）

写真1.5　仮設自治会が主催する居酒屋さくら（2012年９月29日　明星の会撮影）

きだという逆転した発想をとった。こうして自治会主催の居酒屋を立ち上げるにいたった。ひとり数百円という会費で、お酒のつまみは桜美会といわれるお母さんたちが担当して、いわゆるおふくろの味を提供した。

この自治会主催の居酒屋のもうひとつの狙いは、中高年の男性をターゲットにして誘い出すことである。お茶飲み会や手芸教室などのサークル活動に来ない、中高年の男性の参加を目論んだのである。狙いが功を奏して居酒屋さくらには六〜七〇名が集まり、〝店内〟を歩けないほどの盛況となった（写真１・５〜６）。

5.4　不祀りの魂を引き受ける

以上のように、仮設の自治会が試みた三つの実践は、通常は個人あるいは家族や親族単位で個別に対処する事柄を、仮設自治会という社会集団＝災害コミュニティでまるごと引き受け、感情の共有化もしくは共同化を図ろうとするものである。

個人の哀しみは〝魂〟の不安定につながる。フロイトの「強迫自責」や「サバイバーズ・ギルト症候群」と呼ばれる、「あの人が亡くなったのは自分の責任ではないか」と自己を責めるケースが聞き取りのなかでも非常に多い。たとえば、冒頭の女性は、同僚と父親のほんの少しの生死の分かれ

災害後

彷徨える魂	→	社会・文化の不安定化
死者・行方不明者への対処	→	魂の安定化

死者への対処

自然条件	津波常襲地	非常襲地
地域	南三陸町以北〜 岩手沿岸部	石巻市以南〜 宮城・福島沿岸部
災害後	安定	不安定
宗教的儀礼	ハマ祓い・口寄せ	—
代替儀礼 （社会・文化的装置）	—	コミュニティの 過剰性
被災地	気仙沼市唐桑町	名取市閖上

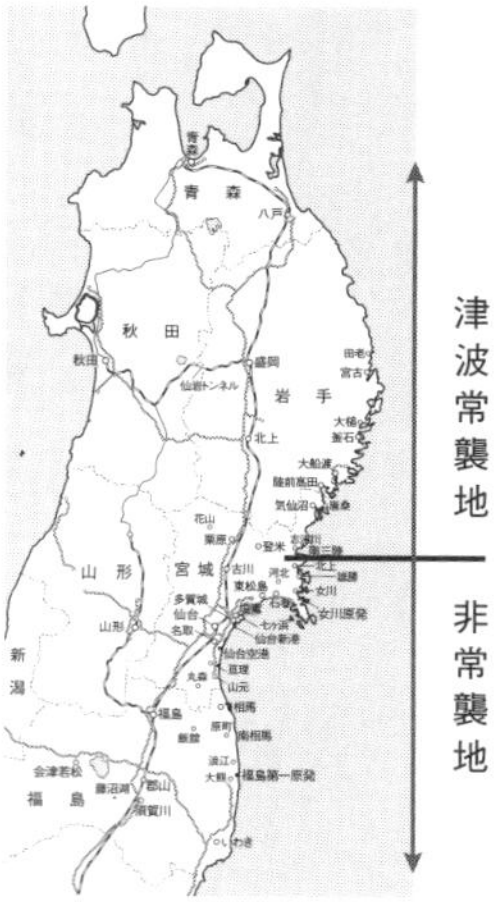

図1.5　津波常襲地と非常襲地における死者への対処

目を、女性が父親にプレゼントした革ジャンパーが水を吸って重たくなったために溺れた、という因果関係で結ぼうとした。たとえ離れていても自分に父の死の責任があるとする、このような負のスパイラルを断ち切るために、コミュニティという社会集団が緩衝材として介在する意味がある。生者と死者との個別の交渉によって生者が死者の側に引き込まれることを避け、集団で哀しみを引き受けることにより、魂の安定化を試みる。先に述べたように、この災害コミュニティは、不祀りの霊に対する浄化儀礼を引き受ける社会・文化的装置（ホカヒ）であるととらえることができる。個人が執り行う除災の祈禱をコミュニティの過剰性が代替し、物言わぬ死者（強者）と生きる意欲を失った不安定な生者（弱者）との交渉の過酷さを相殺する（図1・5）。

もちろん哀しみだけでなく、集会所での歌の練習や万祝《まいわい》という踊り（巻頭写真）の楽しみ、買い物、慰霊祭、居酒屋、そして復興の祭りなどが、自治会の取り組みを通して共同化されていく。集会所で聞き取りをしていても、ひっきりなしに笑い声が聞こえてくる。このような感情の共有化があってはじめて、社会的孤立を避けることができるのである。震災前には、自治会の役員の成り手もなく、近所で挨拶をかわすこともなかったことを考えると、著しい変化である。

5.5　災害コミュニティにおけるパラダイム転換

災害で突如として生を中断しなければならなかった非業な死を、私たちはどのように昇華できるのか。社会学者の荻野昌弘は、昇華の原理を「追憶の秩序」という概念を用いて説明する。追憶の秩序とは、天変地異などの不幸の精神的処理として、かつての共同体の成員であったり、共同体とのなんらかの関わりがあった死者の霊を喚起することで、共同体秩序が編成、再生産されることを示している（荻野 1998）。

また、死の無念を昇華する社会・文化的装置を、いかに社会集団として立ち上げるのか。災害後の決意として表明される復興という言葉から、往々にして道路や住宅建設などの物質的側面に目を奪われがちだが、このようなハード面だけでなく、ソフト面への配慮や工夫に注目したのが、山泰幸の「象徴的復興」である。山は物質的資源に加えて、宗教的儀礼などの文化的資源が大切だとし、象徴的な意味体系のレベルでの回復を「象徴的復興」（山 2006）と名づけている。

同じ儀礼への参加経験が共有化されることにより、そこに秩序感覚が醸成されるというプロセスは、一見すると東日本大震災でも当てはまりそうにみえるが、実はこれは過去の災害、とりわけ都市や内陸の直下型地震の際に成り立つ図式であるように思われる。

もちろん先述したように、狭い意味での宗教的儀礼や追憶の秩序は、津波常襲地の民俗儀礼（穢れ／祓い）のように、津波が突如もたらした大量死を象徴レベルに位置づけ、人びとが日常に帰するためのリアリティの回路を開く。しかし、本章で述べてきた事象は狭い意味の宗教的儀礼ではなかった。彼岸（死者の側）を祀ることで此岸（生者の側）への回帰が果たされるという既存のパラダイムは、生者が死者との応答に心身を擦り減らして彼岸に引き込まれそうになったり、不祀りの魂が彼岸と此岸を行きつ戻りつしているような、第二の津波によるifの現場においては破綻する傾向にある。

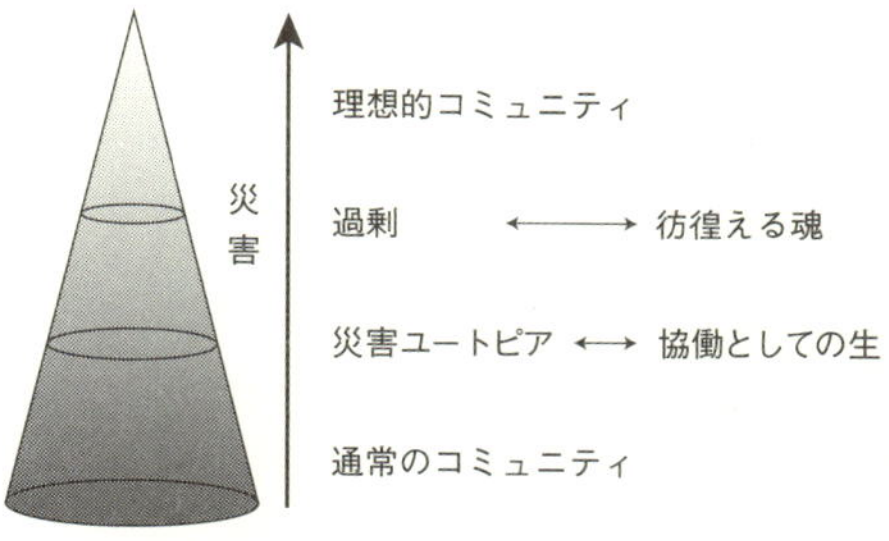

図1.6　社会・文化的装置としての“過剰な”コミュニティ

なぜなら、突然生を中断させられ、ifの未死の存在となった家族や親族の霊を慰めるには、通常の祀り（マツリ）では十分ではなく、身近な死を確信できない遺族がいまだ彷徨える魂と彼岸との「個別」交渉を繰り返し強いられ、無限地獄に陥るからである。それに対して、ホカヒは、一座の周囲になお不特定の無縁仏や外精霊をおき、その不祀りの霊を鎮める儀礼を含むことが注目される。

このホカヒの機能を本稿の事例と突き合わせて社会学的に翻訳すれば、次のような結論が導き出せる。すなわち、「遺体すら見つからないのに一周忌法要をしなければならず、正直今も戸惑って受け入れられない」遺族に代わって、〝過剰な〟コミュニティは、不祀りの霊を鎮魂する主体として自らを立ち上げる。つまり、生者と死者の中間領域に存在する不安定かつ両義的な生／死を縮減し、生死の個別取引の主導権を生者の側に引き戻すための社会・文化的装置が、コミュニティの〝過剰性〟なのである。死者との個別交渉をコミュニティへ帰属させることによって、個人および家族・親族の孤独な消耗戦は軽減される

（図1・6）。

〝過剰な〟コミュニティは、ifの未死の彷徨える魂を鎮め、遺族に此岸のリアリティを再認識させることで、災害後を積極的に生き続ける主体として生者を再定位する機能をもつ。これまでの災害では、仮設住宅は一時的な仮住まいにすぎず、自殺やアルコール依存症の抑止という孤立防止機能の面から消極的に描かれてきた。しかし、本章で読み解いてきた〝過剰な〟コミュニティは、災害現場でifの未死の霊を祀る社会・文化的装置の主体となり、生き残った不安定な生者を日常に引き戻す能動的な社会集団であり、復興の主体構築の場へと新たな災害コミュニティのパラダイムを展開してくれる可能性を秘めている。

注

（1）金菱清編『3・11慟哭の記録――71人が体感した大津波・原発・巨大地震』（金菱編 2012）の出版後、同じ趣旨で依頼して寄せられた手記をもとに再構成。全文は、赤井志帆「震災覚え書き」として本書に収録。二〇一三年三月、フジテレビの報道特別番組で執筆プロセスが放映された（第6章参照）。

（2）丹野秀子「正座したままで逝った父、母、祖母――女川町桜ヶ丘」（同 2012: 14–28）をもとに再構成。

（3）宮城県名取市箱塚桜団地仮設住宅については、東北学院大学金菱ゼミナールの卒業論文においてコミュニティの条件分析をおこなった（佐藤ほか 2012）。その後、補足調査をおこない、改めて災害死の観点からコミュニティ論として本章を再構成した。

（4）御施餓鬼供養とハマ祓いという儀礼は、津波という非常時を〝いつもの〟技法で日常へ変換し、回帰的な時間のなかに位置づけることができる（植田 2012: 72）。興味深いことに、お施餓鬼が執り行われる際には、死者の近親者や親戚だけにとどまらず、生前に関係のなかった人たちも集まっている。民俗学者の川島秀一は、当地では多かれ少なかれ過去において身内から海難者を出しているため、多くの海難者の霊が施餓鬼棚に集まるよう、遺族が多く集まることを指摘している（川島 2013）。

第2章　「生きなおす」ための祭礼
——拠って立つ居場所を具現化する祭礼の意義

写真2.1　座布団，スリッパ，空き缶の手作り獅子
（避難先の秋田県仙北市のホテルにて 2011年6月7日
女川町竹浦地区 阿部貞さん撮影）

1　巨大地震でも落ちなかった受験の神様と〝担がれないお神輿〟
——石巻市北上町追波《おっぱ》・釣石神社

1.1　生活に先立つ祭礼の意味

祭礼や民俗芸能が災害復興のシンボルとなることが、一般に知られるようになっている（山 2006 のいう象徴的復興）。大震災では、東北の太平洋沿岸地域で多くの犠牲者を出し、家屋の大半が全壊・流失するような事態に直面したが、これほどまでの津波被害は防災上ほとんど想定されてこなかった。このようにコミュニティが根底から揺るがされたときに、一見すると生活の二の次である祭礼や民俗芸能がはたして復興のシンボルになりうるのか、なりえないのかが、実践的あるいは学問的にも注目されている。地域によっては、民俗芸能の復活が生活の再建に先立って人びとの関心事であり、つねに〝気にかかる〟存在であり続けている。

本章では、おもに三つの祭礼を具体的に取り上げることで、亡くなった人も含めてコミュニティの全員が一歩前進するために、祭礼が果たす役割を明らかにする。すなわち、これほどの大規模災害に襲われた当事者はあまりの現実に狼狽し、立ち止まらざるをえない。ひとりでは背負いきれないほどのダメージに打ちのめされた人びとが、心の拠り所としたのが祭礼であった。行政による高台移転計画や災害危険区域の設定など、空間の再編に伴って居場所を奪われ宙づりにされた人びとが、自ら拠って立つ居場所を具現化する営みを見ていくことにする。

1.2　復活する祭礼／しない祭礼

最初に取り上げるのは、宮城県石巻市旧北上町十三浜追波《おっぱ》地区に位置する釣石《つりいし》神社である。震災では地区を流れる新北上川(1)を津波が遡上して、石巻市北上総合支所、大川小学校を初めとして、多くの犠牲者を生んだ。北上大橋も一部が破壊された（写真2・2）。追波地区は80戸ほどの集落であったが、震災後の居住者は20戸足らずに減っている（図2・1）。

震災前の航空写真から旧北上町を眺めると、海側の沿岸部に新北上川の河口があり、川を遡ると美しい水田とヨシ・カヤ原地帯が広がっていた。追波地区がこのような水田地帯になったのは、半世紀前の戦後のことである。石巻市街地の無防潮堤地帯の洪水を防ぐため、新北上川として追波川に大規模な河川改修がなされ、住民は先祖代々受け継いだ土地を泣く泣く手放さざるをえなかった。元は田畑であった土地にヨシ・カヤが生育して、住民の重要な屋根材を産出したり、契約会（講）(2)の収入となって地域の公民館を建てる資金に充てられた時期もあった。震災前のヨシ原はそうして豊かに育ち（おがって）、湿地帯に客土した土地は肥沃な水田となった。

このように人間によって大幅に改変された自然環境は、宮城県内でも指折りの豊かさを持ち合わせる一方で、旧北上町は昭和の時代、県で最も多く出稼ぎを生み、漁業を除いて生業はたいへんきびしい地域であった（第4章3節参照）。震災後の移転にも、この地域の職業差が歴然と表れている。たとえば、同じ十三浜でも漁業で生計を立てている海側の沿岸部では、すぐさま高台への集団移転を決めている。他方、釣石神社のある追波地区を含む川沿いの内陸側では、個々の判断に委ねられ、地域としての決定がしにくくなっている。

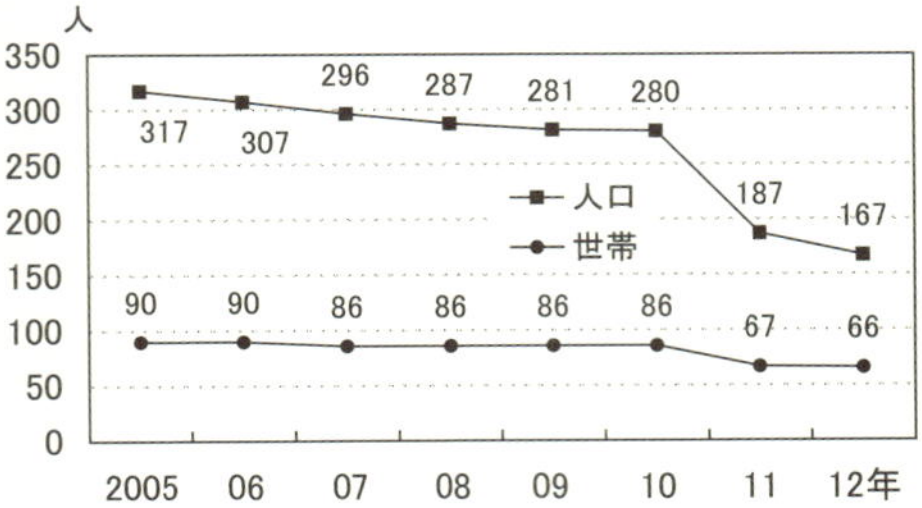

図2.1　石巻市北上町追波地区位置図と人口・世帯数の推移（2005～12年）

（注）各年12月31日現在。追波地区は図4.4に示す十三浜字のうち，小田，丸山，祭田，菖蒲田，原，追波前をさす。2003，04年データは震災で流失

（出典）石巻市役所情報公開コーナー提供データより作成

写真2.3　震災でも崩落しなかった御神体の釣石

（釣石神社 北上町 2013年1月28日）

写真2.2　新北上川と崩落した北上大橋

（石巻市北上町 2011年3月18日）

釣石神社は、山の中腹にあり落ちそうで落ちない巨石が御神体であり、試験に「落ちない」神様として、受験の合格祈願に訪れる人びとが近年増加の一途をたどっていた。震災では大鳥居・社務所・神輿堂など境内のすべてを津波で流失してしまった。しかし巨石である釣石本体は、烈震の揺れにも崩落しなかったため、ますます御利益があると受験生や親たちが参拝し、復興のシンボルとなっている（写真2・3）。

しかしその一方で、「震災前は自分たちの神社という意識があったが、いまは人がいなくなって地域の祭りとはいえなくなっている」と語られるように、神社の祭礼や地域そのものから住民の心は離れつつある。それまで四年毎におこなわれていた春季例祭および神輿渡御も二〇一三年がその年であったが、開催されなかった（神社の儀礼は執り行われた）。つまり、次項で述べるように神輿が寄進されても担ぎ手がなく、村としての例祭を開催できない事態に陥っているのである。もちろん、ボランティアを臨時の担ぎ手に投入して祭礼をおこなう地域もなくはないが、これを何年も継続できないことは誰が見ても明らかであろう。受験に合格した生徒・学生がお礼に神輿を担ぎにくればよいのにというつぶやきすら聞かれる。

御神体である釣石が生き残り、神輿があるのになぜ祭礼がおこなわれないのだろうか。住民が仮設住宅やその他の地に散ってしまったため、神輿の担ぎ手がいない状態が続いているのが表向きの理由だが、聞き取りをしていると、単にそれだけではなく、地域の人びとの意識の変化が祭礼の中断に少なからず関わっていることがわかってきた。復興のシンボルとして残った御神体とは対照的に、中断した祭礼の実態とはいかなるものだったのかを見ていこう。

であった。

1.3　壮絶な震災体験

この地域の住民の震災体験は、北上川の対岸に大川小学校があることからもわかるように、壮絶なものであった。

釣石神社近所の旧家である千葉五郎さんは、自宅にいて義理の両親ともども震災に遭遇した。太陽光発電設置について業者と打ち合わせ中に地震が起きたが、津波が来るとはまったく予想せず、家を点検していた。ふと自宅の縁側から庭先を見ると、車二台が猛スピードで上流側に押し流されていき、はじめて津波が来たとわかった。玄関から一気に水が押し寄せ、茶の間の天井まで押し上げられて息ができず、海水を飲み込んだ。千葉さんは運よく外に押し流されたが、家はふわりと浮き上がって漂い始めた。前後から押し寄せる木材の山に飲み込まれないように、体を水面に浮かせ、必死に国道３９８号（北上川沿いの道）に泳ぎ着いたが、追波地区の住宅はすべて流されて家があちこちに浮かんでいた。

第二波が押し寄せて来た時は、二本のガードレールの間に太い角材がはさみ込まれた場所を見つけ、その材木と二本のガードレールとポールで身を守るようにして、ガードレールにしがみついて津波をやり過ごしたが、第二波が去る時に道路の舗装ごとガードレールはもぎ取られて、千葉さんは波に飲み込まれた後、気を失った。

そのとき自宅にいた義理の母と、海側の避難所になった石巻市北上総合支所で働いていた妻を亡くした。現在、義理の父は仮設住宅で、千葉さんは流失した自宅裏の丘の上で昔使っていた牛舎を改良して、そこで暮らしている(3)。このように元の土地に戻る人は例外で、千葉さんはたまたま自宅の裏庭が高台であったが、ほとんどの住民は隣接する運動公園の仮設住宅に入居するか、仙台などに移り住むことになってしまった。

1.4　地域の持ち分としての神社

「釣石様」がある釣石神社への参拝詣は、震災から一年後の二〇一二年の正月三日間で約七千人、二〇一三年の正月三日間で六千五百人を数える。もちろんこの復興の過程はスムーズではなく、震災発生年の九月頃、神社庁より支援部隊として派遣された岐阜の南宮大社が重機を持参し、水浸しであった神社境内を復旧した。津波によって流された社務所は、今も臨時に建てられたプレハブ小屋のままである。神輿を納めていた御堂もその中に納められていたお神輿も流され、秋田県の神社青年会の支援で寄進された（写真2・4）。表面上神社は苦難を乗り超えて回復したようにみえる。

震災以前は、住民の間では釣石神社は自分たち部落の神社であるという意識が強く、宮司に地域の意向に反するような言動があればいつでも交代できるという過激な意見すらあったという。それだけ〝地域持ち〟の神社という所有意識がたいへん強かった。そのため、地域住民と神社との関係は密接であった。たとえば、追波地区釣石神社氏子会有志が会員となって「追波アボヘボの会」を組織し、受験生を励まそうと毎年小正月の時期に木の枝を花の形に削ってつるし、神社境内に飾りつけていた（写真2・5）。このように地域住民が自分たちの神社としてさまざまな働きかけをおこなっていたことがわかる。

震災以降は、地域住民が仮設住宅（石巻市では地域ごとの入居ではなく、抽選方式である）や他県他市に散り散りになったことで、行事をおこなうにも一人ひとり説得しなければならず、日々の生活さえ大変な時に祭礼に関わることに批判の声が上がり、次第に人びとの心が離れていった。そして地区としての高台移転も頓挫しているのが現状である。復興の進度や住民意識のまとまりの点で、海沿いで漁業を営む地域とは決定的に異なっている。すなわち、海に近いが漁業で生計を立てている住民がほとんどいない追波地区では、地域再建の見込みが立たない状況にある。

1.5　異なる所有意識

流出した神輿が外から寄付されたのに、なぜ祭祀、祭礼が執り行われないのか。神社と地域住民の土地

写真2.4　秋田県の神社青年会より寄進された神輿（釣石神社 2013年1月28日）

写真2.5　小正月の飾りつけ「アボヘボ」 木の枝を花の形に削ってつるす（2006年2月14日）

所有とその意識との関係から迫ってみたい。まず登記簿上は山頂の本殿と下の平地にある境内は神社の所有である。ところが釣石の御神体が所在する山腹（山林）は「追波契約会」の所有である。契約会は山林などの財産をもつ権利者の集まりである。

釣石が受験の神様として参拝対象となったのは約一〇年ほど前からであるが、実はこの神社のお賽銭の取り分をめぐり、神社側と地域との〝綱引き〟がおこなわれていた。というのも、御神体の釣石が有名になってからは、外部から訪れる参拝客が急増し、お賽銭収入もそれにつれて増え、ピーク時で百万円近い収益があがったのである。これは一地域にとっては少なくない収入である。そして収益はすべて「部落会」（町内会）の取り分となって地域に落とされた。しかし土地の所有関係からみた場合、神社境内や山林は契約会や神社の土地であるが、お賽銭の収益は部落会に入るしくみは整合性がないともいえる。この土地所有関係を調べた会員が、契約会の総会で報告しようとしたが、制止された。御神体の釣石様を含め山林は契約会持ちの土地であるので、お賽銭も全額契約会の取り分であると主張することになれば、契約会が部落会の権利を奪いかねないことになる。そのため、地域の内部対立を回避しようとしたのである。

契約会は地域の一部の代弁者でしかない。それに対して部落会は土地の権利はもたないが、全員が参加できる地域総体としての組織である。お米がお賽銭代わりであった時代には、すべて部落会の取り分になっても何の問題もなかった。もしお賽銭が契約会のものであれば、釣石様は自分たちの神社であるという意識はこれほど強くなかったであろうと推察される。一部の権利者だけの神社となった可能性もある。実は多くの住民にとって登記上の土地所有区分はベールに包まれており、このことがかえってよい意味で〝事実とは異なる〟所有意識を生みだしたのである。少なくないお賽銭が実際に部落の収入となり、部落会が管理運営してそれが地域に還元されている事実から、釣石様の御神体を含む山林、境内、本殿は、すべて自分たちの村総体の所有であると考えられてきたのである（図2・2）。

そして、事実とは異なる所有意識は、神輿巡行にもよく表れている。釣石神社の氏子九〇名余を五つの班に分けて、各班は一年間祭りの「亭前をとる」（世話人の役割を担う）ため、一人ずつ総代を選出して、神社の世話をする。総代の任期は二年で、ほかに適任者がいない班では、同じ人が何期も留任する。各班の戸数は、最大22戸から13戸までまちまちであるが、これは従来の親戚・縁戚関係を反映している。表2・1を見ればわかるように、神輿は契約会や神社関係者だけでなく、部落の関係者の居住地や村境までくまなく巡行することで、地域総体としての祭りを象徴しているのである（写真2・6〜7）。

もちろん、神輿巡行は神様が村中を検分する意味があり、当然のように思われるかもしれないが、祭礼への参加水準によって、よりいっそう自分たちの神社、自分たちの土地であるという意識が還元されるのである。そのため、合格祈願の参拝者がお札を納める奉納所が境内に設置されたとき、一部の住民から、なぜ自分たちに相談なく神社が勝手におこなうのかという不満があがるほど、「自分たちの神社」意識が強かったという。

他方、本殿がある山頂と社務所がある境内は土地所有関係からいえば「神社持ち」であるが、それを取り囲む地域住民はそのように認めていなかったことや、賽銭収入も部落の取り分とされてしまうため、宮司など神社関係者の部落に対する心証は必ずしも良いものではなかった。その結果、地域住民と神社は、第三者からみれば最低限の関わりしか持たなかったことが推察される。

写真2.6　険しい参道で神輿を担ぐ
（2005年４月29日）

写真2.7　旧家の前で激しく揉み合う（同上）

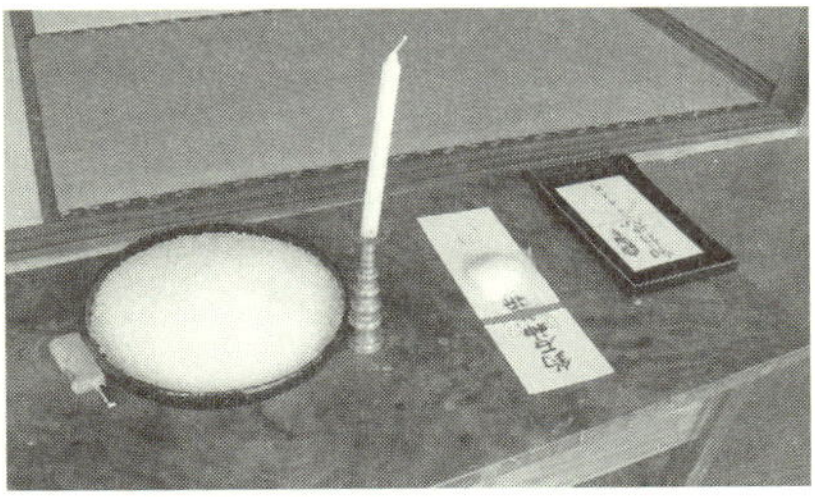

写真2.8　神輿渡御の際のお米と祝い金（同上）

表2.1　釣石神社の所有関係

対象	場所	所有者
本殿	山頂	釣石神社
釣石	山腹	契約会
社殿・神輿堂	平地	釣石神社
賽銭		部落会

追波公民館
▼
神社奥の院
▼
神社境内（祈禱）
▼
大岩二丁目谷地橋（上村境）
▼
神社総代１班宅
▼
月浜第一水門（新設神楽奉納）
▼
丸山（新設神楽奉納）
▼
契約会長宅
▼
旧家
▼
神社総代２班宅
▼
神社総代３班宅
▼
千葉五郎宅（旧家）
▼
部落会長宅
▼
神社総代４班宅
▼
神社社守宅
▼
神社山守宅
▼
神社総代５班宅
▼
原地区（下村境）
▼
神社境内（神輿納め）

図2.2　釣石神社神輿巡行順序
（2005年４月29日）

1.6　地域の祭りから神社の祭祀祭礼へ

もちろん神社の祭祀祭礼は地元と神社双方が一体となっておこなっていたが、元々こうした〝ドライ〟な関係性であったため、震災以後、神社は地域住民総体から離れていき、部落の取り分となるお賽銭収入のしくみは震災前のままであるが、神社は絵馬やお札などの収入があるため、それでよいと思っているし、あえて神社関係者から地域住民に神輿渡御などの祭礼を積極的に持ちかけることはしていない。神輿巡行の際に神社に納められてきた祝い金（写真2・8）も、神社周辺から住民がいなくなったために見込めなくなった。

したがって、神社側はもともと祭礼の執行主体ではなく、たとえ神輿が寄付されても、氏子として神輿の担ぎ手を出していた地域住民がいないために、祭礼自体が中断しているのである。もし地域と神社が四つに組み、良好な関係が築けたならば、神輿巡行を含む祭祀祭礼の継続はありえたかもしれない(2)。

こうして、地域住民主体で執り行われていた祭祀祭礼は震災以後、継続困難となり、一部の人によればこの際賽銭のしくみも神社側に任せた方がよいという(3)。人びとの意識が神社から離れ、追波地区の祭りから神社の祭祀祭礼に移行しつつあると思われるが、後者はいまだ実現されないのである。

2　人びとの心まで流されなかった獅子振り――女川町竹浦

2.1　手作りの獅子振り

二つめの事例は、宮城県女川町の竹浦《たけのうら》に伝わる「獅子振り《ししふり》」の再興である。竹浦地区は、女川中心部よ

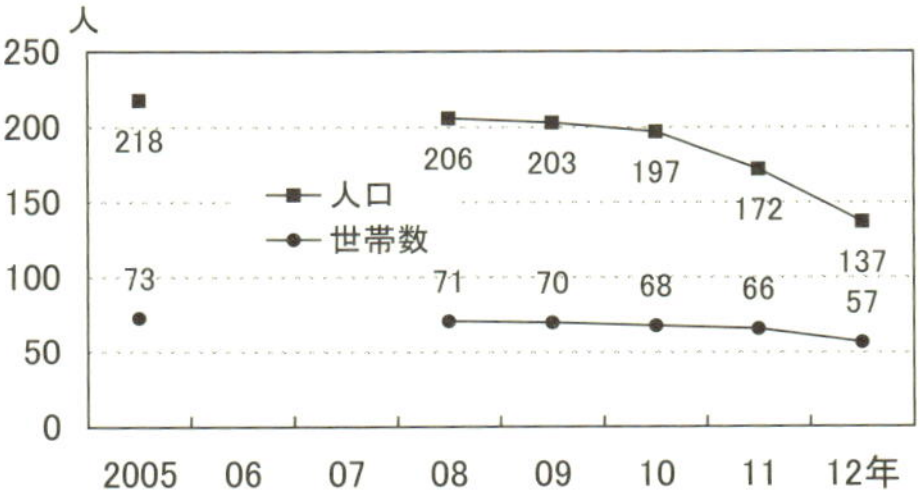

図2.3　宮城県女川町竹浦位置図と人口・世帯数の推移（2005，08～12年）
（注）各年３月31日現在。2003，04，06，07年のデータは震災で流失
（出典）女川町統計データより作成

写真2.9　津波に流され屋根が剝がされた民家
（宮城県女川町中心部 2011年３月27日）

り東寄りの半島部に位置する漁村である。竹浦集落では、震災以前から人口減少が続いていたが、大震災による津波でほとんどの住宅が流失・全壊となる被害を受け、家屋の土台のみを残すような惨状となった（図２・３、写真２・９）。

竹浦地区の伝統的な民俗芸能に、獅子振りと呼ばれる舞がある。獅子振りは元来大漁祈願の儀式であったが、これに厄除けや悪魔祓い、家内安全や無病息災の祈願も加わり、女川町や牡鹿半島の各浜に伝えられたものである。獅子頭、笛や太鼓の音色、それに舞い方が浜ごとに異なり、地域の「まとまり」をもって代々培われてきた伝統文化である（安田2013）。正月春祈禱、神社例祭、七月の最終日曜日の女川みなと祭りの年三回、竹浦の獅子振りは舞われていたが、獅子頭をはじめ、笛や太鼓、道具まですべて流失してしまった。

震災後、獅子振りを伝承してきたまとまりの力が、集落の結束を強めていくことになった。手作りの獅子振りは、単に震災で受けた心身の傷を癒すための一時的な復活ではない。竹浦地区も含む三陸沿岸は、しばしば「陸の孤島」と表現されるように、一部を除いて過疎化に悩まされてきた地域である。過疎の社会的趨勢はこれまでも押し寄せていたが、竹浦では獅子振りを通して、ある程度の弾力性をもってこれに抗して集落を存続させてきた歴史をもつ。未曾有の震災によって、ちょうど三〇年後の未来が前倒しされて、突如現れたともいえる。したがって、第一の津波の直接的被害のみならず、第二の津波に繰り返し襲われる日々の生活にも適応していくうえで、震災〝前〟の祭礼のあり方が強く影響していることは間違いないと思われる。

2.2　漁業の衰退と祭礼の再編

竹浦の獅子振りはいまから四半世紀前に一時的に衰退したことがある。南三陸町志津川から雄勝《おがつ》をへて女川までの沿岸地方は、当時銀鮭《ぎんざけ》と呼ばれるサケの養殖ブームに沸いていた。一時は「銀鮭御殿」と呼ばれる豪邸が建つような、羽振りのよい時期であった。この漁業の最盛期は、地域社会や地域の祭礼にも少なからず影響があった。地域の青年団（実業団）は、獅子振りの構成メンバーの中核であり、おもに四〇代の働き盛りの銀鮭養殖漁業者であった。

獅子振りへのご祝儀も二～三万円を超え、なかには十万円を包む人もいた。ご祝儀は竹浦地区の福利増進に役立てられ、土地を整備したり、新しい街灯を建てたり、神社の修繕をおこなった。生業と地域、それを仲介する祭礼が好循環を生みだした時期でもあった。

しかし、平成を挟んで銀鮭の単価は暴落し、養殖業者の多くは負債を抱え、自殺や夜逃げといった暗い噂が南三陸沿岸各地で聞かれるようになった（図2・4）。竹浦でも全体の半数近い漁業者が銀鮭養殖に関わったため、影響は少なくなかった。獅子振りを組織する祭礼組織である青年団の人数も激減し、一転して祭礼存続の危機を迎えることになる。

このままでは、獅子振りがなくなってしまうという危機感が、それまでの伝統を打ち破ることになった。成人男子のみの神事とされていた獅子振りを次世代へ受け継ぐ取り組みとして、女性や子どもにも門戸を開くことになった。当時の三〇～四〇代の若い世代が中心になり、獅子振りを次世代へ伝えようという意思が、離れつつあった住民の心をつなぎとめることになった。当時獅子振りを教えられた子どもたちが、現在保存会の中心メンバーとなっているのである。

2.3　一軒一軒を結びつける祭礼

竹浦に住んでいた住民は、現在、女川町内外の仮設住宅や、内陸部に住む親族の家など約三〇ヵ所に離散している状況にある。獅子振り保存会のメンバーも三〇代の若い世代の人たちは、嫁いだりして町外に出ていたり、またひとり暮らしで仙台の街中にいるなど、全員がバラバラの場所に住んでいる。ただ獅子振りとなると仕事を休んでも行くほどで、盛り上がるのはやはり祭りだという。獅子振りが竹浦と人びとをつなぐ役割を果たしているのである。震災後の民俗芸能による地域の結びつきについて、民俗学者の

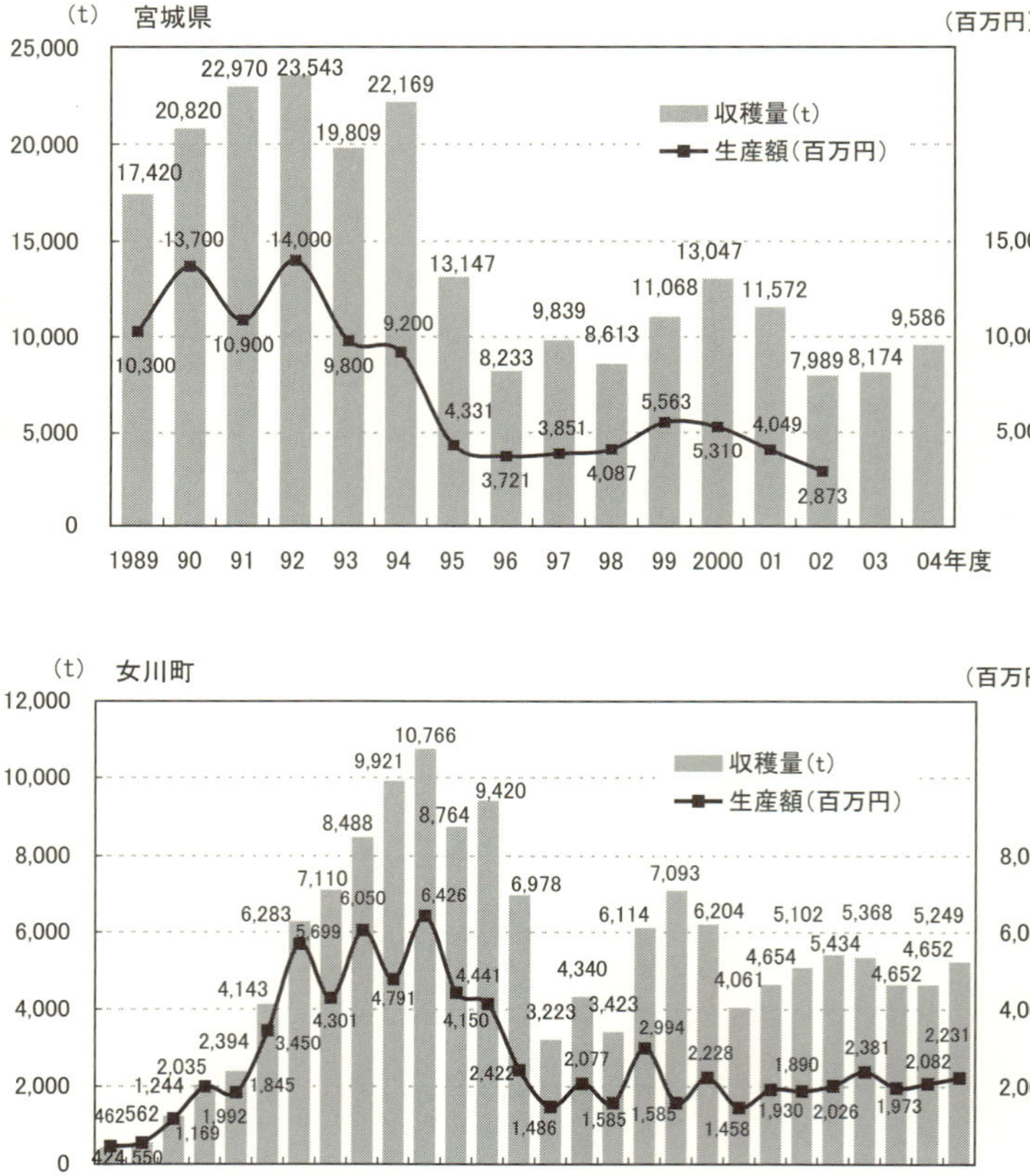

図2.4　宮城県および女川町銀鮭生産の推移

（出典）女川町水産農林課編『女川の水産』（2010）より作成

政岡伸洋は、「一瞬にして何もかも奪われ、大きな変化を強いられる厳しい状況の中で（……中略）実際に、これらが復活した地域では、そのプロセスにおいて、地域の結びつきが再確認され、復興への結束が強められる例も多い」（政岡 2012: 9）と述べている。

正月の春祈禱では、竹浦地区のすべての家々、すなわち64軒を獅子が一軒一軒くまなく練り歩く。子どもたちもはしゃぎながらこれにくっついてまわる。お母さん方は獅子が自宅に訪問する時刻に合わせて料理や酒、おつまみなどでもてなし、一緒についてまわる子どもたちにはココアやおでんといった温かい飲食物を用意する。各家でお酒や料理がふるまわれるので大人たちは酔いがまわり、獅子振りをするのが困難になってくる。

そこで登場するのは子どもたちである。酔いつぶれた大人に替わって子どもたちが笛を吹き太鼓を叩いて獅子振りに参加する。すると子どもたちが獅子振りでやってきたと祖父母は喜び、祝儀をはずむ。こうして春祈禱では竹浦の地区全体が獅子振り一色となる。全戸取りこぼさないという仕掛けによって、獅子振りを通して竹浦地区の存在をつねに人びとの関心の中心におかせることになったのである。すなわち、浜という統一体を考える際にみんなが関われる祭礼だったのである。

震災後、女川は町の機能をほとんど失っていたために、竹浦も二次避難先を女川の外に求めなければならなかった。震災後、一番近い県内の鳴子へ行くという選択肢もあったが、避難先が個々に分かれるという条件であった。秋田県仙北市のホテルならば地区の住民六〇人でまるごと避難できるため、女川から一番遠い避難先ではあったが仙北行きを決定した。

避難先のホテルでは、先行きの不安とふるさとを失ったことで、暗い雰囲気であったという。そこで女性たちがみんなを勇気づけようと、手作りの獅子を夕食時にお披露目した。もちろんプロが制作するような立派なものではなく、座布団、空缶、スリッパなどホテルにあるものを即席に利用しただけであったが、獅子振りの舞に涙を流して喜ぶ住民もいた（写真２・１）。

「（部落が）崩壊したのはわかっているけども、小さな漁村で生まれた獅子振りという文化が高台移転する際に心の支えになっている」（二〇一二年一一月二七日　鈴木誠喜さん）

人が亡くなり、家が無くなり、集落を消失するなかで、それでもなお人びとをつなぎとめたものは、全員参加の仕掛けを編み出した震災前の獅子振りの精神だったのである。

3　浄土を再現する舞――宮古市浄土ヶ浜「鎮魂の祈り」プロジェクト

3.1　遺体身元調査ボランティア

三つめの事例は、災害後初めて生まれた祭礼をどう位置づけるかである。二〇一二（平成二四）年七月七日、国の重要無形文化財に指定されている岩手県平泉・毛越寺に伝わる「延年舞《えんねんのまい》」の老女と若女禰宜《ねぎ》と、同様に重要無形文化財に指定されている宮古市黒森神社の「黒森神楽」の恵比寿舞が、宮古市浄土ヶ浜で奉納された。いくつもの困難のなかでおこなわれたプロジェクトである。まず門外不出であった延年舞が踊られたこと、そしてわずか一年足らずの期間に震災に遭った被災「当事者」自身である中小企業がプロジェクトを立ち上げたことである。まだ瓦礫が浜を覆い尽くすなか、国立公園に指定されている浄土ヶ浜での舞台設置・上演は常識的にはありえないことであった。

これには浄土ヶ浜「鎮魂の祈り」実行委員会の会長でもある千葉胤嗣《たねつぐ》氏の強い思いがあった。それは津波で亡くなった人びとの遺体身元調査ボランティアに関わった経験が大きい。

三月一一日震災当日、人材派遣業を営んでいた千葉胤嗣さんは、盛岡市の岩手医大でたまたま定期健診を受けていた時に今まで経験したことのない激しい揺れに遭い、瞬間的に津波を連想して、急いで宮古に戻ろうとした。同じ岩手県内とはいえ盛岡から宮古へは約二時間を要した。そのまま会社のある磯鶏の海辺に行こうとしたが、途中は惨憺たる光景で、その日は会社に近づくこともできなかった。翌朝早く徒歩で会社に向かったが、会社は跡形もなく、残っていたのは和式トイレと建物の基礎だけであった。

その後約四～五日は何もできず、会社をたたんで仙台に帰ろうか、どうしようか考えていたが、友人から電話があり「千葉さんでなければできない仕事があるんだけど手伝ってくれないか」と言われた。二つ返事で手伝いを決め、指定された体育館に赴いた。

体育館は津波の犠牲になった方々の遺体安置所に指定され、棺が四〇棺くらい並べてあり、一つ一つに遺体の特徴（年齢・性別）と収容された場所や時期を記した紙が貼られていた。そこで友人には「遺体を早く遺族に引き渡したいので、収容された場所に行って、追跡調査をやってほしい」と頼まれた。それからの日々は、遺体の特徴と収容先を書いたＢ４のメモを片手に消防分団や避難者が大勢宿泊している場所に行き、「こういう遺体があがったけども、心当たりのある人は来てくれないか」と遺体の特徴を話し、心当たりのある人たちに遺体安置所に確認に来てもらうことを繰り返した。

当時警察の手もまわらず、「千葉さんならば神経が図太く、少々のことでは泣きを入れないから」というのが依頼された理由だったという。その時は「早く遺体を遺族の方に返したい」との思いで何も感じなかったが、さすがに焼き肉は食べられなかったそうである。二～三日で匂いが身体に染みついて洗い落とそうとしてもとれなくなった。

泥まみれの遺体は自衛隊などによって体育館に運ばれ、熊本県警が手術台のような台に乗せて衣服を切って脱がせて検死をする。その後ボランティアたちが遺体を拭く。検死が終わると、棺に納めて体育館に並べる。素っ裸の遺体をチャックのついたビニール袋に入れて棺に納め、衣類は泥の付いたままビニール袋に入れて傍に置く。身元不明の遺体をいつまでも放置しているわけにはいかないので、四月八日に宮古市が二〇遺体ほどを荼毘に付した。

ひと月近く手伝いをするなかで、さまざまな表情をした遺体を数十体見ることになった。苦しそうに口を開けたまま固まっている遺体が多く、とくに沖の方で収容された遺体の腐敗が激しかった。たとえ腐乱した状態であっても、遺族の方が「おじいちゃんごめん」「お父さん寒かったでしょう」と遺体にすがる光景を見た時は、ボランティアを引き受けてよかったと思った。千葉さんの身体に遺体が「ありがとう」と寄り添うような気がしたという。このような経験のなかで、津波で亡くなったすべての人に安らかに眠ってもらいたいという思いを強くしたのである(4)。

3.2 鎮魂の祈りプロジェクトの始動と成功

もともと、野村万作の狂言を見て、このような舞を浄土ヶ浜で上演して無償で宮古市民に見せたいという想いが千葉さんにはあった。そのため、観光客目当てのイベントではない純粋な追悼を、浄土ヶ浜鎮魂の祈りプロジェクトの主眼とした。こうした純粋な追悼の意思が、おもに二～三〇代中心の若い人たちを動かしていくことになった。旅館の若女将である近江智春氏やイカの煎餅焼店を親子で経営している菅田正徳氏が中心となって浄土ヶ浜「鎮魂の祈り」プロジェクトが始動した。もちろん彼女たちも津波で旅館や店舗が大きな被害を受けた、零細中小企業主である。家業の復興もままならず、自信を失いかけていた時期に、商業ベースではなくボランティアでこのプロジェクトに参加したのは、県外ではなく地元の人たちと、死者に対する強い追悼の想いを共有したい、またこれをきっかけに宮古の活気を取り戻したい、ということが大きな動機であった。

平泉の毛越寺の門外不出の延年舞が浄土ヶ浜で上演できたのは、浄土ヶ浜と毛越寺には浄土に関するつながりがあり、あくまで津波による死者の鎮魂という目的に両者が共鳴したためである。浄土思想とは、死者を弔い、生きている人びとの苦しみを救うという仏教の教えである。同時に舞われた国の重要無形文化財である黒森神楽は、宮古市の山側にある山口の黒森神社を本拠とする神楽である。権現様を携え三陸沿岸を北廻りと南廻りで巡行し、巡行先では人びとの祖先の位牌の前で舞う。元々死者供養であることと、三陸沿岸に深い縁を持つ黒森神楽の歴史からして、浄土ヶ浜での上演は理に適っているといえる。

プロジェクトを成功させた背景には、上記のような事情に加えて、もう一つユニークなしくみがあった。それは、関係者すべてを浄土ヶ浜「鎮魂の祈り」実行委員会のメンバーにしてしまう秘策であった。環境省や役所、毛越寺側という別々の立場になると、それぞれの立場の説明をして物別れに終わってしまう。しかし関係者が同じ実行委員会のメンバーであれば、実行に向けての善処を求められることになる。プレス取材も当日だけでは外側からの単なる物見遊山の報道に終わってしまうので、すべて実行委員会の協力関係者として位置づけられることになった。

千葉さんは宮古市と北海道苫小牧市に掛け合って、宮古市の瓦礫を苫小牧の製紙会社のパルプ化の技術によって「復興ボード」として再生し、舞台の下地板に使用することを当初計画していた。最終的に瓦礫は各地の自治体に受け入れてもらうことになった。

物言わぬ死者が千葉さんの心に語りかけ、地元の若い人びとを巻き込み、地元の大学生ボランティアを動かし、国の重要無形文化財の共同上演実現につながっていったのである（写真2・10～12）。

写真2.10　浄土ヶ浜鎮魂の祈り　毛越寺延年舞（宮古市浄土ヶ浜 2012年7月7日 浄土ヶ浜鎮魂の祈り実行委員会撮影）

写真2.11　同上　黒森神楽（同上）

写真2.12　雨のなかで黙禱する参加者（同上）

4 「生きなおす」ための統合機能としての祭礼

4.1 祭礼の喪失・再生・新生を分けるもの

以上、震災後の祭礼・民俗芸能の異なる三つのあり方をみてきた。これ以外の民俗芸能の変容・持続・断絶も広範囲に見渡したとき、必ずしも経済的・物理的な条件に規定されていないことがわかる。たとえ道具が津波に流されていなくても再開されない祭礼もあれば、すべてのものが流されたとしても復活した芸能もある。このことを私たちはどのように考えればよいだろうか。

やや無理をして、タイプ分けをした場合、図のように考えればわかりやすい(図2・5)。すなわち、私たち外部から表面に見えている部分は、シンボル(象徴的統合)・人的補充・経済的基盤である。いわゆる、モノ・ヒト・カネである。神社を流失すればプレハブでも再建する。担ぎ手がいなければボランティアを投入する。上記二つを支えるものが運営・再建資金である。だが、これらは「氷山」の一角であり、この条件だけでは祭礼は必ずしも再開されない。実はそれらを浮上させるものは、〈ワレワレ意識のネットワーク〉という精神的基盤である。

釣石神社は、震災前よりワレワレ意識をぶつ切りにする、神社側と地域との「温度差」があった。緊張関係のなかで祭礼が継続されていたが、家屋が流され、人命が多く失われ、仮設住宅への入居が集落ごとではなくあちこちに分断されるなかで、結果的に地域の側の力が弱くなり、祭礼の担い手がなく神社だけが残った。従来あった温度差が、震災に伴って「亀裂」となって表面化したことになる。

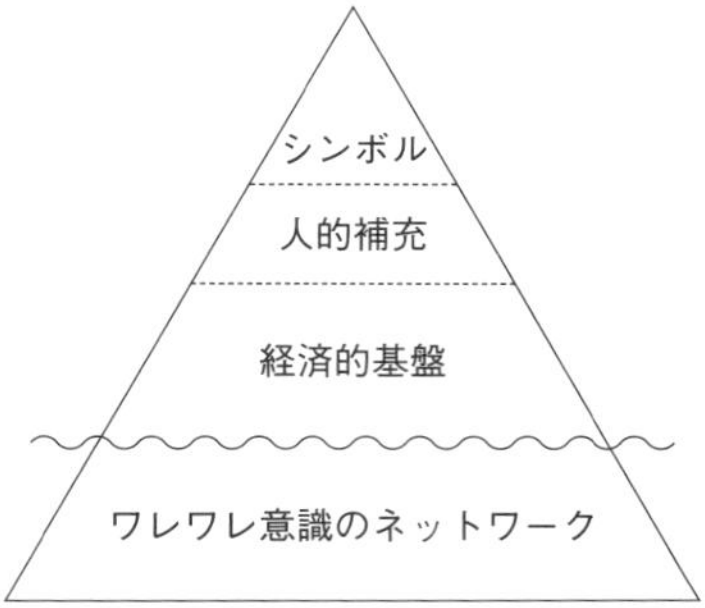

図2.5　ワレワレ意識のネットワーク

次に獅子振りの竹浦であるが、被害状況は釣石神社の地元とほぼ同じで、仮設住宅の入居先もバラバラになっているが、人びとをつなぎとめているのは、〈ワレワレ意識のネットワーク〉の強固さである。すなわち、たとえ人びとの居場所が離れていても、64軒すべてをまわる祭礼が、時空を超えて竹浦地区という総体を結びつけているといえる。

最後の、浄土ヶ浜の舞の共同上演は、そもそも何もないところから始まっている。被災した地元の中小零細業主や若者たちを動かしたものは、イベント主体での復興ではなく、死者を弔うという純粋な志であった。そこに心打たれた人びとが集い、〈ワレワレ意識のネットワーク〉が拡がったのである。

4.2 「生きなおす」意味

竹浦地区の対岸にある女川町の出島《いずしま》の獅子振りを調べた金賢貞は、島民から「元の生活に戻れないのだから、〝生きなおす〟というか……」という重たい言葉を聞き取っている（金 2014）。人も家も神社も流され、何もない状態に陥った彼女ら彼ら被災民にとって、単なる再建ではなく、そこに何らかの線を引いて、次のステップに自分たちの気持ちを引き上げるための、その踏み台になることが祭礼の役割である。

この「生きなおす」ことの意味を、金の調査した出島だけでなく、広く被災地の現状に照らしてみよう。津波で壊滅的被害を受けた地域では、高台移転などの用地取得もままならず、かといって元の土地は災害危険区域に指定されて戻れず、長期にわたって将来の見通しが立たない状況にある。いわば、仮設住宅という仮設の意味が「半恒久化」しつつあり、人びとは地に足がつかない無重力のような「宙づり状態」におかれている。文化人類学者の滝澤克彦は震災後の祭礼の民俗調査に携わるなかで、「先行きが不透明な震災後の空間と確かに存在したはずの震災前の空間が両方とも強い意味を」（滝澤 2013: 127）もって、人びとの意識は両者のあいだを往還することを指摘している。この将来あるかもしれない社会的空間と、確かにあったはずの社会的空間、このふたつの不透明な社会空間に「色付け」をし、自分たちが拠って立つ居場所を手繰り寄せる。この色付け作業が祭礼の役割である（表2・2）。

多くの祭礼再開の場所で、「自分の代で絶やしてしまうのは先祖に申し訳ない」という言葉を聞くことがある。これも確かにそこにあったはずの社会的空間に意味づけをし、そこに信を置いていれば安堵できるという人びとの心性を表す言質である。

以上をまとめると、「第一の津波」では多くの人びとが家屋や先祖の土地を流失し、近親者を亡くしたが、その後行政による一方的な居住禁止や代替地への再統合という「第二の津波」に直面している。そのなかで被災民は震災前と後の二つの不透明な社会空間を、祭礼を通じて色づけしなおすことによって、宙づりの自己を再定義し、自らの拠って立つ居場所を確保しているのである。「生きなおす」という言葉の真の意味は、もはや元には戻れないのだから、宙づりの自己を再定位するよりほかにない、という人びとの覚悟なのである。

注

（1）契約会（講）は、東北地方に分布する村落内の生活互助・生産組織の一つで、ムラの基幹組織としての役割を担い、不幸や病人を抱える家に対する助力、農事や屋根葺き替えの際の合力など、各家のヨコの平等と互酬を基本とし、山などの共有財産を有する（竹内 1966：高橋 1994）。

（2）契約会が現在共有財産として百町歩の山を持っており、税金が安い保安林扱いでも毎年一六～七万円程度の固定資産税がかかるために、基金を取り崩している現状にある。そのためこれに充てる案も出されている（二〇一三年現在）。

（3）千葉五郎「大津波に何回も呑まれ意識を失う——石巻市北上町十三浜菖蒲田」（金菱編 2012：45–50）。

（4）千葉胤嗣「究極の遺体身元照合ボランティア——宮古市磯鶏地区」（金菱編 2012：240–2）。

南三陸町志津川地区	広域にわたって被害	上山八幡宮	9月14，15日	秋季例大祭	社殿無事	○	例大祭継続
気仙沼市大島	漁港を中心に被害	大島神社	9月15日	大島神社例大祭（神輿渡御，獅子舞巡行）	社殿無事 獅子舞保存会所有の道具をすべて流失	○	2012年9月18日に実施
気仙沼市松岩地区	旧松崎村地区（海寄り）被害	古谷館八幡神社	旧暦9月15日	古谷館八幡神社例祭	社殿無事，神輿渡御に追従する尾崎大名行列保存会で甚大な被害	○	2011年11月25日に例祭実施
気仙沼市赤岩地区	被害なし（内陸）	羽田神社	旧暦9月29日	羽田神社例大祭	被災せず	△	例年通り実施。ただし，被災した沿岸地域への神輿渡御は行われず，ルートを変更
気仙沼市鹿折浪板	川沿い中心に被害	A飯綱神社 B須賀神社 C鹿折八幡神社	①1月3日 ②9月15日	①A・B：虎舞（飯綱神社，須賀神社） ②C：前夜祭（神輿[宿]→海上渡御）	各社とも社殿無事	△	A・B：2011年5月に虎舞復活 C：2011年例大祭実施せず
気仙沼市鹿折地区	漁港中心に被害	鹿折八幡神社	9月15日	前夜祭（神輿[宿]→海上渡御）	社殿無事	×	2011年例大祭実施せず。再開の目途なし
気仙沼市上鹿折地区	川沿い中心に被害	八雲神社	旧暦6月14，15日	神輿[宿]→海上渡御	社殿無事	×	2011年例大祭実施せず。再開の目途なし
気仙沼市唐桑宿	ほぼ壊滅	早馬神社	①旧暦3月 ②9月11日	①海難時のウラバライ ②秋例大祭（神輿[宿]→海上渡御）	社殿無事	○	2011年6月19日（百か日）に法要・ウラバライ 2011年9月より例大祭ルート，手順変更して実施。2012年例大祭は例年通りのルートで実施。
気仙沼市唐桑		御崎神社	①1月15日 ②2～3月 ③6月15日	①御崎神社例大祭 ②ハママツリ ③夏季例大祭（崎祭）	社殿無事	△	③2011年は実施されず

（注）祭礼・民俗芸能の復活状況が明記されていないものは除外した。表の作成にあたり，高倉・滝澤・政岡編（2012）；高倉・滝澤編（2013）を参照した。
（出典）滝澤（2013：122）より相澤卓郎が一部改編

石巻市 牡鹿地区 福貴浦	不明	二渡 神社	3月第二土曜日	例大祭	不明	○	2011年は実施せず。同年6月に復興祈願祭を実施。2012年3月10日に実施予定
石巻市 牡鹿地区 田代島	不明（ほぼ壊滅と思われる）	不明	①1月9日前後 ②旧暦9月9日前後	①春祈禱（大泊集落） ②例大祭（二斗田集落）	不明	×	①再開の目途なし。今後の継続困難 ②情報なし
石巻市 牡鹿地区 網地島	集落の半分ほどが被害	熊野神社（網地集落） 鳴神神社（長渡浜）	①10月9日 ②旧暦3月15日前後	①例大祭（網地集落） ②例大祭（長渡浜）	不明	×	両集落とも2011年は実施せず。2012年の情報なし
石巻市 雄勝町 大浜	ほぼ壊滅	葉山 神社	①1月6日～8日 ②旧暦4月8日	①春祈禱 ②例大祭（雄勝法印神楽）	社殿倒壊	△	2011年9月中止，2012年4月より再開。祭りは規模縮小で実施 2012年より春祈禱，法印神楽実施
石巻市 北上町 追波	ほぼ壊滅	釣石 神社	①1月11日 ②4月29日 ③11月3日	①春祈禱 ②祭り ③祭り	社殿無事 社務所・道具流失	△	2012年正月より仮社務所で対応。ただし，神輿渡御は行われていない。2012年4月4日より祭り再開
石巻市 釜谷地区 釜谷集落	ほぼ壊滅	稲荷 神社	10月19日	秋季例大祭（法印神楽も時折実施）	社殿一部が損壊	△	例大祭継続。ただし，神社役員と長面地区の神職のみ
女川町 出島	ほぼ壊滅	A八雲神社（出島行政区） B厳島神社（寺間行政区）	①A5月第二日曜日 B5月第三日曜日 ②1月2，3日（A・B）	①春季例大祭 ②春祈禱	A社殿無事 B一部損壊 獅子頭や太鼓流失	△	2012年に両地区の例大祭実施。ただし，出島行政区では神輿渡御は実施せず。両地区とも2012年の獅子振り実施なし。寺間行政区では2013年1月2日に獅子振り実施
南三陸町 戸倉波伝谷	ほぼ壊滅	戸倉 神社	①3月第二週末 ②4月15日	①春祈禱 ②祭り	本殿一部損壊	○	2012年4月の例祭時に春祈禱復活
南三陸町 歌津	ほぼ壊滅	三嶋 神社	①旧暦3月15日 ②9月15日	①春季例大祭 ②秋季例大祭（4年に1度）	社殿無事	○	2012年3月に例大祭再開
南三陸町 歌津寄木	漁港を中心に被害		1月15日	ささよ行事（年中行事）	法被3着を除きすべて流失	○	2012年1月15日に再開

石巻市 牡鹿町 新山浜	漁港 被害	八鳴 神社	①情報なし（1月2・3日か？） ②2月9日 ③10月27・28日	①正月獅子舞 ②人形様 ③火の神様	社殿無事 火の神様 祭場が台風 被害	△	人形様実施，獅子舞実施せず。2012年10月より火祭り再開
石巻市 牡鹿地区 十八成浜	ほぼ 壊滅	白山 神社	5月3日	春季例大祭（2日に前夜祭）	社殿被災 道具流失	○	2011年5月3日に「復興祭」として実施ただし規模は縮小。以降，例年通り実施
石巻市 牡鹿地区 大原浜	ほぼ 壊滅	三熊野 神社	①2月11日 ②7月14日，15日	①御神木祭 ②夏祭り	神輿損壊， 御神木祭の 道具流失 （山車は残った）	△	①2012年に例年通り実施。ただし，規模は縮小 ②2012年に「復興祭」として実施
石巻市 牡鹿地区 小渕浜	ほぼ 壊滅	五十鈴 神社	①1月3・4日 ②1月，3月，10月の各月10日 ③旧暦6月15日	①春祈禱 ②金比羅講 ③例大祭	社殿・神輿 無事 獅子頭流失 太鼓損壊	○	2011年より例年通り実施。金毘羅講は，2011年10月に実施。ただし，2012年1月と3月は実施せず
石巻市 牡鹿地区 鮫浦浜	ほぼ 壊滅	不明	3月第二土曜日	例大祭 浜祭り（漁協主催）	不明	○	2011年は実施せず。 2012年4月17日に実施
石巻市 牡鹿地区 大谷川浜	壊滅	不明	旧3月8日（震災前は2月第四日曜日）	例大祭 （集落住民のみで実施）	不明	×	再開の目途なし
石巻市 牡鹿地区 谷川浜	壊滅	八幡 神社	9月第二土・日曜日	例大祭 （土曜日前夜祭）	不明	△	2011年実施。2012年の実施は不明
石巻市 牡鹿地区 泊浜	不明	不明	①2月8日 ②10月第二日曜日	①「みちあいの祭り」 ②秋季例大祭（3年に1度神楽実施）	不明	△	2011年は不明。 2012年（「みちあいの祭り」）実施
石巻市 牡鹿地区 鮎川浜	不明 （ほぼ壊滅と思われる）	熊野 神社	旧暦9月9日前後	例大祭	不明	×	再開の目途なし
石巻市 牡鹿地区 給分浜	不明	不明 （鳥羽神社？）	①旧暦5月5日 ②旧暦12月28日	①大漁祈願 ②例大祭 （羽黒神社）	不明	△	2012年3月4日に宮司宅で直会実施
石巻市 牡鹿地区 小網倉	不明	神明社	①1月2日 ②旧暦6月14日	例大祭	社殿の状況 不明。神楽 の道具流失	△	不明

表2.2　各地の神社被災と復興状況（2013年現在）

調査地区	集落の被災状況	鎮守	祭礼行事		神社の被災状況	祭礼の復興状況	
			祭礼月日	行事内容			
山元町 坂元中浜	ほぼ壊滅	天神社	①４月３日 ②11月３日	①中浜神楽，神輿 ②神輿	社殿無事，祭り道具流失	×	祭りなし，神楽復活せず。保存会が小学校で子供神楽（剣舞）を指導
山元町 笠野	ほぼ壊滅	八重垣神社	７月末土日	夏季例大祭（お天王さま祭り）	社殿流失 神輿損流失（発見されるが当初損壊がひどく，使用不可）	○	2011年７月29日祭礼実施。ただし，神輿は担がれなかった。2012年は例年通り実施
岩沼市 蒲崎	ほぼ壊滅	神明社	11月第一週末	祭り（神輿）	社殿流失 道具流失	×	祭りなし
名取市 北釜	東部壊滅	下増田神社	①４月第三日曜日 ②11月23日	①祭り（神楽） ②新嘗祭（神楽）	社殿一部流失	○	2012年１月29日山の神祭りより再開
名取市 閖上	ほぼ壊滅	湊神社	10月	神楽招待，神輿	社殿流失，道具流失	○	2012年年10月21日復興祈願祭として祭り再開
多賀城市 八幡	浸水	八幡神社	①４月第二週末祭 ②11月23日	①祭り（鹿踊り，神輿） ②新嘗祭	社殿流失，道具流失，神輿損壊	○	2012年正月・どんど祭り・新年祭・例大祭実施
塩竈市 浦戸 寒風沢	ほぼ壊滅	神明神社	①４月第一日曜日 ②９月第二日曜日 ③８月29日	①春季例大祭 ②秋季例大祭 ③施餓鬼供養	社殿無事，道具流失	△	①②2012年より順次再開。③継続。ただし，場所や規模に若干の変更あり
七ヶ浜町 花渕浦	漁港被害	鼻節神社	①７月19日 ②旧暦９月28日	①アワビ祭り ②祭り	本殿無事，社務所全壊	○	祭り継続，「カンナギ」の聖地巡礼
七ヶ浜町 吉田浜	漁港被害	吉田神社	旧暦３月17日	祭り（獅子舞）	社殿無事	○	2012年より祭り再開
東松島市 宮戸月浜	ほぼ壊滅	五十鈴神社	１月14日～16日	えんずのわり（鳥追い）	社殿無事	○	2012年１月11日より例年通り実施
東松島市 鳴瀬浜市	ほぼ壊滅	石上神社	①旧暦３月10日 ②９月９日		社殿流失	×	祭りなし，20年に１度の2011年宮崎町熊野神社お潮垢離行事中止（2013年に実施）
加美町 宮崎地区	被害なし（内陸）	熊野神社	旧暦３月15日	春季例大祭お潮垢離20年に１度	被災せず	○	1991年前回のお潮垢離実施。次回2011年４月は実施されず。2013年７月に22年ぶりに実施
東松島市 矢本 大曲浜	ほぼ壊滅	玉造神社	１月２日	獅子舞巡行	社殿流失，道具流失	○	2012年１月２日，全面的な支援を受け獅子舞再開

第3章　内なるショック・ドクトリン

——第二の津波に抗する生活戦略

写真3.1　身の詰まったカキを引き揚げる
（石巻市桃浦漁港 2013年4月5日）

1　ショック・ドクトリンとは何か

カナダのジャーナリストのナオミ・クラインは、テロ、戦争、ハリケーンや津波などの自然災害でショックを受けた直後、災害処理をまたとない市場チャンスととらえ、公共領域に正当性をもって参入する行為を、「惨事便乗型資本主義」（クライン 2011: 5-6）と名づけている。この災害型資本主義を推進する新自由主義者は、災害や惨事を一過性ととらえるのではなく、あたかも大災害に備えて缶詰や飲料水を用意するかのように、非常時に備えて自由市場構想をあらかじめ準備する。そして、大災害の直後にそれを迅速に行動に移すことで、政治的に不可能であったことを政治的に不可欠になるまで高めるのである。シカゴ学派の経済学者であるミルトン・フリードマンは、意表を突いた経済転換を急進的かつ広範囲に敢行すれば、人びとの変化への適応もスムーズになりうると予測した。惨事という非常事態に自由市場主義の徹底化を一気呵成に推し進める荒療法を「ショック・ドクトリン」と呼び、民主主義的手続きを経ずに自由市場を開放できる惨事を、自由放任資本主義の完結にとって「不可欠な要素」とおく（図3・1）。

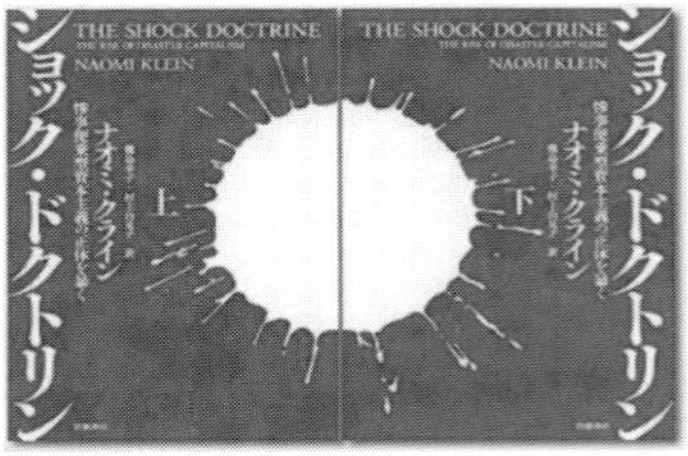

図3.1　ナオミ・クライン『ショック・ドクトリン』（岩波書店 2011）

津波を例にあげれば、自然の途方もない脅威により集団的ショックが生じた時期に、前もって用意していた計画から、復興やリスク防止という目的を掲げ、処方箋としてバッファーゾーン（緩衝地帯）を設ける。そうしてなかなか進まなかった漁民の土地明け渡しを、一部の産業に対して合法的におこなうことができる。東日本大震災では、震災後間もない頃に突如として宮城県の村井嘉浩知事が「水産業復興特区」を提唱した（本章2節）。これは災禍で苦しむ漁民を助けるどころか漁業の早期復興を妨げる愚策として、一斉に批判を浴びた。

このように例外的に特区として企業を参入させることで産業を活性化させる手法は、漁民から「ドサクサ紛れ」と評されるように、ショック・ドクトリンの典型的な惨事便乗型の経済政策の事例といえるだろう。その意味では、当初から漁業の民間開放を強く念頭においていた知事にとって、漁民の精神的「空白」と漁場の「空白」が生じる大震災は、知事のパフォーマティブな能力と手腕が試されるまたとない機会であった。

しかしながら、東日本大震災の復興政策の個別事例を見ると、いずれも復興特区は計画倒れに終わっており、宮城県も様子見として二年以上も導入を見送っていた。すなわち、ショック・ドクトリンを模した復興特区は「改革・開放」という旗印のもとマスメディアから華やかな復興の経済政策ともてはやされたにもかかわらず、実行に移すどころか漁業当事者から拒否されている現状にある(1)。ただ、だからといってショック・ドクトリンは無関係かといえばそうではなく、実はこうした外からの復興政策の圧力も、コミュニティの意向を無視して遂行することは実質的に困難であると指摘できる。逆に、コミュニティがショック・ドクトリンの「防波堤」として有効に機能しているともいえる。

ただし、これほど大規模な災禍では、元に戻る復興ではなく、いわば「内なるショック・ドクトリン」とでも呼ぶべき構造改革が現場で推し進められている。足元の懸案となっている地域コミュニティや漁業当事者が抱える構造的な問題について、徹底的にみんなで民主的に議論し、それを身の丈に合った形に改革する試みである。そのことが結果として、新自由主義的なショック・ドクトリンを自らのコミュニティに引き寄せない方策につながっているのである。

本章では大災害における「内なるショック・ドクトリン」について四つの事例、宮城県石巻市桃浦・気仙沼市唐桑町・南三陸町志津川戸倉・岩手県宮古市重茂それぞれの独自の復興策を簡潔に示し、在地リスク回避論から内なるショック・ドクトリンの内実について明らかにする(2)。さらに、これらを「創造的破壊」として位置づけ、壊滅的な被害を受けたコミュニティの再生とその潜在力を、自然災害による外からのショックと「第二の津波」に抗する内部の構造改革の両面から論じる。

2 再生するコミュニティ——石巻市桃浦・気仙沼市唐桑町・南三陸町戸倉・宮古市重茂《おもえ》

2.1 なぜ「水産業復興特区」に賛成したのか　石巻市桃浦

宮城県知事によって提唱された水産業復興特区に全漁協が反対するなかで、唯一賛同の意思を示し実施に移された地域が、牡鹿半島の付け根に位置する石巻市桃浦である。水産業復興特区とは、これまで独占かつ優先的に漁協に付与されていた「漁業権」(漁業法第一八条)を民間企業にも同等に与えようとする構想である。漁業権とは漁民が地先の海水面(浜の土地の先にある海域)を利用してきた慣習を踏襲し、近代法である漁業法にそれをかぶせた権利である。

特区導入の狙いは、企業を参入させ、その経営力を活用することで、震災によって甚大な被害を受けた浜の早期復興と、衰退しつつある日本の水産業の再建を促進することにある。桃浦地区が外部の企業参入に賛同したことは、一見すると市場原理に即した動きのように見えるが、コミュニティ内部からは全く異なった様相が見えてくる（庄司 2013）。

桃浦地区は、震災以前人口が65世帯150人にまで落ち込み、高齢化と後継者不足から、たとえ震災のショックがなかったとしても、漁業消滅の危機に瀕したであろう（図3・2）。もちろんこうした状況は沿岸漁業に携わる多くの地域にあてはまるものであるが、桃浦地区は一般論を超えて、七〇代以上の漁師を残すのみとなっており、コミュニティの衰退を一段と深める危機的状況にあった。今回の津波によって58軒が流され、わずかに残ったのは3世帯4人だけだった（写真3・2〜3）。

津波によって壊滅的な被害を受けた直後は、先祖から預かってきた浜をきれいな形で返そうと、瓦礫撤去や清掃をおこなっていたが、それでも養殖漁業を再開する動きが出てきた。しかし、個人で漁業を再開できる状況ではなかった。かといって、三年間国から給与が支払われる復興案（「がんばる養殖復興支援事業」）では、桃浦地区が抱える後継者の育成にはならないと受け入れを断念し、半年間にわたって議論した結果、「水産業復興特区」に申請することになった。二〇一二年八月末に漁業関係者全員が納得したうえで「桃浦かき生産者合同会社」を設立し二〇一三年九月の一斉更新に伴って漁業権を取得した（写真3・4）。ほとんどが六〇代後半から七〇代の高齢化した漁師たちが目前の「稼ぎ」という経済原理ではなく、「仕事」として地区の漁業を消滅させないという、コミュニティ原理に基づく動機から、復興特区に賛同したのである（写真3・5）。

稼ぎと仕事という概念の違いについて哲学者の内山節は、稼ぎが「生活するのに必要なお金」である

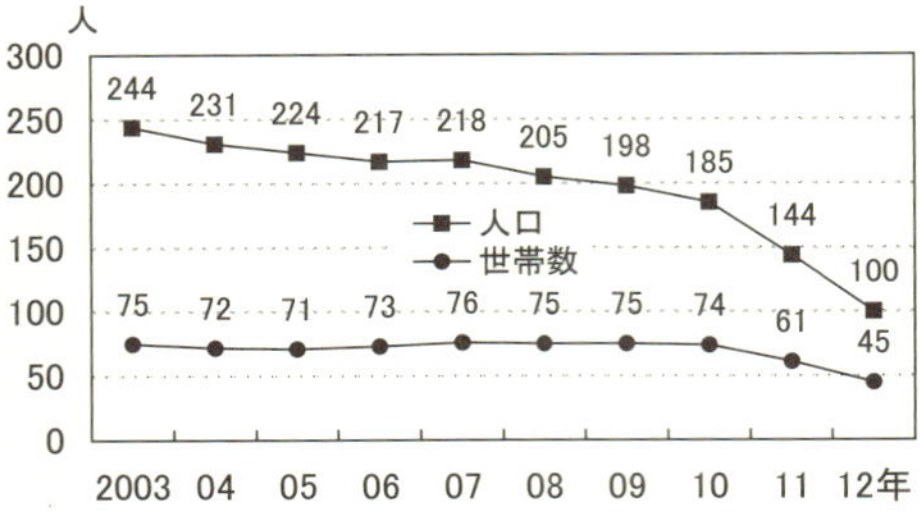

図3.2　石巻市桃浦地区の位置図と人口・世帯数の推移　(注) 各年12月31日現在
(出典) 石巻市市役所情報公開コーナー提供データより作成

写真3.2　震災翌日の桃浦 (石巻市桃浦 2011年３月12日 大山勝幸氏撮影)

写真3.3　同上　１階はほとんど壊れ，２階の屋根に漁具が乗っている

のに対して、仕事は「当該地域においての人間関係と自然の営みすべて」と区分している（内山 2001：70）。地区の人びとの言葉を借りるならば、「（桃浦）地区において誰かが得をする代わりに、誰かが損を被るようなことはあってはならない」を、コミュニティ内部の規範として遵守している。

一般的に考えれば、水産業復興特区は、稼ぎを重視し、復興の起爆剤として営利を前面に押し出す側面を強くもつ。したがって、優先度の高い地域を選別して利益をあげ、その後遅れた地域に波及させる効果が期待されている。その結果、ある程度の経済格差を容認することになる。

写真3.4　桃浦かき生産者合同会社（2013年４月５日）

写真3.5　同上　カキ剝き作業

しかし、桃浦地区には経済格差を望まない歴史的特質があった。稼ぎの多寡によって漁師の発言力が左右されるのではなく、一人ひとりが平等に扱われることを、地域の暗黙のルールとしてきた。桃浦地区では一部の漁師だけが豊かになるのではなく、すべての漁師が仕事を得るしくみを追求した結果が、復興特区制度の活用だったのである。もともと、借金をしないように最小限の投資でカキ養殖業をおこなっており、ブランドもののカキを生産してきた。そのため地区の漁協自体が黒字経営であり、なりふり構わないような経営戦略をこれまでとってこなかった。このことが稼ぎよりも仕事を重視する理由にもなっている。

知事の意図は、効率化の原理のもとに、零細漁業を再編することにあったが、桃浦地区はその意図を離れて特区制度の利用をめざした。つまり、浜での仕事を存続させ、今後も地域ぐるみで漁業に関与するしくみを求めたのである。

というのも、復旧を進めるなかで、漁師を含めて簡単には帰村できないことが次第にわかってきたからである。津波の浸水域は災害危険区域に指定され、家屋を建築できないことから、高台移転の案が出される。震災直後は半数に当たる24戸から高台移転の要請があったが、自主希望によってそれが9戸に激減した。津波によって破壊された学校、病院、役場といった公共施設の再建が困難となり、大半の住民が石巻市街地の仮設住宅などに移ることになったからである。

小さな漁村において高台移転をあきらめ、市街地で生活するようになった漁師は、現在は経過処置として「通い漁師」が認められるが、五年後の漁業権更新の際、地先浜の元の地に居住しないことを理由に漁業権を剝奪される可能性がある。このままでは桃浦地区が消滅し、漁業の継続が不可能になりかねない。しかし、特区制度があればたとえ権利を失っても参入企業に雇用されて漁を継続し、浜と関わりあえる。そのようなしくみを模索した結果が、特区への賛同だったのである。

以上のように、水産業復興特区は桃浦地区にとって単なる漁業の復旧以上の意味がある。地区の復興の上でも非常に重要な役割を果たすと漁師の方が認識している。漁師は自らが漁を再びおこなうことで、地区を守ろうと能動的に考えている。特区制度によって地区が潤うのではなく、特区制度を地域のなかで活用することで、構造改革を自ら呼び込む戦略であったことがわかる。

2.2　96人の協業化　南三陸町志津川戸倉

宮城県南三陸町志津川湾の南に位置する戸倉地区は、寺浜、長清、藤浜、滝浜、津の宮、波伝谷、在郷、水戸辺、折立の九つの浜から成り立ち、震災直前（平成二三年二月末）の人口は２４１１人、６８０世帯あった。二〇一三年一二月現在では１８４６人、５７４世帯である（図３・３）。内湾に面しており、沖合までの距離が遠い南三陸町志津川では、震災前の三月時点で１０７５艘あった船のほとんどを破損流失し、わずか55艘しか残らなかった。

志津川湾を望む景色は、養殖用の浮き筏にびっしり埋まっていた。内陸部から海に向かうトンネルを抜けると、そのまま海上の道が続いているのかと揶揄されるほどだった。震災前はそれほど過密養殖（いわゆる密殖）の状態にあった（写真３・６）。しかし、震災で家屋、養殖施設、漁船を流失した戸倉地区では話し合いの末、国による補助金制度（「がんばる養殖復興支援事業」）を利用して協業化を推し進めることを選択した（写真３・７）。

この地区の特質は、独特の協業形態にある（齋藤 2013）。すなわち、通常4～5人一組で協業がおこなわれてきたのを、震災後96人をまるごと一グループとする協業を申請したのである。協業化の一番の問題は、給与制とグループ化により、各人が切磋琢磨しなくても収入が一定額保証されることによる、労働意欲の低下にある。養殖漁師の労働は、一人社長として単独操業し、高品質をめざす生産努力と競争原理のなかにあった。協業化は、努力が収入に直結することを是とする漁師の気質とは、本来相容れない。しか

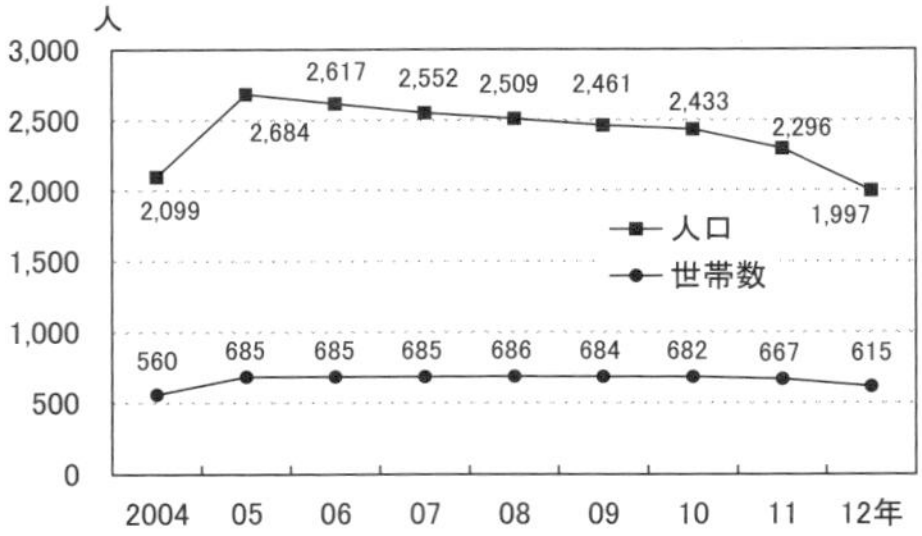

図3.3　南三陸町戸倉地区位置図と人口・世帯数の推移
(注) 各年３月31日現在。2003年データは震災で流失
(出典) 宮城県志津川支所戸倉出張所提供データより作成

写真3.6　震災前の志津川湾　過密養殖
(2010年５月20日 宮城県漁協志津川支所戸倉出張所撮影)

写真3.7　震災後の志津川湾 (2011年７月31日 同上)

しながら、未曾有の大災害を受けて、漁業基盤が何もなくなった漁師にとって、協業化は生活上必要かつ不可欠な手段であった(3)。

小グループではなく、百人近いグループを組むことにどのような意味があるのか。競争を是とする市場原理からいえば、労働意欲の低下を招来するような、大人数での協業化は、競争の対極にあるようにみえる。

96人の協業化は、実は競争を促す品質保持に即した動きであった。戸倉地区では歴史的に、ワカメ養殖を中心に漁がおこなわれてきたが、養殖ワカメが市場に流通して単価が下がったことから、カキ養殖が導入された。ワカメ養殖は漁場の間隔をあまり広げずにおこなわれていたが、垂下方式と呼ばれるカキ養殖は、漁場の間隔を大きくあけなければならない。それにもかかわらず、ワカメ養殖の間隔に合わせてカキの養殖を始めてしまったために、過密養殖が進んでしまった。「これはどうにかしなければいけない」というのが、養殖漁師の共通認識であったが、養殖筏の台数を自分たちのグループだけ減らしても全体の変化はないという、あきらめに似た声が大きかった。

ましてや家族の生計を維持するために少しでも養殖筏の台数を増やして、最低ランクの品質でも、ある程度の数量を出荷し最低限の利益をあげたいという要求が先行する。その一方で、決められた漁場の外へ出て、栄養価が高い潮の流れに沿った場所で身入りのよい水揚げを得る、通称「闇」養殖も多く存在した。つまり、過密養殖によって漁師一人当たりの収量はあげられるが、漁場が酸素不足でカキの餌となるプランクトンが循環せず、身入りの悪い低品質の水揚げしか得られない。海という共有地におけるコモンズの悲劇（ハーディン）が生じていた。いわゆる「社会的ジレンマ」(4)が震災直前まで深刻化していたのである。

一九六〇年および二〇一〇年のチリ地震津波、台風や爆弾低気圧など度重なる自然災害にもかかわらず、それぞれの養殖筏を修繕するだけで、過密の構造的問題は一向に改善されなかった。大津波によってすべて何もかも流されたからこそ、このショックを利用しない手はないと関係者すべてが考えたのである。

戸倉地区の養殖業者は、自然災害のリスク分散として何種類かの養殖品目を掛け合わせてきたが、震災後の協業化の際に業種別に分かれると補助金の分配が煩雑になるので、ワカメ、カキ、ホタテの三種類の養殖業者をまるごと一つにまとめることになった。三種の養殖をおこなう養殖業者全員が「がんばる養殖復興支援事業」に参加することで、結果的に96人となった。96人の協業

写真3.8　志津川がんばる養殖復興支援事業の話し合い（2012年5月29日　同上）

化とは、震災後残った志津川戸倉の漁師のほとんどを参加させるしくみとなった（写真3・8）。

これは補助金分配の便宜的措置であるが、過密養殖を回避する構造改革を促すことになった。震災前の三分の一の養殖施設を適正に配置して漁場を有効に活用し、施設の間隔を広げることによって養殖の品質向上が図られた。水揚げを震災以前の状態にまで戻すことを表層の復旧とすれば、品質保持を優先させて漁業権の区画割りを変えることは構造改革に当たる。こうして、各人の漁業の区画利用権を白紙に戻すという「海のコモンズ化」がおこなわれたのである。未曾有の震災に屈するのではなく、逆にそれを契機に

従来の問題を一挙に解決し、未来を切り開こうとしたのである。

2.3　災害時の弱者生活権の付与　宮古市重茂

岩手県宮古市の南端に位置する重茂《おもえ》半島は、ワカメとコンブの養殖が盛んな人口1600人余りの漁村である。13の集落と451戸のうち、漁家は397と大半が漁業で生計を立てており、養殖ワカメの生産量は日本一を誇っている。重茂漁業協同組合の組合員一人当たりの事業高は700万円を超え、複数の組合員のいる世帯収入は、1000〜1500万円であった。

重茂は、幾度となく津波の被害を受けた津波常襲地帯である。大震災ではこれまで知られていた黒褐色の津波とは異なって、コバルトブルーの大津波が地域一帯を襲い、壊滅的な被害をもたらした（死者・行方不明者50人、住宅全壊88棟、倉庫全壊355棟、所属船814艘中798艘流出破損）（図3・4、写真3・9）。漁協の建物は、大正三（一九一四）年に重茂浜漁業組合と音部浜漁業組合が合併した際に、諍いを避けるため双方の中間地点の高台においたため、今回の大津波でも幸い無傷で残った。

二〇一一年四月九日、重茂漁協は組合員全員協議会を開き、伊藤隆一重茂漁協組合長のもと組合員が約380名参集した。「ここで漁業をあきらめ重茂を去るのか、みんなでもう一度協力して困難を乗り越えるのか」と組合員に直接問いかけたところ、救助と捜索が一段落した直後から、亡くなった人のためにといち早く重茂再建の絵が描かれた。海の生活を支えるにはまず船が必要であると、若い組合員に仕度金を用意していち早く全国に派遣し、使える船を集めて漁協が買い取った(5)。また、自然災害のリスクに対処しながら漁業を継続してきた重茂で、震災後に真っ先に取り組んだ養殖の品目は、半年で漁獲できるワ

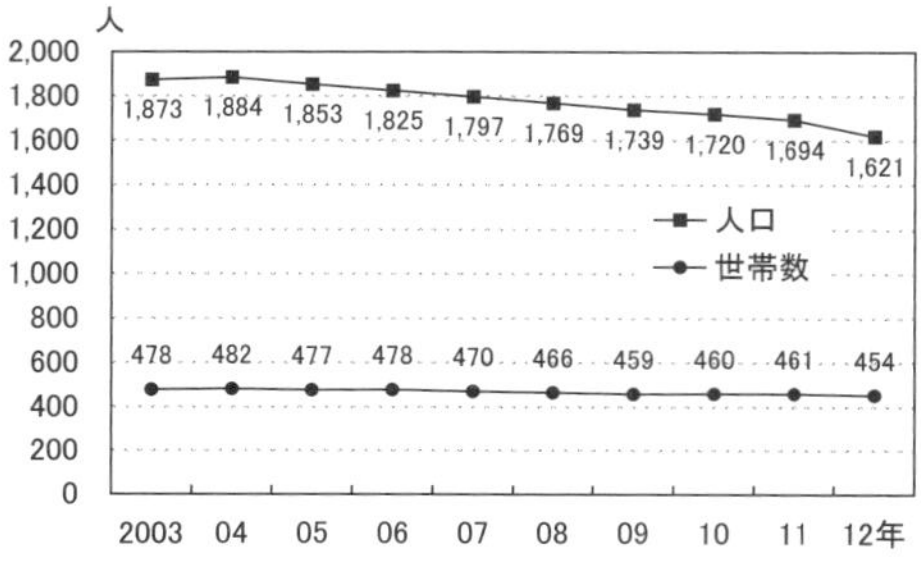

図3.4　宮古市重茂位置図と人口・世帯数の推移
（注）各年１月１日現在
（出典）宮古市総務企画部総務課提供データより作成

写真3.9　震災後の重茂漁港　津波で破壊された漁業施設
（岩手県宮古市重茂漁協撮影）

カメであった。

そこで打ち出された方針は、「組合員一人一人の生活の維持と福祉のために、仲間意識、相互扶助、互譲と互恵の精神、自らの努力」（復興への道のり）のもと、サッパ船と呼ばれる小型の船外機船を共同で使用し、そこで揚げられた収益すべてを平等に分けることであった。「みんなが困っているなかで、俺だけ（儲けたい）ということは許されない。それが協同組合であることを認識していただきたい」と組合長は言う。

国、県、漁協が三分の一ずつ費用を負担し、組合員が借入れなしで生業を継続できるしくみを生みだした。平成二五年四月までに、新造船、中古船、個人船はそれぞれ92・7％、100・0％、100・0％とほぼ到達目標に達した。こうした協同の精神には、組合長の強いリーダーシップの発揮をみることができる。その結果、震災直後にみんなで水揚げを分け合った全漁民均等割から、全部個人のものになる一家総取制という平時の方式に戻っている（写真３・10～11）（３節で後述）。

ただし、協同の精神の下地となるものはすでに重茂にあった。道普請や浜の清掃活動、魚付林の漁協による購入、合成洗剤追放の運動（写真３・12）や六ヶ所村核燃料再処理施設への反対運動などがふだんから醸成されていた。とりわけ大きな要因として、丸山茂樹は次の二点をあげる（丸山 2012: 50）。

写真3.10　コンブ漁から帰港したサッパ船
（重茂漁港 2013年７月28日）

写真3.11　新造船が並ぶ港（同上）

写真3.12　合成洗剤追放の看板
（宮古市重茂 2013年７月28日）

一つめは、町村合併、広域行政化が進むなかで、一県一漁協という漁協合併の流れに従わず独立性を保持した点である。合併すれば組合の運営を効率化できるが、トコトン話し合って民主的に物事を決めて実行することが困難になるとわかっていたからである。

二つめは、サケやイカなど収益の大きい定置網漁を協同組合経営の事業でおこない、これを共有財産として集落に還元したことである。子どもの通学バスや高校進学の寄宿舎などの費用を数千万円単位で行政に寄付したり、漁家の次三男に奨学金を支給して教育の機会を与えてきたことが、養殖業に挑戦して成功し、事業収入を飛躍的に増やすことにつながった。

従来環境社会学で議論されてきた弱者生活権は、誰のものでもない、総有の一部である共有地に対して優先的にアクセスして資源を得る権利を、所得のより少ない一部の生活弱者（貧困者）が保有するというものであった（鳥越 1997）。大震災という「非常時」における漁村の対応のしかたを見ると、弱者に優先的なアクセス権を認めることに限定されない。弱者にとどまらず、強者を含むすべてのコミュニティ成員に平準化を求めるものであった。

それは、経済的に余力のある成員の収入を減じてでも、各成員を完全に平準化することによって、地域から脱落者をひとりも出さない、というコミュニティ全体としての意思である。コミュニティの大部分の成員が生活弱者である場合でもこの方策が有効であったことが、ここでは示されている。家族も財産も仕事もなくした人びとにとって、明日以降もこの地で暮らすことができるという将来に対する見通しは、経済面の支援と並んで、精神的な支柱となっているのである。

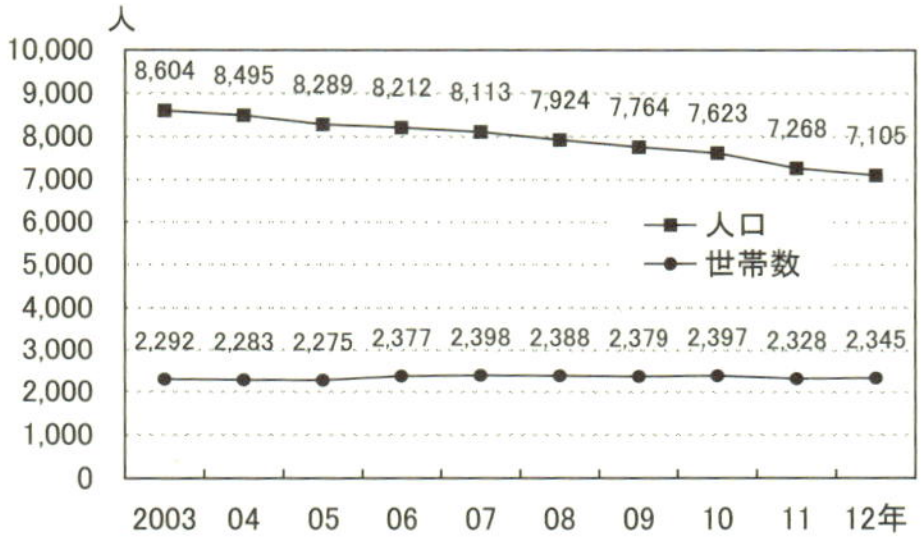

図3.5　気仙沼市唐桑町位置図と人口・世帯数の推移　（注）各年12月31日現在
（出典）気仙沼市役所唐桑支所市民生活課提供データより作成

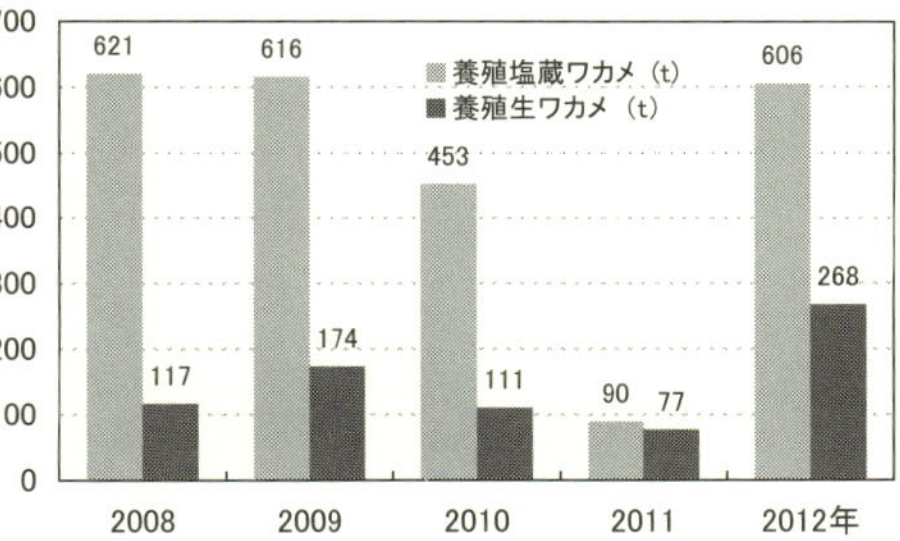

図3.6　養殖ワカメ水揚高の推移（2008～12年度）
（出典）宮城県漁協唐桑支所データより作成

2.4　早期の復興を支えた「沖出し」文化
気仙沼市唐桑町

宮城県三陸沿岸の北端に位置し、リアス式海岸に面した唐桑は「地震があったら津波の用心」という石碑があるほど津波常襲地帯である（図3・5）。津波による集落移転をおこなってきた過去の経験が生かされ、被害を最小限に抑えている。

震災後、まず住居や当面の生活費を確保するために、唐桑の各浜が復旧に取り組んだ養殖品目は、ワカメであった。ホタテ、カキ、ノリなどは地盤沈下した陸地の処理施設の再建や養殖期間に相当の時間を要するため、ロープ一本で半年で成長するワカメに絞った結果、震災翌年の春にはワカメの出荷を迎えた。しかも前年度比ベースで150％という伸びを記録している（図3・6）。震災一年後の復旧進捗度は、震災前の3・4%と報道されるなど、水産業の復興は道半ばというイメージがあるなかで、ほかの地域に比べて唐桑の異常な水揚高の伸びは、何を意味するのだろうか。この背景には促成栽培の利点のほかに、「沖出し《おきだ》」という三陸特有の文化があった（今野 2013)。

沖出しとは、地震後、津波の被害を受けないといわれる水深50メートルの沖合までいち早く船を移動する技術である。そのため、三陸沿岸を中心とした津波常襲地帯では、地震が起こると沖出しをおこなう慣習がある(6)。もちろん、沖出しはたいへん危険と考えられており、漁協でも強く自制を促す指導をおこなっている。水産庁のガイドラインでは、漁民の命を守ることを最優先して禁止している。

しかし、度重なる三陸の津波来襲のなかで、沖出しは漁師にとって一回限りの判断ではなく、彼らの生業の文化（＝身体化）となっている。沖出しは、命を賭した自己犠牲的な行為ではなく、自分の命を含めて、家族や漁師の第二の命である船を守りぬく自己防衛的な行為である。沖出しが危険とされる理由には、津波の有無や予測が科学的ではなく、漁師個人の経験のみによって判断され、実行されることが挙げられるが、実際には唐桑の養殖漁業者の大半が沖出しを成功させたことで、養殖船の8～9割の船が残ったのである。

内湾に面しており、沖合までの距離が遠い南三陸町志津川では、震災前の三月時点で1075艘あった船のほとんどを破損流失し、わずか55艘を残すのみであったのとは対照的である。志津川では現在も「がんばる養殖復興支援事業」等、国の支援はあるものの、震災から二年を経過しても新造船は注文殺到で151艘（要請した460艘の約三分の一）が届いていなかった。生活再建の上で、船の流失および新造船発注の遅延は、大きな足かせとなっているのである(7)。

漁師にとって沖出しは、自分の命を守る行為ではない。津波から身を守るには、高台に避難するのが通例である。船に乗って磯にいたのであれば、津波の危険を避けて沖に向かうことは理解できるが、陸（オカ）にいた漁師が地震後、船を出して津波の方角に突き進んでいく行為は、常軌を逸するようにみえる。だが、漁師にとって船とは多くの習俗や禁忌に彩られた特別な存在である。

漁師も「（沖出しをして）船が残っていたから復興が早まった」と口々に言い、現在も養殖や操業は個人でおこなっている。自分の船で持ち分の漁場へ出て、自らのペースで作業を進めていくことができるのは、漁師にとって明日への希望になっている。沖出しとは、船（自分）を生かすとともに、家族を養っていくことであり、親から受け継いだ生業を続けたいという欲求を満たす行為である。沖出しが震災後の復興にかなり有効に働いていることは、揺るぎのない事実である。

言い方を変えれば、沖（オキ）は漁民にとって自由と生活を保障する海の「アジール（避難場所）」（網野 1996）である。だからといって特別な場所ではなく、通常期に養殖などで収入を得る地先の海が磯であるとすれば、六～七月の比較的余裕がある時期にマンボウなど自家消費用の魚を獲る海が沖である。したがって、沖は未知の海ではなく、慣れ親しんだ場所でもある。そしていざという時の緊急避難所として、沖合が位置づけられている(8)。

オカ（陸）の高台に逃げれば命は助かるが、船を流されることでその後の生活の糧を長期にわたって失うことになる。オキへ避難することは、命を守ることと同時に生産手段を確保し、両方を同時に保障することになる。それは言い方を替えれば、行政の支援に頼ることなく、漁民自らが震災後の自力救済を果たしているといえる。さらに、沖出しは災害後の第二の津波とでもいえる生活の困窮を未然に防ぐ機能を果たす。沖出しは、三陸沿岸史のなかで度重なる津波襲来を受けた漁民が海を忌避することなく、海に向き合い、恩恵を得るために編み出した、経験的な災害対処法であり、彼らの文化である。

3　創造的破壊としての構造改革

以上の四つの事例は浜ごとの独自性を示しているが、クラインの「ショック・ドクトリン」と照合すると、興味深いことが見えてくる。現在、水産業復興特区は、宮城県知事の強い熱意とは逆に、事実上の適用中止（県によるお膳立てによる一件のみの適用）に追い込まれている。つまり、ショック・ドクトリンが〝予告〟するような便乗型の市場開放には至っていない。言い方を変えれば、漁村のさまざまな独自の復興の取り組みが、結果として市場による一方的な資源収奪を、未然かつ十全に防止している。このことの社会的意味についていま一度掘り下げて考えてみたい。

単に元に戻る「復旧」であれば、各浜つまり漁協や漁村は、国が示した一律化された復興政策を利用したであろう。しかし、各浜は自らに合った復興政策をその都度取捨選択している。こうして特区を含む各種の復興制度は、漁業支援の役割を担うことができる。それに対して浜独自の復興は、未曾有の大災害を契機として構造的な問題を解決する「創造的破壊」の観点から考えられている。

復興特区に賛同した桃浦地区では、特区制度の利用はあくまで後継者を育成し、コミュニティを継続させるためのひとつの手段である。戸倉地区の96人の協業化では、以前から抱えてきた「コモンズの悲劇」に対する危機意識を共有していた漁師たちは、震災前に湾を眺め「津波が来ない限り、この漁場はどうにもならないだろう」と口にしていた。漁師たちは問題解決の方法を〝従前に〟知っていたのである。すなわち、協業化を「がんばる養殖復興支援事業」への申請手段とせず、生産基盤の構造転換の契機に変換したのである。限定的に考えれば、津波という自然災害をあたかも人為的に操作する側面があり、自然がもたらす外部条件を人間の文化・社会的な内部条件に変換することで、構造問題を好転させる「創造的破壊」の絶好の機会にしているのである。

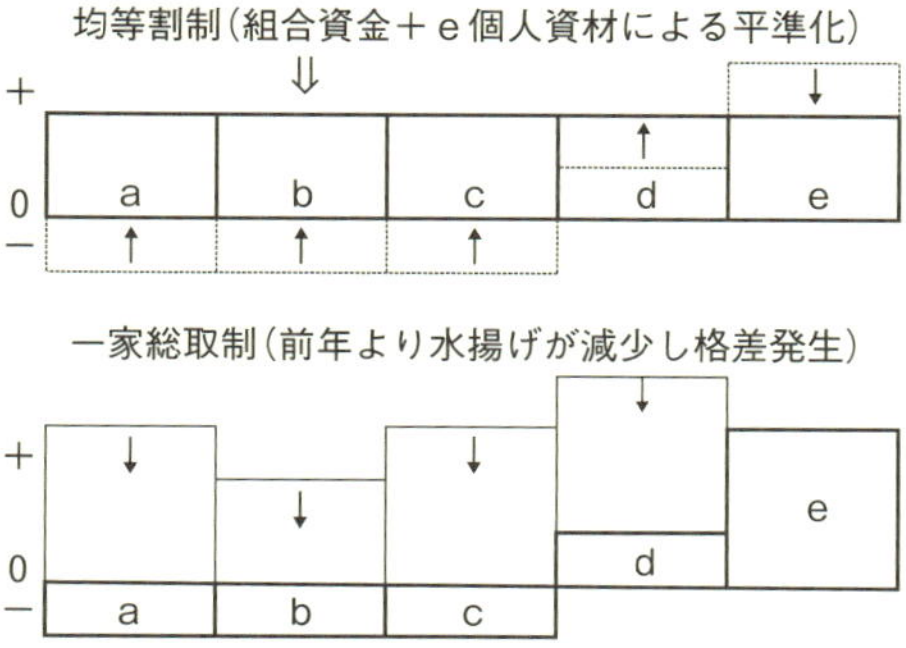

図3.7　全漁民均等割制（協業化）と一家総取制

桃浦から重茂まで四つの事例の順序に従って、国や自治体の政策から離れて漁村や漁家独自の自力救済が増している。重茂漁協では、組合員全員が生活弱者となるなかで、オカの論理ではなく、海辺で慎ましやかに幸せな暮らしを立てるにはどのような方策があるかという、ハマの論理から窮余の策が出されたのである。漁村には災禍の際には「水揚げはみんなのもの」という全漁民均等割制という論理と「水揚げは個人のもの」という一家総取制という平時の論理（図3・7）が共存し、条件次第で使い分けることで、その土地で暮らしていくことを可能にしてきたのである[9]。

これらの論理は、国家が生活保障の復興政策に二の足を踏み、かつ県が全くそれに反するショック・ドクトリン政策を実施するなかで、それらに代わる生活保障の機能を果たしている。海というコモンズの利用が経済的な生活弱者を吸収し、逆に経済的強者を緩やかに排除することによって、経済格差による社会不安定化のリスクを避ける、社会価値の機能を備えているといえる。

4　在地リスクを回避するコミュニティ

潜在していた津波リスクが顕在化した現在、沿岸地域は危険《デンジャー》であるという認識のもと、10メートルを超える防潮堤の建設、居住を禁じる災害危険区域の設定、そして内陸の高台移転を促進する方策として移転促進区域の設定、住宅団地の整備、移転者に対する助成等の防災集団移転促進事業が国土交通省によって進められている。これらの一連の政策は、災害対処法として考えると、リスクフリー、すなわち可能な限りリスクをゼロにできるという思想に基づいている。いずれも、津波を外部条件としてどのようにそれを「避けるのか」「海から離れるのか」という政策である。

個別のケースはさておき、この思想が際立って現実離れしていることは、次の数値をみればあきらかである。東日本大震災において、津波の浸水区域を日本全国に当てはめた場合、海岸線からの距離が10キロ以内で標高30メートル以下の地域となり、実に日本の国土の10％（約3万7000平方キロメートル）、総人口の35％に当たる4438万人が居住する地域に広がることが、国土交通省の分析で明らかになっている(10)。さらに集中豪雨、豪雪、洪水、暴風、土砂崩れ、地すべり、活断層、火山噴火、あるいは近年の大型台風、竜巻などさまざまな災害リスクを掛け合わせていくと、日本の国土全体において安全に住める土地はほとんど皆無とさえいえる。それにもかかわらず、行政や都市計画の専門家は「安全・安心」を志向し、つねにリスクフリーの「ユートピア」を描こうとする。

それに対して、現場の対応を眺めてみると、津波常襲地帯である三陸沿岸で暮らしてきた人びとは「お前の生きているうちに少なくとも二度の津波に遭うから用心しろ」と親に言い聞かされてきたほど、災害リスクに対処しながら海とつきあってきたことがわかる。すなわち、現場での防災とは、リスクをゼロにすることはできないと考えて、むしろ避けられないリスクが生じた際に適応可能な手段、すなわち災害対処法を確保し豊富化することが課題なのである。

民俗学者の菅豊は、自然災害や環境リスクに対して社会が認識を共有し、危険を回避しようとすることを「在地リスク回避」(菅 2005)と呼んでいる。菅によれば、地域コミュニティおよびその成員がリスクを認識し、それに規定・保証され、知識・技術を「共有」し、危険を最小化する点にこそ、在地リスク回避の最大の特徴がある(菅 2005: 75)。メンバーはある程度利害を共有し、共通のリスク観測をもつ。社会は、個人の行動を左右するシステムの構築・維持の能力を有する。その意味で、リスク回避の主体は、公である国家と私である個人の中間規模として立ち現れる、在地の中間集団＝地域コミュニティであるといえるだろう。

地域コミュニティにおける在地リスク回避のシステムは、基本的に最低限の生活の必要を充たすための社会的仕掛けとして成立し、維持されてきたと考えられる(11)。それは、リスクそのものを回避するのではなく、被害を受けた時の補償や埋め合わせを確保する生活戦略であり、災害対処法である。このシステムは、社会の生産性を高めるとはいえないが、自立した内部経済や自給によって、生活を「低いところ」で安定化することに役立つ。これらの事例は、宮城県の各浜で報告されている。

たとえば、気仙沼地域で生育カキの養殖をおこなうためには、石巻市(万石浦の渡波地区)と松島湾の産地でその元となる種ガキを買い付けなければならない。気仙沼で育てる環境から考えると、後者の松島湾種ガキの方が品質は良い。しかし松島湾のカキは生産の絶対量が少なく、一〇年に一回程度は不作となって全く獲れなくなる。仮にすべての種ガキが松島湾産に集中すると、それまで取引していない石巻産の種ガキを緊急時に確保できなくなる。そうすると唐桑のカキ養殖業者はその年の生活が成り立たなくなる。

したがって、なぜ気仙沼の養殖業者が品質の良い種ガキのみを仕入れて収益を最大化しようとしないかというと、不作に備えて必要な生産量を確保するために、多少品質は落ちても石巻との信用取引をおこないながら、松島湾の品質の高い種ガキを掛け合わせているのである。量と質を地域的に使い分けながら、一方では量を確保する信用取引、もう一方では質を重視する市場取引という具合に、バランスの良い関係で取引をおこなっているのである（丹野 2009）。

また、石巻市雄勝町では、震災後も生活基盤確保のためにホタテの一時的な市場取引をせず、あえて従来通りの仲買業者との相対《あいたい》取引をおこなっている。これは雄勝で獲れるホタテが供給過剰のために市場で売れない時でも、一定量を買い取ってもらう信用取引が成立しているためである（中坪 2013）。

このように石巻地域では、不作や供給過剰のリスクを軽減し生活基盤を成立させるためには、信頼取引の維持更新、つまり危険の最小化が必要不可欠になってくる。生活を低いところでトータルかつ長期に安定させるしくみが、取引関係に内包されているのである。仮にこの在地リスク回避をしないと、自然災害や不作に対して剝き出しの生にさらされることになる[12]。生産調整や取引の信頼関係の構築によって、自然災害や環境リスクをできるかぎり回避しているのである。

以上のような時間的・空間的・技術的な水産資源の維持・再生産と生活手段の確保に寄与する在地リスク回避のしくみは、それぞれのコミュニティにおいて在地の論理として構築され遵守されている。

5　非日常を飼い慣らす

たとえ外からのショック・ドクトリンが間隙を縫って急襲しても、事前に在地のリスク回避として成員全員の生活手段の確保が準備されたコミュニティでは「ウミの秩序」が十全に機能している。ショック・ドクトリンの原則は、災害のショックで土地の秩序が乱れリスクが高まった隙に乗じて、秩序の回復前に〝事前に用意された〟市場経済の原理を、冷徹に遂行する狡猾さにある。しかし、災害を幾度も経験してきたコミュニティは外からのショック・ドクトリンに対して、万全の態勢を敷いて意趣返しができる。つまり、創造的破壊を伴う内部の構造改革への変換という、内なるショック・ドクトリンである。そして、災害のショックに対してコミュニティは決して脆弱ではなく、コミュニティのなかで伝承されてきたリスク認識から、生活戦略と災害に対処する手法を豊富化させてきたといえる。これがコミュニティにおける在地リスク回避である。

災害時における海のアジール（避難場所）とは何か。すなわち、漁民に自由と生活を保障するのが海のアジール論であるが、震災後あたかも何事もなかったかのように漁村が生業を遂行することに、海のアジール論の本質がある。それは、日常世界と切り離された千年災禍という非日常のなかで、漁民が準拠する行動規範に埋め込まれており、津波を回避するために船の沖出しをおこない、生活弱者と水揚げを分かち合う均等割の論理を整備し、荒れた浜に自立した自前の救済空間を創りだす。すなわち、漁民の行動規範は、外部の経済原理ではなく、在地の論理から構築され遵守されている。日常においては潜在的であるが、災害などの非常時に顕在化し発動される価値基準なのである。

大震災という大規模広域災害による長期の社会停滞を未然に回避し、国の庇護を必ずしも期待できない現状に対して、漁民が災害後の生活を自ら担保する。このことによって、災害後の生活手段と意思決定の自由を漁民自らの手によって確保する。

津波を「嵐」と呼ぶ漁師がいたが、これは言い間違いではない。津波は想定外の自然現象（スーパー非日常）であるが、嵐は日常の穏やかな海とは違うものの、漁師にとってあくまで生活周期内の現象ととらえられるからである。気仙沼市唐桑町の漁民も「ふだん穏やかだけど、なんで（津波として）荒れたのかなあ」と語ってくれたが、普通オカ（陸）にいる私たちは大津波に対して〝荒れた〟という表現は使わない。海に背を向けることなく生業を営む人びとは、海から遠く離れて住むようなことはない。たとえ津波に自らの命や住まいを流されても、それを日常の連続性のなかに組み込んでいるのである。いわば、海に寄り添いながら、津波という非日常の出来事を飼い慣らしてきた人びとの日常性がそこにある。

災禍を日常世界に埋め込んでいく技法について、人類学者のホフマンは、自らも巻き込まれた一九九一年のアメリカ・オークランド火災を取り上げ、たいていの人びとはまず自然現象を文化のもとにおき直そうとしたと分析している。そして被災者がなぜ荒廃した地域に戻ってくるのか、慢性的に災害が起こる場所になぜ人は住み続けるのかについて、経済的理由や安全な場所から締め出されたという理由以外に、隠喩が所有の働きをもたらすことを、宗教的象徴表現の研究者が明らかにしていると指摘した（ホフマン

2006）。

社会学に引きつけていえば、人びとの生活周期に自然災害を所与のものとして組み込み〝所有〟することで、災害リスクをコントロール可能にして、災害後いち早く日常に回帰させるしくみを生みだしている。そうした日常回帰の手法が、先の漁師の言葉に表れている。このように在地リスク回避には、ある程度の自然災害の危険を予測し、長期的な生活戦略を立てるスタティックなシステム安定化機能がある。このシステムの安定性のために、外からのショック・ドクトリンが来襲しても、地域コミュニティは排他的な資本主義の侵入を撥ね退けることができる。

しかも、コミュニティそのものを根こそぎ破壊するような大災害において、在地リスク回避からは見えなかったダイナミックな内部の構造改革が現れた。すなわち、リスクを回避することで在地のコミュニティは安定化すると考えられてきたが、そのコミュニティを破壊する大規模災害というリスクに真正面からぶつかった時の回復の処方箋も、生活手段の確保としてコミュニティのなかに組み込まれていた可能性がある。

このような非常時における対処法は、それまでの日常の秩序を一時的に壊すような「創造的破壊」を含んでいる。戸倉地区における96人の協業化は、漁業権の慣習的な区割りをいったん白紙に戻す、かつてない試みであるが、方策そのものはすでにコミュニティ内部で暗黙の了解とされていた。また、宮古市重茂では漁協の判断によって一家総取制という漁業慣習を一時的に緩め、全漁民均等割制によって全員の生活手段を確保する危機対応を可能にした。

本章が示してきたように、災害を契機とする内部の構造改革は、外からのショック・ドクトリンに抗する、在地リスク回避にとどまらない内なるショック・ドクトリンなのである。震災の復旧にとどまらず、浜ごとに異なる構造的諸問題（後継者、漁業権、過密養殖、津波常襲地帯の海とのつきあい方など）に対して、身の丈に合った解決法を模索して対処するコミュニティの統制力が、内なるショック・ドクトリンである(13)。

この内なるショック・ドクトリンの活性化が、結果として新自由主義の台頭という外からのショック・ドクトリンを未然に防いでいることが明らかとなった。一方的な利益誘導システムに依拠することなく、大災害という自然の外部条件を内部システムに取り込み、文化・社会の内部条件に変換させることで、創造的破壊を生みだしている。内なるショック・ドクトリンは、問題に対する問いであるとともに答えとなるような、自己修復性と自己完結性を有しているといえるだろう。

付記　本章のもとになったのは、東北学院大学金菱ゼミナール震災の記録プロジェクト漁業調査（二〇一二年二月～二〇一三年二月）であり、金菱清編『千年災禍の海辺学——なぜそれでも人は海で暮らすのか』（2013）にまとめられている。本章の三つの調査事例はそれぞれ論文としてこの書に収められているが（注2参照）、共同で調査・議論したため、厳密な引用はむずかしい。それぞれの論文のエッセンスを「内なるショック・ドクトリン」として本章でまとめなおしていることを断わっておきたい。

注

（1）宮城県知事が提唱する「水産業復興特区」は二〇一四年現在、桃浦地区一件を除いて実行されていない。全漁協の猛反対のなか、桃浦地区で五年ごとに更新の漁業権がちょうど切れる二〇一三年九月を待って実施された。元々漁業権は、一定の海域での漁業を営む漁民の生存権を保障するための公法的規定であるが、免許認可者である知事の権限を過度に高めて産業資本の導入を目論み、制度自体を歪めていることが指摘されている（河相 2011）。

（2）このうち石巻市桃浦・気仙沼市唐桑町・南三陸町志津川戸倉の三つは、東北学院大学金菱ゼミナール震災の記録プロジェクト漁業調査の宮城県データである。

（3）養殖のなかでとくに協業化が進んだ品目は、海苔であった。養殖技術の進歩に加えて機械化が進み、養殖施設、陸上採苗の機械、海苔の加工施設、海苔の乾燥機、作業船などすべて揃えるだけでも数億円は必要とされ、単独で海苔養殖をすることは極めて困難なため協業で購入することで生産コストを圧縮する方法が各浜でとられた。一時期再開を断念した漁師たちのかなり多くが、この「がんばる養殖復興支援事業」の補助金を活用して海苔養殖の再開に向かったことが聞き取り調査からわかった。

（4）社会的ジレンマとは、個人が合理的に振る舞うと、社会にとって不合理な結果を招くような構造的葛藤を抱え込むことをさす。ハーディンはこれを、牧夫たちが稼ぎを上げようと共有地で羊を過放牧した結果、牧草がなくなり失敗した寓話にたとえて、「コモンズの悲劇」と呼んだ。

（5）県・国の補助金を申請する前に漁協が発注し、組合員は水揚げの10％を原資として漁協にプールし、積立金とする。漁協は組合員に借入金なしで一艘ずつ船を行き渡らせ、その後、個人所有に切り替える。

（6）気仙沼市唐桑石浜でワカメとホタテ養殖を営んでいる小濱康弘氏は、震災当日、翌日のワカメ刈り取りに使用する資材を港に下ろす作業を終え、高台にある自宅で休息していた。凄まじい揺れが来た瞬間、家と家族の安否を確認し、すぐに船を沖に出そうと考えた。車を走らせて船を係留している漁港に着くと、かっぱを着用して養殖船に乗り、港を出た。その時すでに引き波が来ており、タコメーターが振り切れるほどスピードが出て、今までに聞いたことのない異様な船のエンジン音が聞こえた。その約五分後に沖に到達し、波に飲まれずに助かった。必死になって出た沖は何事もなかったかのように静かで、浜の方を振り返ると見たこともない大波が自分たちの漁港を飲み込んでいったのが見えたという(二〇一二年一一月二〇日　小濱康弘氏への聞き取りより)。

(7) 宮城県の調査によれば、津波の際、係留されていた船舶のうち3156隻は津波によって陸に打ち上げられたが、9800隻余りが生き残っている。これは県の登録船舶の約8割にあたる。少なくとも過半数の漁師が沖出しをした可能性を指摘する説もある(菅原 2011)。

(8) 高桑守史は、農村のムラ・ノラ・ヤマに対して、海の領域区分を分析するなかで、ムラ・ハマ・イソ・オキ・オクウミに分けている(高桑 1994)。

(9) 災害時の弱者生活権による生活保障は一時的に限定された機能ではあるが、ある普遍性を有する。環境社会学者の古川彰は、滋賀県琵琶湖周辺の村落では洪水の際、村全員を漁業者と見立てる「貧民漁業制」という仕掛けが、村民の当然の権利としてあったことを見いだしている(古川 2004)。村民の誰もが生活弱者になりうることを想定した、潜在的な生活保障制度といえるだろう。

(10) 国土交通省国土計画局「災害リスクを考慮した安全で安心できる国土利用」平成二三年六月一四日。http://www.mlit.go.jp/common/000147412.pdf

(11) 地震に備えて各家庭で非常用食料などの物資を備蓄する行動も、紛れもなくリスク回避である。ただしそれは、直接、間接にかかわらず、経験と情報に基づいて個人レベルでおこなわれるため、個人的なリスク回避となる（菅 2005: 77）。

（12）数多くの漁師と渡り合ってきた民俗学者の川島秀一は、漁師は生命を危険にさらすという根源的なリスクを承知で、毎日海に出ているという（川島 2012a）。そのうえで「イワシで殺され、イカで生かされた」という語りを引用しながら、科学的な説明とは別に、津波前のイワシの大漁と津波後のイカの大漁を、魚や海洋生物の命と人間の生命の互恵関係ととらえる。漁師にとって海が畏怖の対象であるとともに、恩恵の源泉でもあることを示している（川島 2012a: 96–7）。これらを剝き出しの生のリスクを冒す、漁民の海とのつきあい方として考えることもできる。なお、剝き出しの生とは、イタリアの哲学者アガンベンの概念から「いかなる権利も奪われた主体なき主体性」をさしている（金菱 2008）。

（13）生活手段の確保と豊富化は、文化人類学者の松田素二がアフリカ・ナイロビの出稼ぎ移民社会のなかで、弱者の武器と区分して用いた「ソフトレジスタンス」（松田 1999）と呼応する。ソフトレジスタンスは、構造的弱者が生き抜くことがそのまま抵抗となるのではなく、押しつけられた法や規範を利用して、その目論見とは別に多様な創造を凝らしていく異化の過程を重要視する。

第4章　千年災禍のコントロール

——原発と津波をめぐる漁山村の論理

写真4.1　アワビの口開け（解禁）
（石巻市北上町十三浜大室 2013年７月９日 青山英幸氏撮影）

1　なぜ人は災害リスクのある故郷にとどまるのか

1.1　浸水域／非浸水域

津波や原発災害のために〝非〟居住区域となったコミュニティにとどまろうとする人びとがいる。本章ではこの「震災マイノリティ」の人びとがなぜ「リスクのある土地で暮らす」のかを考える。

3・11大震災の直後、被災地をくまなく歩いてみたところ、あるものが目につき気になった。それは神社やお墓、それにお地蔵様である。多くの地域でそれらは無傷のままであった。テレビ報道などで誰もが知るように、瓦礫があたり一面を覆っているのに、朱色の鳥居やお宮だけは、異様なまでに凛と聳え立っていた（写真4・2）。死者を祀る場所が生き残り、生者の暮らしを支える場所が一瞬で消え去った。岩手県釜石市を訪れて元市役所職員に浸水区域の地図を渡されたとき、思わず息を飲んだ。まるで神社やお墓の記号を結ぶ輪郭をなぞるかのように、浸水域／非浸水域がくっきりと色分けされていた（図4・1）。

仙台市の浪分神社のように、過去の大津波の際に海水が被った境界線に神社が建てられたり、安全な場所に移されたことを考えれば、浸水域の境界線上に神社があるのは至極当然のことかもしれない。この色分けに従えば、神社やお墓のある丘は安全地帯であるが、人びとが暮らしていた一帯は津波のリスク地帯である。こうしたリスク地帯に建築制限を設けて人の暮らしを制限することは一見理にかなっているようにみえる。震災直後は津波の恐怖から、もうここには二度と住まないと人びとは決める。そして、それを

写真4.2　瓦礫のなかに凛と立つ鳥居
（気仙沼市本吉町大谷　瀧上神社里宮　2011年4月14日）

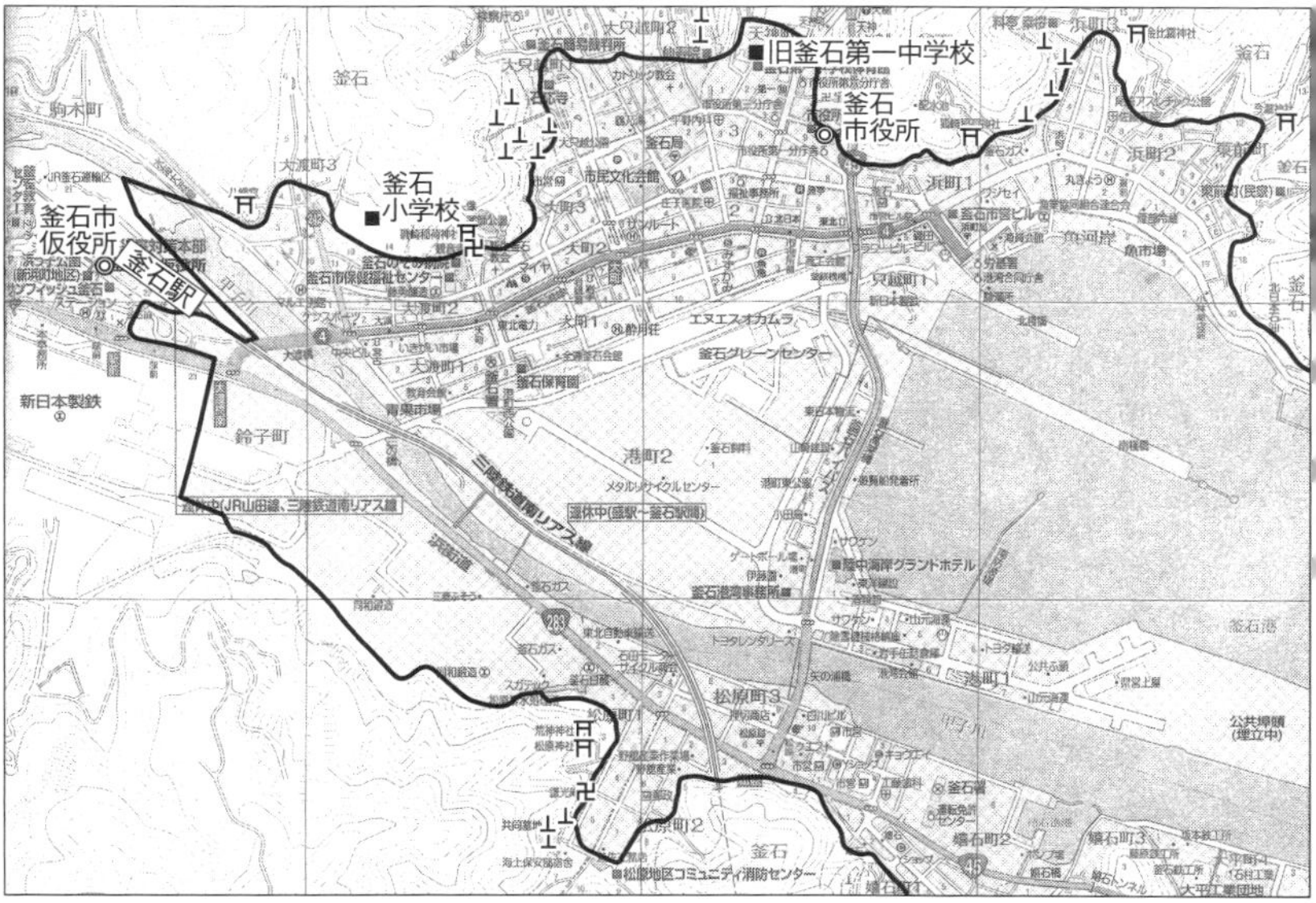

図4.1　釜石市の浸水区域　（注）実線で囲んだ部分□が浸水域　（出典）釜石市提供

表4.1　東日本大震災に伴う災害危険区域の市町村別指定面積と全国総計面積
（2013年４月1日現在）

市町村	災害危険区域指定面積(ha)（注１）	区域内の建築物数(軒)				建築制限の内容			
		住宅	うち既存不適格住宅（注２）	非住宅	計（住宅＋非住宅）	住居建築禁止	住居建築制限	非住居建築制限	その他の制限
野田村	76	120	32	31	152	○	○	○	—
宮古市	（注４）278	1,352	575		1,352	○	○	×	—
山田町	（注３）					○	○	×	—
大槌町	142	2,009	45	445	2,454	○	○	×	—
釜石市	（注４）41					○	○	×	—
大船渡市	（注３）					○	○	○	—
陸前高田市	（注３）					○	×	×	—
岩手県合計	537								
仙台市	1,214	453	7	22	475	—	○	—	—
石巻市	1,696	6,618	6,618	調査中	6,618	○	×	×	（注５）
塩竈市	14	9	0	2	11	○	×	×	
気仙沼市	1,380	1,027	1,022	1,763	2,790	×	○	○	
名取市	403	24	24	調査中	24	○	×	×	
岩沼市	842	40	40	67	107	○	○	×	
東松島市	1,202	896	不明	492	1,388	○	○	×	（注６）
亘理町	545	38	38	7	45	○	○	○	—
山元町	1,944	3,201	1,502	1,732	4,933	○	○	×	—
七ヶ浜町	160	4	0	26	30	○	×	○	—
女川町	269	調査中	調査中	調査中	調査中	○	○	○	—
南三陸町	666	調査中	調査中	調査中	調査中	○	×	×	—
宮城県合計	10,334								
相馬市	108	1,318	721	938	2,256	○	×	×	—
南相馬市	1,980					○	×	×	—
新地町	63	4	—	1	—	○	×	×	—
いわき市	20	115	115	90	109	○	○	○	—
楢葉町	105	34	34	8	42	○	×	×	—
福島県合計	2,276								
３県合計	13,147								
全国総計	13,291								

（注１）津波浸水に伴う災害危険区域の総計であり，土砂災害，急傾斜地の崩壊，放射能汚染に関する条例による区域は含まれない。
（注２）現行法において不適格な住宅。災害危険区域指定後に区域内で新改築された住居を指す。
（注３）条例のみ有，危険区域指定は無。ただし，2014年３月現在山田町228，大船渡市366，陸前高田市58ha（『毎日新聞』2014年５月５日）
（注４）2014年３月現在宮古市554，釜石市179ha（『毎日新聞』2014年５月５日）
（注５）住居，ホテル，旅館，病院，児童福祉施設等の建築禁止
（注６）居住室を有する建築物，医療施設，児童福祉施設等の規制
（出典）国土交通省建築指導課「【集計】災害危険区域」より「津波高潮」「津波高潮出水」を抜粋して作成

後押しするように法律によって災害危険区域が指定され、建築が制限される（表4・1）(1)。

1.2　法律による規制とそれを裏切る実態

このことを裏づける資料を繙くと、『宮城県昭和震嘯誌』（一九三五年）に、現在の動きに似た状況があり、同様の法律が施行されている。一九三三（昭和八）年の昭和三陸地震後に宮城県が出した条例によれば、「宅地造成の高さは今回及明治二九年海嘯以上となすこと」（海嘯＝津波）とされ、『海嘯罹災地建築取締規則』が出されている。それによれば、七村二五地区の建築を制限することで人びとの安全な暮らしを確保するよう働きかけている。

ただし、東日本大震災の津波浸水区域を日本全国にあてはめた場合、実に国土全体の10％、総人口の35％に当たることが国土交通省の分析で明らかになっている。日本において安全な土地はほとんど皆無とさえいえる(2)。

他方、津波浸水区域にとどまり、住み続ける人がいる。岩手県宮古市での聞き取りによると、倒壊した家屋を行政に撤去してもらうために当初住民が赤のペンキで×印をつけていたが、あわてて白のペンキで消していく事態が生じた。家屋の新築・増改築は許可されなくなってしまったので、たとえ柱一本でも残っていればリフォームや補修を施して、仕事の作業場や居住空間として確保するためであった。

気仙沼市の市街地にある魚町での聞き取りでは、海沿いの三階建の自宅に住む人びとが、震災後なかなか電気が復旧しないので市役所に出向いたところ、「まだ住んでいたのですか」という冷淡な反応が返ってきたそうである。居住可能な空間まで〝非〟居住区域にされたのである。また、石巻市の沿岸地域で、一一年九月末に避難所がすべて閉鎖されてしまうと、交通の便が悪い仮設住宅に入れなかった人たちは、地盤沈下が進み一階は海水に浸っている自宅に戻り、二階や三階で暮らさざるをえなかった。こうしたいわゆる「在宅避難民」が数多く出現した。未曾有の大震災においては、ある程度の集団のまとまりさえなく、ばらばらに孤立した「震災マイノリティ」の人びとが、あまりにも広範囲に生みだされた。

震災から半年以上経っても行政の復興計画が示されず、浸水区域では棟上げ式をおこない、住宅を新築する住民も目立ち始めた。元の家屋敷に戻り始めた被災者も少なくない。行政が思い描く都市計画とは別に、人びとがリスクのある土地に戻って「そこに住む」とは、どういうことかを考えなければならないだろう。

1.3　震災マイノリティの存在

このことは、一見まとまってみえる仮設住宅にもあてはまる。阪神・淡路大震災の復興住宅における孤独死や認知症悪化の教訓を受けて、自治体のなかには避難者の孤立化を避けるために、地域ごとのまとまり、あるいは隣近所ごとに仮設住宅に入居する方針を立てたところがある。前述した名取市の箱塚桜仮設住宅は、仮設ではなく「団地」という名称にして、昼の時間帯は車の通行を禁止してちびっこ広場を作り、子どもを中心としたコミュニティをいち早く立ち上げ、孤独死を避ける方策を自治会独自で編み出している。

その一方で、従来通り公平性を重視し、入居は抽選方式をとる自治体もあった。三陸沿岸という地理的条件のため、仮設住宅を建てる土地が確保されず、地区ごとにまとまって入居できない地域もあった。たとえば宮城県気仙沼市唐桑にある仮設住宅の聞き取りでは、地区で集団移転を希望しているが、抽選によって仮設住宅に入居したため隣が誰かもわからず、新たな自治会を立ち上げることも困難となっている。それればかりか、地区住民同士で集団移転について話し合おうとしても、県境を越えて岩手県一関市の仮設住宅に入居している人もいて、一ヵ所に集まることすら困難な状況にある。同じ津波浸水区域でも、新たな政策によってコミュニティが分断され、孤立化を強いられる人びとが存在する。自然災害に加えて、行政や国の復興政策の意図せざる結果として「震災マイノリティ」が生みだされているのである。

さらに、いまなお先の見通しの立たない原発避難地域においては、家族自体が離散状況にある。もともとひとつであった家族が、仕事でそこを離れられない、放射能を避けるために借上げ住宅や仮設住宅に移る、小さい子どもを抱えて関東や関西などに避難する、というふうに、事情によって家族が分断される。原発の計画的避難区域から福島市内に移り住んだ高齢女性は、「挨拶を忘れた」と話してくれた。いままではお互いに顔見知りで、出会うとまず挨拶から始まり、「どこさ行くんだ」という会話になるが、墓参りのために一時的に帰村して隣近所の人と久しぶりに会うと、挨拶もそっちのけで、「どこさから来たんだ」という話が始まるのである。つまり、同じところに避難できず、各家庭・各個人がバラバラになって連絡も取れないでいることが、この挨拶の省略に端的に表現されているのである。このように震災マイノリティは、集団としてまとまりようがない不可視の存在である。

本章は、福島第一原発事故によって避難を強いられた福島県飯舘村と、津波の襲来によって壊滅状態になった宮城県石巻市北上町十三浜の住民への聞き取りを手がかりに、原発事故による計画的避難区域と水産業復興特区をめぐって〝非〟居住区域においてなぜ震災マイノリティが「リスクのある土地に住み続ける」のか、その論理を明らかにする。それによって、災害リスクや居住の権利剝奪に対処するコミュニティの潜在力を問おうとするものである。

2 「計画的避難区域」に住み続ける論理——福島県飯舘村

2.1 国による区域設定と異なる線引き

福島県の内陸部にある飯舘村は、津波による被害はなかったものの、福島第一原発事故の際の水素爆発によって、全域が高濃度の放射能汚染にさらされたところである（図4・2、写真4・3）。二〇一一年三月二〇日に土壌一キログラムあたり16万3千ベクレルのセシウム137が検出された（『朝日新聞』二〇一一年三月二五日）。これを受けて国は四月一一日、年間の積算放射線量のデータをもとに飯舘村全域を含む周辺町村を「計画的避難区域」に指定する旨を発表し、五月末を目途に避難を完了させることを決定した。

原発事故が突きつけた現実は、原発が大都市という人口稠密地帯を避けて、第一次産業である農林水産業をおもな生業とする小規模な市町村に立地している点である。雇用者の多い大都市では身体ひとつで即日避難することが比較的容易だが、原発周辺市町村は、即座にその地を離れられない第一次産業従事者が多い。ここでは原発によって故郷を〝非〟居住区域とされた人びとがどのようにそこを離れたか、分断され不可視化された「震災マイノリティ」として「なおもその土地に住み続ける」論理とはどのようなものかを探る(3)。

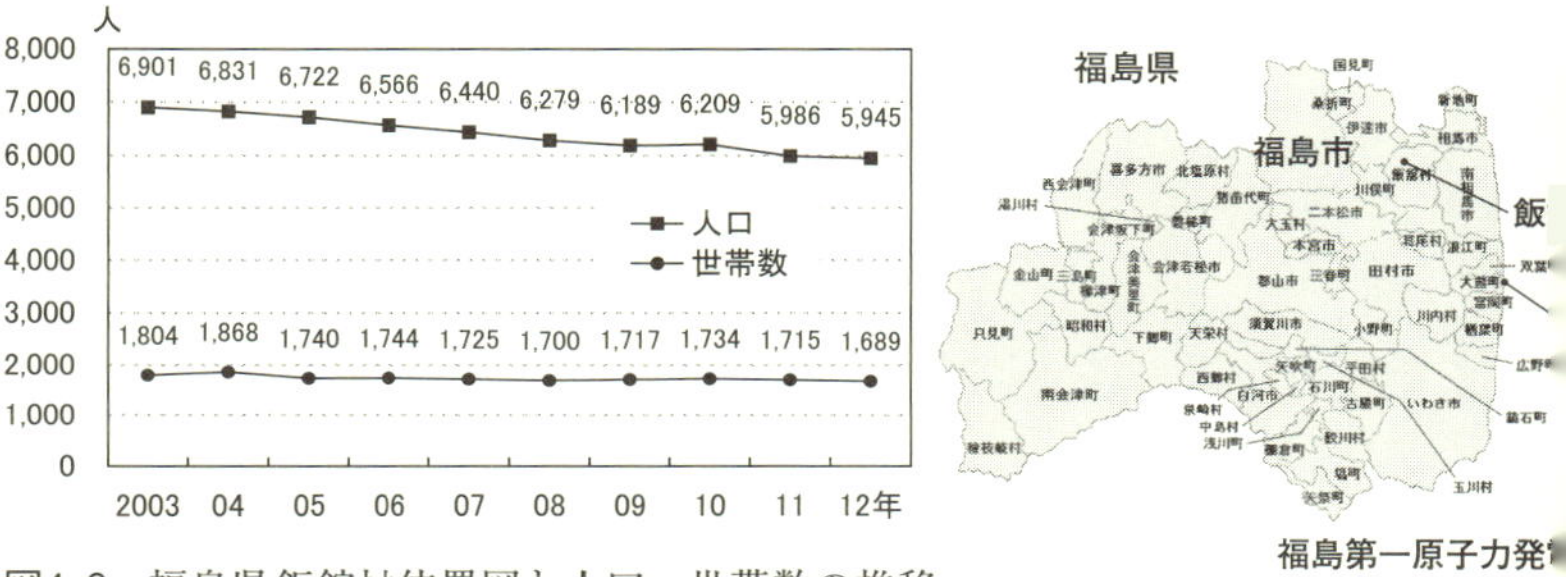

図4.2　福島県飯舘村位置図と人口・世帯数の推移
（注）2011～12年は全村避難のため居住実態は異なる
（出典）福島県の市町村データより作成

写真4.3　震災前の飯舘村「までいな村」

2.2　花をすべて鋤き込む

飯舘村の比曽地区に暮らす佐藤照子さん（六二歳）の心は揺れていた。突然国から計画的避難の指示があり、飯舘村から第一陣が他県へ避難したという報道を聞いたり、若い人たちが避難したという話が聞こえてくる。原発事故直後の四～五月は避難をめぐって苦悩することとなった。

照子さん本人は村外への移住は望んでいなかった。それは放射線量の高低よりもむしろ、

「仏様がいるじゃないですか、父や母やお祖父さんや、それ以前の御先祖さんがここに眠っているわけだから、それをほっぽりなげていくことは……」

図4.3　トルコキキョウ（佐藤瑠依 画）

田畑や農地を先祖からの預かり物ととらえているからであったが、単にそれだけで悩んでいるのではなかった。

照子さんは飯舘村の主要産業である畜産業と、飯舘村特産のトルコキキョウ（図４・３）の花卉園芸を家業として営んでいた。同居家族は息子夫婦と孫の三人であった。震災当日は村役場近くで地震に遭ったが、停電していたためテレビ・ラジオなどの情報がないまま丸三日が経ち、三月一四日まで震源地や地震の規模、津波や原発事故についての詳細をまったく知らなかった。一四日の福島第一原発3号機の水素爆発当時は屋外で農作業中で、まさか原発の爆発とは思わなかったが、それまでに「聞いたことのないとんでもない音」を直接耳にした。

放射性物質の飛散が最も多かったとされる一五日も日中は屋外にいた。海寄りの浜通りから風が吹いて、顔を触ってみるとひりひりといままでにない痛みを感じ、風邪のような喉の異変を感じた。これは放射性物質を吸い込んだためと後でわかった。「原発が爆発したから危ない」と息子に注意されて我に返り、不要不急の外出を控え、外出の際はオーバーを着て帽子をかぶり、手袋をするようにした。

その後、放射性物質の影響は同心円状に広がっているわけではなく、風向きや雨の条件によって福島第一原発の北西側に高濃度に集中していることが次々に報道され、その方角に位置するのが、飯舘村全域であった。上下水道の敷設されていない比曽地区では、沢の水を飲用にしており、汚染に対する警戒感は微塵もなかったが、村から、沢の水を飲んではいけないと救援物資の飲料水が配布された。

四月一一日、村が計画的避難区域に指定されたあとも、照子さんは農作業に従事していた。「そんなに飯舘の放射能数値は悪いのかな」と半信半疑でいたという。その一方で、事故前の一月に種を播いたトルコキキョウを、二〜三月には暖房施設に電移して苗を育てていた。米やタバコ、ブロッコリーなどの露地栽培は放射能汚染のために不耕作と決定されたが、花卉園芸用のトルコキキョウはハウス栽培で土壌も汚染されていないので大丈夫だろうと考えていた。

三月下旬〜四月上旬にハウス三棟で一本一本ていねいに定植をおこなったが、四月中旬頃に花卉も不耕作という通知を受けた。しかし、定植を終えて土壌に根づき、青々と育つ苗を枯らせることができず「助けたいなあ」と雑草をむしったり水をやったりしていた。

そのうちに、国が指定した五月末日の「計画的避難」の日が迫ってくる。集団避難先である栃木県鹿沼へ第一陣が着いたことや、同じ地区の人も避難した話が次々と耳に入るにつれて心がざわつき、葛藤の日々を送ることになる。五月初めに、借上げ住宅にも家賃補助が出ると知ると、知人を通じて福島市内にアパートを借りた。借上げ承諾書が五月一六日に発行されたので、家財道具を運んだりアパートの鍵を受け取りに、福島市と村を往復する日々が続いた。

アパートを決めたからといって、即座に移れるわけではなかった。親牛を6頭、子牛を6頭飼っていたので、スクリーニング検査を済ませ、牛の世話をしながら五月二三日の全頭出荷を待って、それから福島市へ行くことになった。生まれて間もない子牛もいたので、出荷は言葉にできないほどの悲しみだったという。4匹飼っていたペットの犬も引き取り先を探す手続きを進めた。そして、これらがすべて終わった六月四日に、飯舘村の自宅の鍵を閉めた。

花の出荷時期である夏のお盆までに戻ることはできないだろうと判断した照子さんは、避難までの間に、耕耘機でトルコキキョウを畑にすべて鋤き込んでしまった。それには大きくふたつの意味が込められている。ひとつは、このまま放置してキキョウが生き残っても、雑草が繁茂しハウスの中が荒れてしまうこと、花を咲かせることができないのであれば、自らの手でキキョウの命を全うさせたいという想いである。もうひとつは、放射能は無味無臭・無色透明かつ即座に健康上影響はないため、このまま普通の生活を続けることもできるが、国の指定した期日までに避難しなければならない。気持ちの上でどこかで一線を引かなければ、このまま「ずるずるいってしまう」からであった。自分を納得させ、避難に向けて気持ちを奮い立たせるための自助努力であった。照子さんはそれをあきらめるための「区切り」だと表現する。

この区切りはもちろん、半永久的に村を離れるという意味ではない。〝一時的な〟離村を決意する区切りである。したがって、福島市内に引越した後も故郷に関心を寄せ続け、牛や花を処分した後も、農機具や軽トラック、トラクターなどすべてが気になって夜も眠れず、二〜三日に一度は帰村している。しかし、放射線量が高いため草の刈取りなどは村から禁止されており、草が2メートルも伸びて荒れた故郷を見るにつけ、落胆を隠せなかった。

2.3 飼い主の想いと〝トルコ病〟

照子さんの話にじっくり耳を傾けていると、同じ論理が一貫して流れていることがわかった。飼養していた牛も、ハウス栽培のトルコキキョウも、話の端々に「かわいそうだ」「(命を)全うさせてあげたい」

という言葉が必ずついてまわる。牛も花も、経済的価値で測れば、商品生産である。事実、牛は肉牛として処分され、トルコキキョウは切り花となって出荷される。経済的な損失は東京電力や国から補償がなされる。

しかし、実際にはそのように割り切れるものではない。むしろ、牛や花という生き物に対して、過剰とでもいえる想いがあり、その想いが照子さんたちの心を大地（村）に繋ぎ留めているのではないか、とさえ思えてくる。ここに、なぜ被災者が〝非〟居住区域に戻ろうとするのかを読み解くヒントがある。

照子さんの家が営んでいた畜産業は、家畜人工授精師の資格を持つ息子さんが繁殖牛の母牛を人工授精させ、一〇ヵ月かけて子牛を肥育し、それを出荷するというものであった。飯舘村には和牛農家が249戸あり、飼養頭数は1223頭を数え、乳用肥育などの酪農牛を含めると、約3千頭の牛が飼われていた。これは村の人口（約6千人）の半分の数に当たる。照子さんの家がやってきたように繁殖から肥育まで一貫した飼養をおこない、「飯舘牛」という村独自の和牛ブランドを育て上げてきたのである。それは一九八〇（昭和五五）年前後の冷害によって大凶作（作況指数12）に遭い、まったく米が獲れなかったことを踏まえ、米作からリスク分散の意味も込めて、畜産や花卉園芸という未知の分野に進出し、三〇年間村の将来を託してきた成果でもある。

たとえば、牛舎を建てる以外にもさまざまな投資が必要となる。和牛もどんな種でもよいのではなく、牛の血統（たとえば宮崎の安平）から品質の高い種牛を購入したり、交配したりする。牛の餌も海外から買うのではなく、自家産の牧草を刈り取り、ロールし、ラッピングする。それらもすべて専用の機械を必要とする。

牛に対して、飼い主は次のような想いを抱く。牛は人間に与えられた餌をただ黙々と食べて、与えられた環境のなかでしか生きられないけれども、牛にも感情がある。出産に立ち会い、手塩にかけて育てている牛は、自分たちの〝家族〟である。牛がいるおかげで自分たちの生活が成り立っており「お陰様でありがとうという気持ちでいっぱいだ」という。原発事故後に生まれたばかりの子牛を引き渡す際も「飼い主がいい人でありますように」という願いを込めて送り出した。

牛に対する想いは、トルコキキョウに対しても変わらない。トルコキキョウの花を「娘」と照子さんはとらえている。原発事故が起こるまでの一七年もの間、情熱をかけて花づくりに取り組んできたからである。その情熱とは、作り手全員が「トルコ病」にかかったようだと説明する。

照子さんは一八年前に母親を亡くし、母の後を継いで畜産を始めた。このとき、親牛が14頭、子牛が10頭程度、合計20数頭を飼育していた。酪農とは違い、肉牛飼養は餌を与えたあとは牛舎をのぞく程度で、特段手をかける必要もなく、日中の時間をもてあましていた。そこで、その時間を利用して花を作ってみたいと農協に相談をもちかけた。その時は六月という時期で、ヒマワリくらいしか選択肢はなかった。

比曽地区では、どの農家もホウレンソウ、小松菜、インゲンなどの野菜を育てていた。しかし自分は花を育てて生活していけたらと思い、再度農協に相談すると、村としてトルコキキョウを増やそうと考えており、「死に物狂いで努力するなら教える」と言われた。そこで即時に決断して、次の年からトルコキキョウを作り始めた。

ところが最初はまったくうまくいかなかった。「なぜこんなに下手なのか」と反省し、栽培法の勉強を始めた。「テルちゃん、この花いつ咲くの」と周りから冷やかしを受け、悔しい思いもした。負けるわけにはいかないと思った。当時の農家は野菜の栽培で生活を立て、花卉園芸で「ご飯を食べられる」状況ではなかった。

一棟のハウスでスタートしたトルコキキョウ栽培が面白くなり、もうちょっとできるかもしれないと、一棟また一棟とハウスを増やしていった。さらに大型ハウスを導入したり、暖房器具を入れて設備投資をしたり、手をかければかけるほどきれいな花を咲かせてくれるという手ごたえを感じた。花が咲いた時は苦労が報われた気持ちになった。結果的には三反（30アール）、ハウスの数にして13棟まで増棟していた。いつしか花と牛の収入が逆転し、花が主で牛が従となっていた。

トルコキキョウの花を切る時は毎回、「本当に娘を嫁に出すぐらいの気持ちだ」という。ほかの花卉の品種はつぼみの段階で出荷するために、ハレの姿を見ることはないが、トルコキキョウは3～4輪、開花を見届けてからの出荷となる。このことがよりいっそう照子さんたちを引きつけた。

「トルコ病。トルコの花の魅力。こんなにきれいに咲いてくれたという気持ちが、苦労を帳消しにしてくれる。花の一生でも、お嫁に出すときの若々しい姿がある。構わないで放っておくと花も三〇代、四〇代になる。一番いい時にお嫁に出したい気持ちはあります」。

2.4 〝飯舘村〟のトルコキキョウ

照子さんが牛と花への想いに区切りをつけたのは、一時的な離村のための踏ん切りであり、棄村を意味するものではない。もちろん、福島市内に移り住んだ後の日々の生活はたいへん苦しく、半年経っても補償金や損害賠償の話がいっこうに進まなかった。仕事の場を奪われた照子さんは家計を維持するために、新聞広告に掲載されていたJA福島の共撰所での短期のアルバイトを始めた。八月にモモ、九月にナシ、一〇月にリンゴと続き、一二月中頃の摘み終わりまで続けられた。その間も自宅が心配で、休暇を取っては飯舘村に帰村していた。

照子さんをはじめとする飯舘村農協の花卉部会では、村でトルコキキョウ栽培の再開を模索している。ただし、いつ帰村できるか見通しが立たない。別の選択肢として村や知人から、他村、他所の遊休地でトルコキキョウを栽培しないかと打診を受けた。定職になりそうな仕事もなく、いつ戻れるかわからない仲間や知り合いから手を差し伸べられるありがたさと、仕事を再開できる喜びは何物にも代えがたい。いち早く飛びついてもよさそうな誘いであったが、ひとりだけ抜け駆けもできないし、もう少し冷静に考えてみると、誘いをすべて断っている。

花にかける想いとは別に「飯舘のトルコキキョウを作りたいというのと、どこでもいいからトルコキキョウを作りたいというのとは違うんです」と明確に違いを区別している。その理由として、まず飯舘村の自然条件をあげている。阿武隈山地の北に位置する村の標高は四百〜六百メートルあり、夜になると急に冷え込む気候が花への栄養となってきた。福島のほかの所でハウス栽培をしても、条件が合うのか疑問である。そして、飯舘だからこそトルコキキョウ、という想いには、自分たちの力で飯舘の特産品にまで押し上げたという自負が込められている。

「みんな飯舘村にハウスも暖房器具も土壌消毒の設備も持っていて、みんなに認められるいい品種を作ろうと情熱を注いできましたから、できるなら戻りたいし、花を作りたいと思う。飯舘村で農業やって、復興に一番先に手を挙げられるのも花だと思っています。ハウスが掛かってますから、中の土壌は汚染されていないはずなんです。そういう意味では、まわりでは除染が必要ですけれども、土そのものは数値はゼロとはいいませんけど、一番先に花で復興しよう、のろしをあげようと、仲間でそういう話をしています」（二〇一一年九月三〇日　佐藤照子さん）。

飯舘村は、平成の大合併の際にも合併をしないという独自路線を選択し、自立自給の「までい」の村づくりを進めてきた。までいとは真手＝両手という意味から派生した、片手間ではなしに「手間隙を惜しまず」「時間をかけて」「じっくりと」などが込められた言葉である。いまでいうスローライフの村づくりが、避難によって人びとが離散しバラバラになるなかで、帰村に向けた動機づけとなり、避難解除を待つ忍耐力を支えている。

原発事故を起こした東京電力と、その影響を被った周辺市町村という対立図式あるいは加害―被害構造(4)を、まず私たちは思い浮かべる。津波や地震による直接の被害が皆無にもかかわらず、家や仕事を失い家族さえバラバラにされて、加害者である東電に怒りの矛先が向いてもおかしくない。

しかし照子さんの考えは違う。東電を一方的に責めるのでもなく、飯舘村の住民はいまは耐えて事故収束を信じて待つしかない。原発災害も、農業以外の生き方が体験でき、距離をおいて農業を見直す機会を与えられたと考えれば、悪いことばかりではなくなる。原発事故の影響がある程度わかるまで、自身が勉強する時間と読み換え、これから老後に向かってどういう人生を過ごしていくのか、いままで体験できなかったことをこれから経験して、未知の世界を切り開くことができる、と考えているという。

ここには加害―被害図式からの離脱による冷静な判断と、収束の見通しの立たない原発への忍耐が、自己納得と他者への説得として展開されている。なぜ現場の住民が、加害―被害の図式に組み込まれないのか。飯舘村は、原発直近の自治体のように（疑似）受益圏として国から交付金を受け取っていた地域ではない。したがって、放射能汚染においては、加害―被害論でいう受苦圏に十二分にあたると考えられる。

原発事故をマイナスにとらえると、金銭に換算されることで、補償によって差し引きゼロとなる。加害―被害図式そのものから離脱することは、経済的価値だけに貶められまいとするソフトレジスタンスの意思表示ともとれる。経済的マイナスから出発するのではなく、スタート地点を別次元のプラスの価値に転換させることで、道を切り開こうとする意志がそこにある。照子さんの論理では、東電も被害者ということになる。このことによって原発災害が意味論的にコントロールされ、相対的に自律する主体が立ち上がる。

原発事故によって家族すら離ればなれになるなかで、絶望しない限りひとりでどこでも生きていけるかもしれないが、照子さんたちは、自分たちを単独の個とはとらえていない。一個の人間としての自分を飯舘村の歴史の文脈に位置づけ、昔から営々と農業で生きてきた故郷をないがしろにせずに、生きていこうとするのである。

トルコキキョウの出荷のピーク時には食事を作る時間もなく、ご近所が食事を差し入れてくれた。それをありがたくいただくと、また頑張ろうという気持ちになる。地域に守られ、育てられてきたという実感があるのだ。理念としてのコミュニティではなく、この「地域」には住民たちが実際に育んできた「幸せ」が詰まっているのである。畜産でも、花卉でも、地域はつねにつながっている。たしかに暮らしを立てていくうえで、お金も放射線量も考えずにはすまない要素ではあるが、それだけで人は暮らしているわけではない。個が守られる地域があって初めて、個は生き生きと輝き、情熱を傾ける対象を見いだせることを、照子さんの語りは伝えている。

3 「水産業復興特区」に対抗する漁村の論理——石巻市北上町十三浜

3.1 特区設定とは異なる線引き

宮城県沿岸にある石巻市北上町十三浜は、新北上川の河口から追波湾に面したワカメの産地として知られる（北上町については第2章参照）（図4・4）。東日本大震災に伴う大津波によって、壊滅状態になったが、そのなかでも大室という集落では、戸数50戸のうち48戸が流されて全壊し、船舶も90%が流失、沈没あるいは破損した。当初、地域住民の喪失感は先祖伝来の土地を捨てるのに何の躊躇もないほど深刻なものであった。

十三浜漁協の前組合長（一九九八〜二〇〇八年）、現十三浜支所運営委員長（二〇一一年六月より実質上の組合長）である佐藤清吾さん（七二歳、巻頭写真）は大室地区に住んでいたが、妻や孫（現在も行方不明）、兄や姉をはじめ、親戚を含めると一七人もの近親者が亡くなった。

北上町十三浜の海のすぐ傍にあった家に奥さんとお孫さんといた清吾さんは、長い地震の後、大津波が必ず来るぞと思い、集落の奥にある実家に二人を避難させ、本人は港や集落の様子を高台にある橋の上か

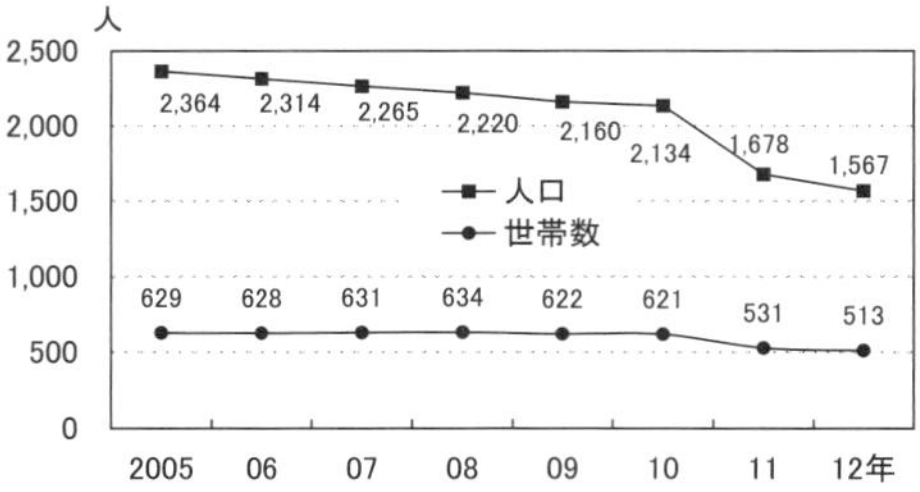

図4.4　北上町十三浜位置図と人口・世帯数の推移　（注）各年12月31日現在。十三浜とは行政区で十三浜字とされる地区をさす。2003，04年データは震災で流失
（出典）石巻市役所情報公開コーナー提供データより作成

写真4.4　津波に押し流された家々が海に浮かぶ
（北上町十三浜からみた追波湾　2011年３月11日　佐藤清吾さん携帯撮影）

ら見守った。

３時20分過ぎ沖合の防波堤が沈み、内側の防波堤が波に飲み込まれ始めたと思ったら、湾内に繋留されている漁船が転覆して水面下に没し、あるいはロープを切断された船は陸上の漁業資材や倉庫とともに流された。やがて波は集落の大きながっしりした家の軒まで来ると、家はいとも簡単に波とともに移動し、流された家がその奥の家にブツかり次々とドミノ倒しのように奥の家を倒していった。

奥へと押し上げられた家屋がバリバリと物凄い音とともに橋げたに衝突し、橋の下流へと流れ出る時はまるで粉砕機にかけられたようなガレキとなって、海へと吐き出されてい

く。大室集落は後背に山しかなく、家々はそっくりそのまま海に流されていった。それが累々と湾内に浮かび、街並みが海上に出現したような状態であった。津波が何度も押しては引くうちに家々は追波湾へと流されていき、湾内を埋め尽くしていた（写真４・４）。

橋から下りてガレキの山を進むうちに見えた光景は、避難所のはずの実家や周辺の家屋も何もかも流されてしまったありさまだった。大声で妻や孫の名前を呼び、叫び探し回るも、声だけが虚しく谷間に谺するだけであった。雪が降り寒気は肌を刺した。

逃げていた集落の人から、清吾さんの実家に波が迫って来たので孫と奥さんが実家より一段高い山側の家に逃げ込んだが、なおも波が高くなるので二階に駆け上がりベランダに避難したところで、そのまま流されていったことを聞かされ、最も恐れていた無情な現実を突きつけられる。一睡もできないまま翌日を迎え、このことを妻の実家に知らせなければと思い、４キロ程先の集落まで、雪が積もりツルツルのアイスバーンの道を徒歩でいくしかなかった。ガレキの集落を三ヵ所超え、途中の橋は二ヵ所流されていたが、材木を渡しながらようやく対岸にたどり着く。

事の顛末を妻の兄夫婦に話す前に、自分の不手際で大切な兄の妹と孫を失ったことを詫びた。優しい兄夫婦は負担をかけまいと、これほどの大災害では仕方のないことだから、と心遣いをしてくれたが、清吾さんは申し訳なさと、亡くなった妻と孫への想いで胸が張り裂けそうで涙があふれたという。

このような大津波による破滅的な被害にもかかわらず、大室地区では、清吾さんはじめ、十三浜に住み続けたいという意見が大半を占め、集落独自のアンケート調査では80％がこの地での漁業の継続を訴えた。震災からわずか一ヵ月後、雨風のなかで青空集会を開き、集団移転に向けた話し合いをおこなった。

こうした漁村の動きに対して、復興の力を削ぐような提案が宮城県から出される。それが村井嘉浩宮城県知事肝入りの「水産業復興特区」構想である。この特区構想では、養殖業等の沿岸漁業への企業参入や市場原理の導入を促進する特区を創設することが謳われている。現行の漁業法では、地元の漁協が事実上、漁業権を独占している。ワカメやカキなどの養殖では「区画漁業権」が設定されており、都道府県知事が免許を出す際に漁協を最優先することが漁業法に明記されている（漁業法第一四条）。水産業復興特区は、この規定を外すことで漁協組合員と同等に、民間企業も沿岸漁業に従事できるようにする特例措置である。

これに対して、桃浦を除く宮城県のすべての漁協は復興特区に対する反対を表明した。県漁協は一歩も譲らぬ姿勢で、無条件の撤回を訴えた。民間資本の参入は漁村になじまないと復興特区に反対すること、そして津波リスクの高い沿岸域にとどまり漁業を続けようとすることには、何かしらの共通点があるように思われる。すなわち、壊滅的な被害を受けた沿岸集落が、震災マイノリティとしてメジャーな民間資本導入に抵抗するのにはどのような論理があるのか、漁村の成り立ちにまで遡って考えてみたい。

3.2　養殖業への挑戦——適地適作から適作適地への転換

石巻市北上町十三浜は、主にワカメの養殖業を基幹産業として成り立っていた地域である。基幹産業とは事業の後継者が育ち、生活が成り立つことを意味している。震災前には堅実な現金収入があり、漁協全体では共販（共同の販売）で3億円、自販（自主ルートの販売）で1億円以上の収益をあげていた（図4・5）。養殖ワカメの販売額では県内トップである。これには自然条件が関わっている。十三浜には東北

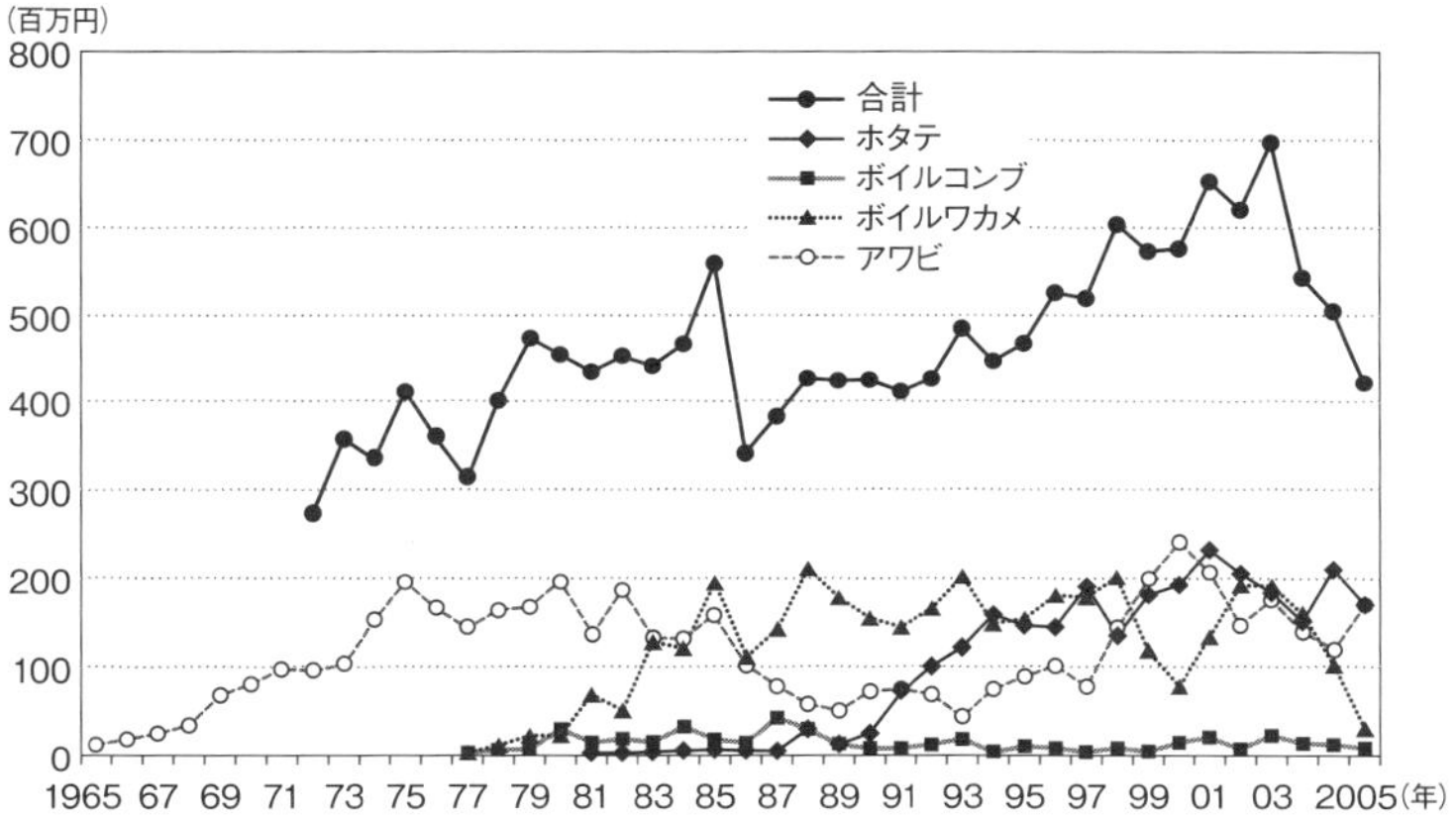

図4.5　十三浜養殖品目別生産額の推移
(出典) 宮城県漁協十三浜支所提供データより作成

で最大級の河川である新北上川の河口があり、適度の淡水がミネラル分を運び込み良質のワカメが育つため、「十三浜ワカメ」としてブランド化されている。

自然の豊かな恵みのなかで、十三浜の生活の基盤が存立していたことが見てとれる。自然条件に合わせた「適地適作」としてワカメを位置づけるならば、津波で生産と生活の基盤を失った十三浜にワカメ養殖の民間事業者を導入し、競争させて確実に収益を上げようという復興特区の意義は、わかりやすいかもしれない。

旧北上町はかつて、昭和五〇年代（一九七五～八五年）には県内で出稼ぎ者数が一番多く、この地域で生活していくことはたいへん厳しかった。「出稼ぎ希望者集まる　北上町から二百人も」『石巻新聞』（昭和四八（一九七三）年三月九日）、「出稼者数北上町がトップ　年令別では高令者目立つ　ほとんどが世帯主！」（『石巻新聞』昭和五〇（一九七五）年七月二九日）（図4・6）という記事がある。

したがって自然条件のほかに、社会条件が付加されて初めて県内屈指のワカメブランドを育て上げてきたといえる。つまり、基幹産業としてワカメ養殖を選択して「適作適地」に育成してきたのである（図4・7）。震災後に復旧・復興に取り組んだのもワカメ養殖であった。養殖が地域を支える社会条件を、以下の六つ（養殖、アワビ、出稼ぎ、周年漁業、地域のまとまりと競争原理、家族経営）に分けて見ていこう。

天然から養殖へ　半農半漁の漁村であった北上町十三浜は、春は田圃の作付けと自家製茶の摘み取り、天然ワカメの口開け（解禁）、ウニ採りおよび麦刈りに始まり、初夏になるとコオナゴ漁と田植え、村外の田圃への出作と村内の畑作、夏には天然コンブ漁、タコ漁に麦播きと続き、それが終わると秋からはアワビ漁と、四季の変化に富んだ暮らしを送っていた。

自給自足の生活と豊かな自然の恵みの反面、天候などの自然条件に左右されるために、海産物の漁獲は不安定であった。しかも人によって漁穫量に大きな差があり、それが収入の差となって現れた。そこで漁協では、腕の良し悪しにかかわりなく収入が得られるワカメの養殖に着手する。ワカメ養殖の技術はまだ五〇年も経っていないが、浮流式養殖や種苗生産方式が整ったことにより、耐波性が強く、環境条件にも

図4.6　北上町の出稼ぎを伝える記事
（出典）『石巻新聞』1975年７月29日

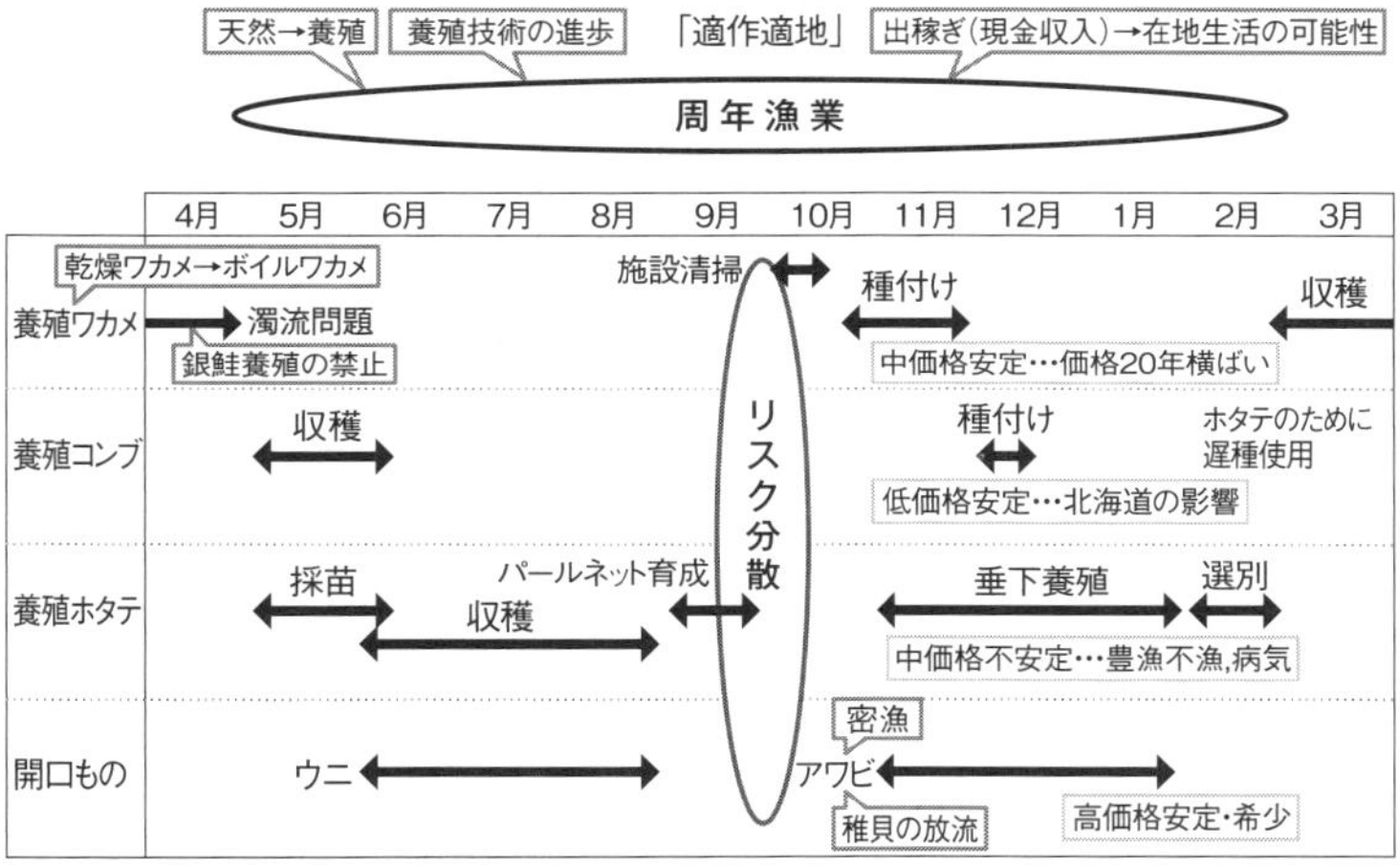

図4.7　十三浜における周年漁業の見取図

左右されない、外海での養殖への道が拓けることになった。こうして養殖によるワカメの生産量が安定し、ある程度漁協員の間で収入が平準化されていく。

アワビで嫁をもらう　人びとがこの地を離れない大きな魅力、それは、アワビ漁にある。「平均的漁獲高を維持し、根付資源の大黒柱であり、漁家生活の安定的収入源」（十三浜漁協事業概況：昭和五三年）である。アワビ漁だけで一年間の生計を維持できるほどの収入をもたらした。漁協による資源管理と開口の設定がおこなわれていた。「少々頭が悪くても、その当時アワビ取りが上手だと、嫁さんがもらえたんですよ」（二〇〇八年二月二八日、KZ氏）というほど、収入を下支えしていた。ただし、アワビ漁は技術の優劣が直接収入を左右するため、収入格差を生みだしやすい。

遠方への出稼ぎから近距離季節労働へ　十三浜ではワカメ養殖が導入されるまで、現金収入はアワビ漁・天然ワカメ漁と遠方への出稼ぎで占められていた。アワビ漁の期間は限定されるため、その他の期間、漁家は関東へ出稼ぎに出ていた。そうしたなかで、個人の能力や環境条件に左右されず、地場の収入で家族と共に地元で暮らしたいという気運が高まる。

そこで動いたのが漁協青年部である。すでに先進的にワカメ養殖をおこなっていた岩手県や宮城県女川を視察し、養殖導入の機会をうかがい、一九六〇（昭和三五）年、青年部指導のもと10世帯以上の漁家がまとまって試験的にワカメ養殖を始めた。当初は養殖の知識や技術が乏しく、失敗を繰り返した。それでも、研究を重ねながら、波が高い外海の養殖開拓をおこなうことで、生産は安定化し、最盛期には二百世帯にまでワカメ養殖漁家が増えた。

関東への出稼ぎとアワビ漁によってかろうじて人びとは地域にとどまっていたが、ワカメ養殖の導入に伴って、出稼ぎ期間が短縮された。ワカメ養殖は、秋に採苗・苗付けをすると翌春に漁獲できる、半年の短期栽培である。冬期の出稼ぎに頼らずに暮らせるようになると、関東への出稼ぎから、石巻市内の水産工場での季節労働へと、就業先が徐々に変化していく。

コンブ・ホタテ養殖で周年漁業を確立　「ワカメ産業が技術の向上によってどこの海でも生産され」（『十三浜漁協事業の概況』昭和五一年）るようになると、リスク分散のためにほかの養殖品目が求められた。ワカメの収獲後から冬期の空白期間を埋め合わせる作物として白羽の矢が立てられたのが、コンブとホタテの養殖である。

「コンブ養殖軌道に乗る　出稼ぎ解消に役立つ　注文に追われるほどの人気　浅海養殖地の南限か」（『石巻日日新聞』昭和五四（一九七九）年二月一五日）という記事がある（図4・8）。つまり、コンブとホタテの養殖は、漁家収入の減少を防ぐため、ワカメの裏作として始められた。コンブ養殖はワカメの

コンブ養殖軌道に乗る
北上町十三浜漁協
出稼ぎ解消に役立つ
注文に追われるほどの人気
浅海養殖地の南限か

図4.8　北上町のコンブ養殖を伝える記事
（出典）『石巻日日新聞』1979年２月15日

写真4.5　養殖ホタテの収穫
（北上町十三浜 2010年３月21日）

種付けと収穫後にそれぞれをおこなうことができ、半年で成長し刈り取ることができる促成品種である。ホタテは、おもに夏に網の入れ替えなどの作業をおこない、収穫までに二年半かかる反面、市場価格が高い利点がある（写真４・５）。これらを個々の漁家がうまく組み合わせることで「リスク分散」「周年漁業」をめざした。このことにより、失業保険・アワビ漁・季節労働という、高収入だが不安定な生活に代えて、将来の見通しが立つ安定した暮らしを地元で手に入れられるようになったのである。

もちろん養殖が軌道に乗るまでは、漁協青年部の身内からも批判が出ていた。「最初のうちは出稼ぎにも行かず、採算も取れないホタテやコンブ養殖を続ける青年部員たちの親からは、『家をつぶす気か』と怒鳴られたこともあった」。このような反目のなかで、ようやく周年漁業が確立し、家族が共に暮らしていける基幹産業の基盤を作り上げたのである。

現金収入よりも地域のまとまり　震災前、北上の養殖ワカメは「十三浜のワカメ」として全国的に名を知られ、仙台市内の百貨店などで一級品のブランドであった。このブランドが確立するまで、養殖業者による技術革新の試行錯誤がなされた。垂下式から水平式といわれる転換である。この技法はワカメを海水面の近くで育てることによって光合成を促進させ、収穫量は目減りするがワカメの品質を向上させ、ワカメの下でコンブを養殖することを可能にした。

養殖導入当時は乾燥ワカメとして出荷していたが、他地域と差別化するために「湯通し塩蔵ワカメ」と呼ばれるボイルワカメにいち早く取り組んだ。ボイルワカメへの切り替えは、栄養素の保持・食感・色彩において消費者の嗜好に応えるためである。養殖ワカメの元になる種苗は、現在、徳島県鳴門産・塩釜産・岩手産の三種類があり、このうち鳴門産や塩釜産の種苗は早種で、早く収穫できるため収量は上がるが品質は劣る。それに対して岩手産の種苗は、葉肉が厚く品質も良いが、鳴門産と比べると収穫時期が遅れるため、新北上川の濁流（＝融雪水）が十三浜に流れ込む時期と重なり、収量にリスクがある。早種を多く用いればよいのであるが、浜ごと、漁家ごとに品質の競争があり、岩手産の種苗になりがちである。その結果、収量のリスクを超えて良質な「十三浜ワカメ」を主要製品とする覚悟をしている。

隣接する他地域は、銀鮭養殖が高い収益をもたらした時期があり、漁家も浮足立っていたが、十三浜ではそのブームに乗らず、銀鮭の養殖を禁止した。「何人かの金獲りのために、漁場磯物が汚れることは認められない」（二〇〇九年三月一八日、佐々木昭一氏）。磯で獲れるヒジキやフノリ（写真4・6）などが銀鮭の餌で生臭くなり、磯物全体が汚れることは認められないという。つまり、個人の選択に任せるのではなく、ワカメ・コンブ・ホタテ養殖を地域の基幹産業として育成するという考え方である。

その後、養殖銀鮭は安価な輸入品に押されて価格が暴落し、施設や餌代など、膨大な借金を養殖業者に背負わせることになった。漁民の間では「餌だけでなく山まで喰ったとか、家も人も喰った」という噂話が伝わっている。銀鮭養殖は、民間資本が参入・撤退した負の歴史として、当地に深く刻まれている。水産業復興特区構想に反対する理由のひとつはここにあった。

写真4.6　天然磯ノリの採集（同 2010年３月22日）

周年漁業のなかで後継者も育ち、生活基盤が確立するのに伴って、当初〝未開拓だった〟海は、許可の限度いっぱいまで養殖施設が拡がった（図4・9）。現在、新北上川河口付近の沿岸では、ワカメ養殖が地域の「基幹産業」として成立している。

家族経営　養殖ワカメの収穫は、まだ夜も明けないうちから作業が始まる。「千葉さん方では、午前五時起きして一家総出で収穫に当たっている。千葉さんと息子さんが小舟で漁場の養殖棚から1メートル以上に伸びたワカメを刈り取り、岸壁に水揚げした後、奥さんたちも加わって葉の部分とメカブを切り離し、ボイル加工するなど午前中いっぱいは選別作業に追われる毎日」（『石巻日日新聞』昭和五八（一九八三）年三月九日、図4・10）。漁家は基本的に家族

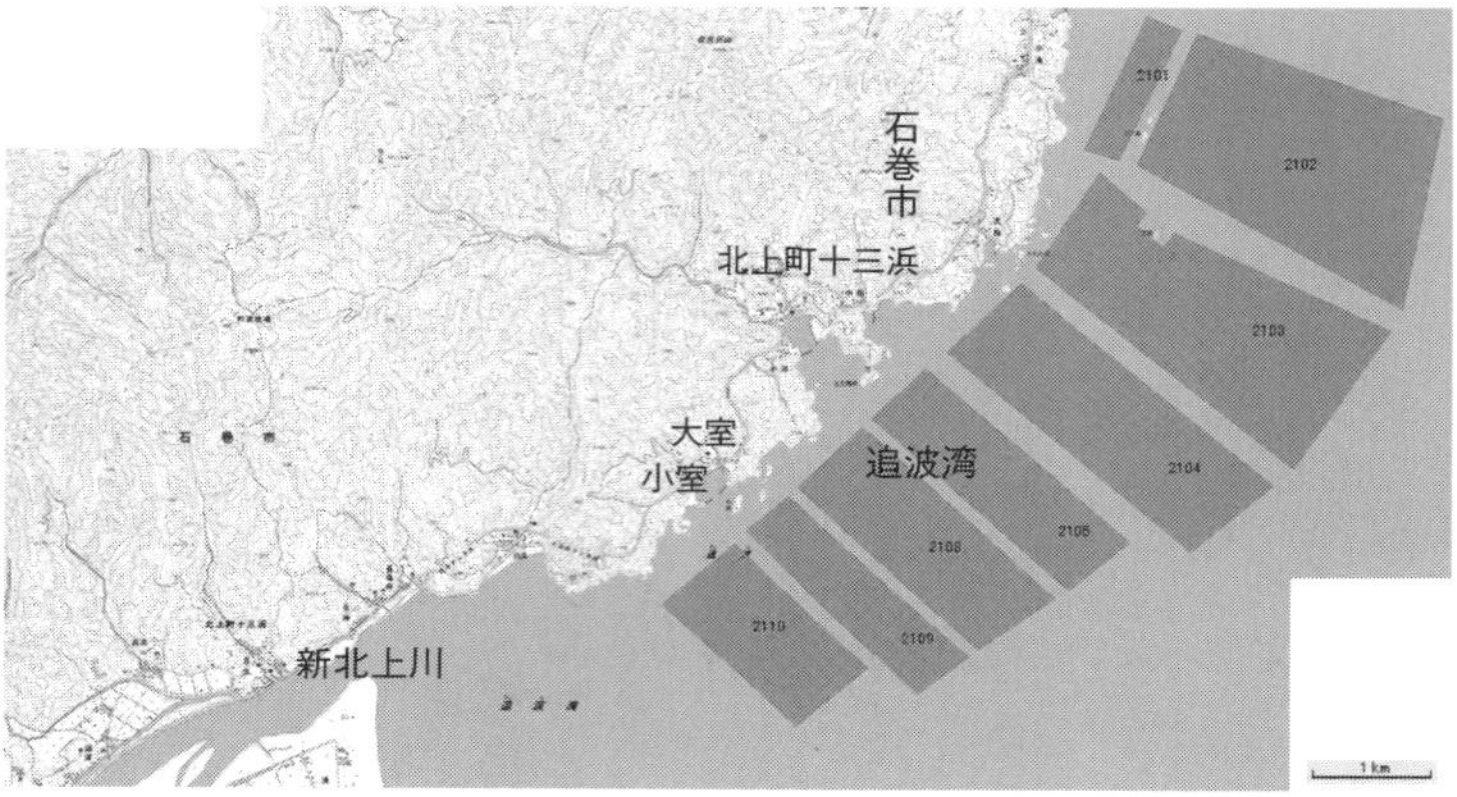

図4.9　追波湾の養殖施設図　（出典）金菱編（2013: 241）

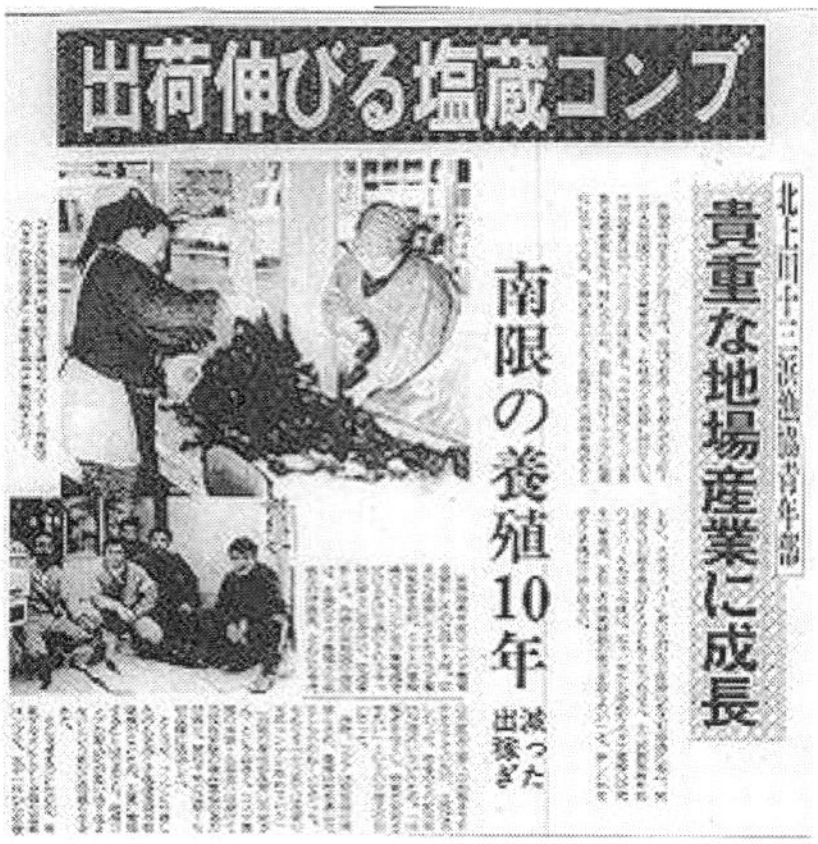

出荷伸びる塩蔵コンブ

北上町十三浜漁協青年部

貴重な地場産業に成長

南限の養殖10年

減った出稼ぎ

図4.11　出稼ぎ減少とコンブ出荷を伝える記事
（出典）『石巻かほく』1984年1月3日

水揚げされた養殖ワカメの選別作業

養殖ワカメ　収穫最盛期に

「作柄は落ちるが…」

水産青年協議会

カキの養殖研究会

図4.10　養殖ワカメの収穫記事
（出典）『石巻日日新聞』1983年３月９日

経営である。

　三〜四月の刈り取り時期には家族だけでこなせず、人手不足が生じる。臨時に人手が必要となるが、短期となるとなかなか見つからない。「仕事のわかる即戦力の人が本当はいいのだけれども、人がいるならできるなら雇いたい。ワカメは四月いっぱいで商品価値がなくなってしまうので、短期間でやってしまわなければならない」（二〇〇九年八月三日、TJ氏）。こうした事情が、どうしても家内工業の色合いを帯びた閉じた世界をつくってしまうことになる。

3.3　地域コミュニティの〝賭け〟

新北上川河口付近はコンブ生育の南限域にあたり、これより南域でコンブを育てることはできない。養殖技術によってこの海域まで南限域が下がったことになる（『石巻かほく』一九八四年一月三日、図4・11）。大昔から養殖があるのではなく、養殖の先駆者が現役で働いており、歴史としては新しい。ワカメとコンブの養殖が本格的になったのが昭和五〇年代半ばで、その後のホタテ養殖と続いていく。養殖の周年漁業ができたのは単に自然条件に恵まれたからではないことは、以上の六つの社会的条件が示すとおりである。どのようにすればその土地で生きていけるのかという、地域コミュニティとしての〝賭け〟が大きく関係している。

　水産業復興特区によって、漁協権の優先順位を民間企業と同列に置くことは、地域の「基幹産業」としての歴史を否定することにほかならない。それ以上に、その地先の海という未知の空間を開拓してきた経緯を持つ。その歴史性を無視して、民間企業に無条件で門戸を開放することは、働きかけてきた空間（地先の権利）と場所（本源的所有の権利）の両方を一挙に剝奪することを意味する。

そもそも漁業は、海難・水難事故にいつ襲われるとも知れない、死に直結する職であり、津波というリスクを抱えながら厳しい自然条件のもとで漁を営んできた。それを象徴するのが漁師の間に伝わる「凪と和尚は昼立ち」（二〇一一年六月四日　佐藤清吾氏）という格言である。和尚は朝遅くまで寝て、昼からお葬式で読経する優雅な職業であるという揶揄と、早朝まで穏やかだった凪の海も、昼時には風が吹き始め、荒波となる様子を指す。波の穏やかなうちに海へ出て、荒れる前に帰り着くためには、まだ夜も明けない午前三〜四時に起床して出かけなければならない。もしサラリーマンのように、午前八時に出勤し、それから漁の準備をして沖に出れば、風が吹き、波は高く、危険である。自然条件と生活周期を一致させることで、厳しい自然に立ち向かっているのである。

3.4　新たな弱者生活権を付与する漁村の論理

漁村におけるもうひとつの重要な論理が、大震災を機に浮かび上がってきた。それが「弱者生活権」（第3章2節）(5)を付与するしくみである。具体的には〝協業化〟の動きであるが、岩手県宮古市の重茂漁協（第3章）をはじめ、宮城県塩竈市の浦戸諸島や亘理町の荒浜などでワカメやノリ養殖の協業化の試みが、すでにおこなわれている。沖出しで助かった船や新たに購入した船を漁協が集め、数が足りない場合はグループごとに船を割り当てて共同作業をおこない、その収益を各成員に均等割りする試みである。

十三浜では、浜ごとに被害が異なり、一部の浜では家も船も無傷に近かった。養殖の協業化に対して、被害がなかった組合員からは平常時通りの単独操業でいいのではないかと疑問が出された。家族経営的な養殖業のあり方からいって、自分たちにも生活があり、それを守ろうとすることは当然のように思われた。一方、津波に生活の糧を突然奪われ、何もかもなくした組合員は、単独操業や個人の船の持ち分に対して何の発言権もない。このような平常時の原則に対して、漁協が下したのは次のような判断だった。

「自分の努力がすぐに反映してくるような形にやらせろと（一部の組合員たちが）騒いだんだけども、俺は頭から駄目だと言った。今こういう（船も作業場も家も流されて）地べたを這いつくばっている漁民がほとんどなのに、一部体力のある人間が利益を得て、体力のある声の大きい人だけの意見を聞いて、そのまま通すとたいへんだっちゃ。好きで船を持たないならいいけど、（津波に）持って行かれてなくなったんだから。一人が百歩進むことを許すわけにはいかないから、百人で一歩ずつ進むことで（漁協の）中をまとめた。被害を受けずに不満を持つ人も、今はその気になってやってくれている。作業もグループ（共同）でやっている」（二〇一一年一一月二〇日、佐藤清吾漁協運営委員長）。

家族も船も仕事もなくなった人びとにとって、明日以降もこの地で暮らすことができるという将来に対する見通しは、人びとの精神的な支柱となっているのである。

浜では漁師たちの精神構造である互助精神と競争心を絶妙なバランスで考慮しなければならない。この地域には「共同（作業）でやるなら喧嘩別れしろ」という言葉があり、共同作業では組合員の意欲が失われ生産性が低くなることが歴史的経験からわかっていた。そこで、瓦礫撤去・筏施設の設置までをすべて共同でおこなうが、ワカメ養殖のロープを通常より長くして個人ごとに割り振った。経営本数をあらかじめ決めておくことで頑張る意欲を削がないように工夫したのである。そして、運営委員長を含む職員二人ですべてに対応する漁協のマンパワーの問題もあり、「ここで生計を立てる人を一人も取りこぼすことがないようにしてくれ」という号令をかけて、十分の一に減ってしまった漁船の運用（収穫と分配）方法を組合員に任せた。互助精神が持続して、浜の暮らしが培ってきた信頼にもとづく付託だといえる。

ただし、家族を亡くし作業量が減った組合員には、支援団体が建てた作業小屋などを優先的に割り当てたり、残った船を利用するために摩耗した機材の修理費用を漁協がもつなどの対策をおこなった。このようにして最も不利な人が生きていくための社会的セイフティーネットを浜独自につくり出すことで、未曾有の震災をかろうじて切り抜けることができたのである。

当初、浜を離れようかと逡巡していた清吾さんであるが、いったん引退した組合長の再任を懇願され、三顧の礼をもって漁協に迎えられた。壊滅した浜の復興を引っ張ってくれるという期待が寄せられたのは、これまでの経験から弱者の声にもならない声を聞き分けるリーダーとして、何よりも信頼が篤かったからである。

十三浜の漁協では、高い収入が見込めるアワビ漁を後回しにして、ワカメの養殖再開を優先させている。というのも、アワビは逃げないが、ワカメ養殖は時機が遅れると減収につながるためである。ワカメを優先し、その後アワビ漁にとりかかるように漁協は指示している。ブランドのワカメを復活させることが、何よりも漁家の生活の安定化に寄与するとの考えであった。二〇一三年春には、十三浜ワカメ全体で、震災前の九割強まで復活した（写真４・７〜９）。

4　災害リスクをコントロールする

4.1　未曾有の危機を克服する力

本章では、津波や原発災害によって〝非〟居住区域とされた地域で、「リスクのある土地に住み続ける」論理を考えてきた。

写真4.7　新造船で出漁（石巻市北上町十三浜　2012年12月12日）

写真4.8　「だるま朝日」(石巻市北上町十三浜月浜　2012年10月13日　青山英幸氏撮影)

写真4.9　アワビの口開け（解禁）（同町十三浜大室　2012年12月27日　同上）

原発事故による計画的避難区域となった飯舘村では、村を捨てて即座に移住する住民の姿はなかった。トルコキキョウをすべて鋤き込んでしまう住民の行為は、国の避難指示に従いながらも、名残り惜しい気持ちを断ち切るための区切りであることがわかった。飯舘村への強い想いは、牛や花をわが子のように育て、村の特産品に押し上げてきた自負にも表れている。経済的価値であると同時に、生活を支えてくれた家族同然の動植物に対する感謝でもある。放射能が無色透明で不可視であるのと同様に、先祖の魂もまた目に見えない。放射能に汚染された田畑を不耕作にして、先祖に申し訳ないという気持ちがあふれ、放射能の脅威に対して何もできない自らの非力さをむしろ責めるのである。

加害―被害図式に甘んじて補償を受けることも容易ではないが、大津波という千年災禍の前では、汚染源である東京電力も自分たちも同じ犠牲者であるととらえる。その意味で、原発災害を人災としてではなく、自然災害であると位置づける。もちろん、人災として東電に責めを負わせるべきだという怒りをもつ避難者も多い。しかしここでのポイントは、原発によって愛する牛やトルコキキョウの花を駄目にされ、財産を奪われ、家族をバラバラにされ、さらに故郷を追われた、そのような当事者からこのような言葉が発せられていることだ。原発によって金銭的に恩恵を受けても、あるいは逆に被害を被っても、それは同じ事象の裏表であり、原発に従属する発想になってしまうのである。そうではなく、自分たちが主体となって新たな価値を生みだすことができれば、原発から相対的に自律した関係性を築き、次のスタートの準備をすることができる。

また、石巻市北上町十三浜大室地区では、震災後移転を希望する住民はほとんどいなかった。宮城県は民間資本の導入を前提とした水産業復興特区を提案してきたが、漁民は一斉に反発した。三陸沿岸は世界三大漁場にも数えられるほど有数の自然の恵みを持つ海域である。十三浜では家族が離れ離れになる出稼ぎを解消するために、漁協青年部が中心となってワカメ養殖を試行し、ホタテやコンブの養殖を組み合わせてリスクを分散しつつ、周年漁業を確立させてきた。さらに、こうした養殖の技術革新に加えて、漁家が互いに競い合うことで品質を向上させてきた歴史をもつ。これが三陸ワカメひいては「十三浜ワカメ」というブランドを創り上げてきたのである。

仮に水産業復興特区により、民間企業の会社組織の中に漁民が組み込まれ、一定の給与を支払われ、単なる労務者ということになれば、品質向上にかける彼らの熱意は削がれることになりかねない。海の豊かな資源へのアクセス権を民間企業にも公平に開放するという単純な議論は、三陸沿岸の歴史や現状に対してあまりにも無知である。もとより、三陸の漁村は地先漁業権によって支えられてきており、漁協組合員が排他的に水揚げをおこない、養殖など海水面を利用する権利は、厳しい自然条件のもとで漁家が生活を成り立たせるうえで最も重要な基盤である。

それにとどまらず、震災後、佐藤運営委員長のとった「百人が一歩前進する」方針は、弱者生活権としての生活保障の機能を持ちうる。これは一時的で限定された機能であるが、ある普遍性を有する（古川2004：第3章注9）。こうした事例も含めて、農漁村には平時の論理と非常時の論理が共存し、両者を使い分けることでリスクのある土地に人が住み続けることを可能にしてきた（第3章2節）。こうした論理の相互転換と柔軟性が、未曾有の災害リスクをコントロールしてきたのである。

4.2　千年災禍の「所有」によるコントロール

震災マイノリティが「リスクのある土地になおも住み続ける」論理とは何かという本章の問いかけは、自然科学とは異なる知見を導き出しうる。すなわち、自然科学者は災害を「自然現象」として取り出し、それを人間社会の外部条件として、リスク論の見地から警告を発する。それに対して社会科学は、災害を社会・文化現象と見なし、人間社会の内部条件として取り扱う。

この二つの違いについて、物理学者であり、優れた社会科学者でもあった寺田寅彦は、『津浪と人間』（[1933] 2011）で次のように述べる。

自然科学者の警告に対して罹災者は「それほどわかっているなら災禍に間に合うようになぜ警告してくれなかったのか」と問う。自然科学者が「注意を払わないからいけない」と返すと、罹災民は「二十年も前のことなど、このせち辛い世の中でとても覚えてはいられない」と言う。ただし自然科学者らしく寺田は「自然ほど伝統に忠実なものはなく、地震や津波は流行にかまわず、頑固に、保守的に、執念深くやってくる」と釘をさす（金菱 2013: 3)。

これほどまでの災禍に遭いながらも、なぜその土地にとどまり、元の生活に戻ろうとするのか。これは文化・社会的側面から説明することが可能である。民俗学的説明としては、昭和三陸津波の際、家を継承する意識の強い沿岸部では、津波で亡くなった村人の家を、血縁関係のない他人に継がせた「寄せ家督」の実例があることや、浜に戻って本家を立て直した村人は出世と考えられたことを明らかにしている（川島 2011)。また、被災した漁村の人びとがいったんは内陸に引き揚げたものの、なぜ再び災禍をこうむった海のそばに帰ってきてしまうのかを、経済的問題と民俗的な感情に照らして検証した研究もある（山口

[1943] 2011)。

つまり、人知を超えるような大災害も、時間が経過するにしたがって現実の生活に回収されはじめる。当初人びとが災禍から受けた衝撃や喪失感はその地を離れるのに十二分であったが、時間の経過とともにそれぞれの生活の中に組み込まれてきている(6)。自然現象としての津波だけを取り出してことさらリスクと見なし、浸水域に人を住まわせないように排除する論理の方が、過去の災害対処法に対して無知であることを、民俗社会の経験が教えてくれる。「凪と和尚は昼立ち」という隠喩を用いながら、漁師たちは限界まで自然と交渉している。人びとの生活周期に自然災害を所与のものとして組み込み、〝所有〟することで、災害リスクをコントロール可能にするのである(ホフマン 2006：第6章結論部)。すなわち、ここでの千年災禍の「所有」とは、コミュニティのなかで災害リスクを〝引き受ける〟ことにほかならない。

5　災禍を吸収するコミュニティの潜在力

以上を本章の事例に引きつけていえば、リスクがあるからその土地を去るのではなく、自然条件やリスクをコントロールしながら自然の恩恵を受けて生活を営もうとする。照子さんが飯舘村のトルコキキョウにこだわるのも、ほかの場所と自分の村ではまったく異なるからである。原発災害は自分たちへの試練だととらえ、トルコキキョウの栽培に挑戦して当初は失敗し、悔しい思いをした経験と重ねていく。うまくいかないからこそ人は挑戦する。いま照子さんたちが送っている避難生活も、飯舘村でトルコキキョウの花を再び咲かせて、復興ののろしをあげるための「準備期間」なのである。

彼ら彼女らの論理にしたがえば、津波や原発災害は、初めてめぐりあうリスクではない。かつて地域や集落ではさまざまなリスクを背負い込んできたのである。すなわち、飯舘村では冷害による米農家の大打撃であり、十三浜では出稼ぎによる著しい人口流出である。一度どん底を味わい、過酷な時代を経験してきた。そのなかで、地域の〝賭け〟として孤立と反目に耐えて、それぞれが三〇年ほどかけて「特産品」「地域ブランド」を育て上げてきた。ブランド品は、技術革新と品質向上が求められるために、個人の技量と努力に負うところが大きい。地域の人たちは、トルコキキョウ（トルコ病）やワカメの養殖の魅力に取りつかれたのである。苦労は大きいが、そのぶん報われるからである。

したがって、自然条件の厳しい地域に残る選択をした人たちにとって、相当のリスクはあったとしても、その土地を離れて生きるほうが難しく、そうでない人たちは、津波や原発事故の前にすでに村や集落を立ち去っていると理解されている。

言い方を変えるならば、地域コミュニティはその社会を根底から破壊するような災禍にあってもなお、その災禍を吸収する弾力的なダイナミズムを潜在力として保持していることが明らかである。

寺田寅彦ら自然科学者の「なぜリスクがあるのに住み続けるのか」という疑問に対しては、津波や原発などの災害リスクは外部条件ではなく、これまで地域コミュニティが引き受けてきた内部条件の数あるリスクのうちのひとつに変換されており、未曾有（スーパー非日常）の災禍への対処法はコミュニティの日常に組み込まれていると答えることができる。これが社会学からの回答であろう。したがって、ことさら津波や原発のリスクだけを取り出して声高に「安全・安心」を叫ぶ復興計画は、私たちの生活がいかなるリスクも引き受けずに成り立つかのような幻想にもとづく現実離れした議論というべきであろう。

付記　本章で引いた、福島県飯舘村の佐藤照子さん、および宮城県石巻市北上町十三浜の佐藤清吾さんによる震災の手記は、金菱清編『3・11慟哭の記録――71人が体感した大津波・原発・巨大地震』(2012) にそれぞれ収録されている。佐藤照子「飯舘のトルコキキョウは人生そのもの――飯舘村比曽」(同：343-5)、佐藤清吾「妻や孫を呼ぶ声だけが谷間に谺する――石巻市北上町十三浜大室」(同：36-44)。

注

(1) 宮城県では、復興計画の遅れに伴って震災後半年 (その後さらに二ヵ月間延長決定) まで、気仙沼市、南三陸町、女川町、石巻市、東松島町、名取市、山元町の四市三町1800ヘクタールに対して新築や増改築を禁止する建築制限区域を設けている。平成二五年四月時点の全国データは表4・1を参照。

建築制限については、岩手県と宮城県でかなりスタンスが異なる。岩手県は、安全確保を主眼とした無期限の規制を採用している (建築基準法三九条)。それに対して宮城県は、その後のまちづくりをスムーズにおこなえるように壊滅的被害を受けた沿岸部を「災害危険区域」に指定し、期限を区切って建築制限をおこなった (建築基準法八四条)。両者の意見の相違は以下のような形となって現れた (『河北新報』二〇一一年四月二五日)。岩手県都市計画課は「これだけ大規模に都市機能が失われると、八ヵ月間で復興方針を示すのは難しい」と指摘し、市街地のみを制限する宮城県方式を「一部区域だけ規制しても実効性はない」と首をかしげる。これに対して、宮城県建築宅地課は「岩手県方式は危険が除去されるまで制限が解除できず、住民の権利を長期に侵害しかね」ず、「建築基準法三九条では住宅以外は建築禁止まで踏み込めず意味がない」と強調する。

（2）第3章注10を参照。

（3）広域災害についての研究は、人びとの行動を理解するために統計手法を用いた数量的調査で全体を把握する方向に傾いている。そのなかにあって本章の目的は、地域コミュニティの復興に直面する震災マイノリティを対象として、その心持ち（心意）とコミュニティの潜在力を論じることにある。当然のことながらほかの問題提示の仕方もありうるし、そもそも放射線量の高い地域に戻ることが健康上問題であるという医学的見地からの検証もある。しかし本章では、散り散りとなって不可視の震災マイノリティが災害リスクをどのようにコントロールし、将来のコミュニティを思い描くのか、という点に軸足を置いて調査すべきだと主張する。

（4）加害―被害構造論は、「さまざまな人間活動の結果として発生した環境悪化が、ひとびとの健康や生活に悪影響を及ぼし、そこで生じた健康被害や生活被害が、もろもろの社会的関係のなかで連鎖的に拡大していく事態の総体を、加害行為と被害現象との社会的関連性を基軸として考える枠組みである」（飯島 2000：6）。それに対して、受益圏―受苦圏概念（梶田 1988）は、環境問題を「意図せざる結果」として立ち現れる不作為の問題ととらえ、加害と被害をセットにしないで切り離す。双方（被害者と加害者）のリアリティがそもそも異なっているという前提に立ち、受益圏・受苦圏という概念を通して被害の範域を視覚化させた。

（5）私有と総有という土地の二重性に着目して、共有地では、私有地を持たない者や生活困難な者が優先的に土地を利用する権利を持つという論理である（鳥越 1997）。コモンズにおける新しい総有の議論については、菅豊の論考が適確である（菅 2004）。

（6）気仙沼市唐桑町では、死者供養を次のように解釈し実践している。すなわち、海難事故による多数の死者や船舶の被害、災害による浜や港の被害は、海洋や沿岸世界にケガレをもたらしているため、浜祓いや御施餓鬼供養等の行事によって海の穢れが祓い清められる。未曾有の大災害といわれながら、その死者供養が過去の海難事故と同様の伝統儀礼に則り、これらに準じること自体、あたかも震災を所与のように扱うことで日常の連続性（日常のケと非日常としてのハレ）の中に回収し取り込んでいこうとする様を示している。

第5章　「海との交渉権」を断ち切る防潮堤

――千年災禍と日常を両属させるウミの思想

写真5.1　昭和初期の気仙沼海岸
（出典）「昭和戦前一　サンマの大漁の水揚げ光景」佐藤正助監修『目で見る気仙沼・本吉・登米 の100年』（2000：77）

1　海と〝仲良く〟する

大津波によって甚大な被害を被った被災地では、自然の猛威に対抗するために、国や県による巨大な防潮堤建設計画が進められている。それに対して、すでに疑問の声や嘆願書など拒否反応を示す地域が少なからずある。普通に考えれば、あれほどの被害と犠牲者を出したのだから、それを防ぐための防潮堤を〝是〟とするのが当然かもしれない。しかし実際には、理屈をこえて身体的な感覚を伴って〝否〟という意思表示がなされており、海と陸との濃密なつながりを断ち切ることに対して、強い危機感を抱いている人びともいる。

ただし当地の人びとにとってはそのつながりが身体的かつ当たり前であるために、なかなか言葉で説明できないというジレンマに立たされている。沿岸地域で暮らす人びとは「海と〝仲良く〟しなければならない」という表現で、防潮堤の建設を批判的に語っている。このような感覚は、必ずしも海と直接関わる漁師だけではない。

本章では、気仙沼市の内湾《ないわん》（中心市街地）を事例に、海と陸とのつながりを断ち切る防潮堤への拒否感覚を通して、千年災禍（スーパー非日常）と日常を両属させる思想について明らかにする。すなわち、非日常、あるいは日常のどちらか一方をとるのではなく、両方のあり方を包含するような発想力が災害後の社会設計において重要だと考えられる。

2　巨大な防潮堤建設の思想

2.1　国・県が進める防潮堤建設計画

東日本大震災後、政府の内閣府中央防災会議・地震津波対策専門委員会や自治体は、避難行動にあたって各人の判断にゆだねるのではなく、統括的な防災策を構想し、各被災地に等しく実施しようとしている。震災後に計画されている10メートル以上もの防潮堤建設がその一例である。東日本大震災ほどの津波被害を経験した沿岸部において、それは至極当然の対応のようにも思える（写真5・2）。

写真5.2　田老町の防潮堤　「万里の長城」と呼ばれたが，津波はこれを超えて襲来した（宮古市田老町 2012年７月15日）

ところがこの大津波はあまりにも激烈で、津波によって大きな被害を受ける可能性が高いすべての土地から、一切の居住者が立ち退くことは実質的に不可能であるとわかってきた。つまりすべての人が、東日本大震災と同程度の地震と津波リスクのない場所に住むことができない以上、私たちはどのようにして災害リスクと共存し、いかにしてそのリスクを飼い慣らしていけばよいのか。このことが逆に問われている

本来であるならば、東日本大震災の津波高に準じて防潮堤の

高さが決められるべきだが、それでは国家予算が破たんする等の事由から、国土交通省は次のように津波高を区分けしている。すなわち、津波対策として数十年から百数十年に一度の頻度で現れる規模の津波（例　明治三陸津波）の高さをL1、数百年から千年に一度の割合で現れ、当該地域で最大規模の津波の高さをL2としている。前者は防潮堤の内側にある生命、財産の保護と経済活動の継続をめざすのに対して、後者はそもそも人間の力では防ぎきれないことから、「防災」ではなく「減災」を基本としている。

したがって、L2レベルの津波、いわゆる千年災禍においては、人命を守ることが何より優先され、防潮堤内の浸水は許容されている。ところが現在進められている、数十年から百数十年に一度の規模で想定されるL1レベルの津波対策について、各地で異議申し立てが頻発している。震災瓦礫の撤去もままならない時期に国が防潮堤建設の説明会を設け、誰もそこに来なかったことをもって住民の了解を得たとするなど、地元との合意形成が形骸化していたり、防潮堤建設を呑まないと土地区画整理が進まず、まちづくりが遅延すると半ば強引に進められたケース(1)もある。

たとえば気仙沼では中心市街地をはじめ離島の大島や唐桑を含め、周囲をぐるりと取り囲む形で、5・0メートル～11・8メートルもの直立式海岸堤防の建設計画が宮城県から示された（表5・1）。これに対して一部の住民の声を超えて「防潮堤を勉強する会」（二〇一二年八月五日）が立ち上がり、計一四回にものぼる勉強会が市民主体で催され、毎回大会場が満席になるほどの市民の関心が寄せられている。会自体は中立の立場をとっているが、寄せられた意見や反応は、突如ふってきた防潮堤建設に対して、反対や疑問の声が多かった（巻頭写真）。

三陸沿岸部のように、津波の常襲地域に暮らしていれば、身をもってその怖さを知っているであろう

表5.1　宮城県・岩手県の海岸堤防高設定

宮城県

地域沿岸名	津波痕跡高	対象地震	沿岸堤防高(m)
唐桑半島東部	14.4	明治三陸地震	11.3
唐桑半島西部①	24.0	明治三陸地震	11.2
唐桑半島西部②	13.8	明治三陸地震	9.9
気仙沼湾	14.6	明治三陸地震	7.2
気仙沼湾奥部	8.9	明治三陸地震	5.0
大島東部	12.1	明治三陸地震	11.8
大島西部	12.1	明治三陸地震	7.0
本吉海岸	18.8	明治三陸地震	9.8
志津川湾	20.5	想定宮城県沖地震	8.7
追波湾	14.9	明治三陸地震	8.4
雄勝湾	16.3	明治三陸地震	6.4
雄勝湾奥部	16.3	明治三陸地震	9.7
女川湾	18.0	明治三陸地震	6.6
牡鹿半島東部	20.9	明治三陸地震	6.9
牡鹿半島西部	10.5	チリ地震	6.0
万石浦	2.4	チリ地震	2.6
石巻海岸	11.4	高潮にて決定	7.2
松島湾	4.8	チリ地震	4.3
七ヶ浜海岸①	8.9	明治三陸地震	5.4
七ヶ浜海岸②	11.6	明治三陸地震	6.8
仙台湾南部海岸①	12.9	高潮にて決定	7.2
仙台湾南部海岸②	13.6	高潮にて決定	7.2

（出典）宮城県沿岸域現地連絡調整会議「宮城県沿岸における海岸堤防高さの設定」(2011年9月公表)
http://www.pref.miyagi.jp/uploaded/attachment/43036.pdf

岩手県

地域沿岸名	津波痕跡高	対象地震	沿岸堤防高(m)
洋野・久慈北海岸	12.0	昭和三陸地震	12.0
久慈湾	13.7	昭和三陸地震（東日本大震災）	8.0
久慈南海岸	14.5	昭和三陸地震	12.0
野田湾	21.4	昭和三陸地震	14.0
普代海岸	18.4	昭和三陸地震	15.5
田畑海岸	23.0	昭和三陸地震	14.3
岩泉海岸	20.2	昭和三陸地震	14.7
田老海岸	16.3	昭和三陸地震	14.7
宮古湾	11.6	明治三陸地震	10.4
重茂海岸	21.8	明治三陸地震	14.1
山田湾	10.9	明治三陸地震	9.7
船越湾	19.0	明治三陸地震	12.8
大槌湾	15.1	明治三陸地震	14.5
両石湾	22.6	昭和三陸地震	12.0
釜石湾	10.1	明治三陸地震	6.1
唐丹湾	21.0	昭和三陸地震	14.5
吉浜湾	17.2	想定宮城県沖地震	14.3
越喜来湾	16.9	昭和三陸地震	11.5
綾里湾	23.8	想定宮城県沖地震	7.9
大船渡湾外洋	17.4	昭和三陸地震	14.1
大船渡湾	10.4	明治三陸地震	7.2
大野湾	16.6	昭和三陸地震	12.8
広田湾外洋	15.2	明治三陸地震	12.8
広田湾	18.3	想定宮城県沖地震	12.5

（出典）岩手県「岩手県沿岸における海岸堤防高さの設定（2011年10月）
http://www.pref.iwate.jp/view.rbz?cd=41052

が、なぜまた海のそばの生活を選び、あたかも地震と津波のリスクを積極的に引き受けるかのような暮らしが成り立つのだろうか。

2.2　防潮堤に反対する気仙沼市民

L2レベルではなく、L1という数十年から百数十年に一度の備えとしての防潮堤にも気仙沼市民が反対するのは、さまざまな理由が考えられる。巨額の国費の投入とその後の市町村の維持管理費、自然の生態系や景観の破壊、海の眺望の問題、監獄の塀（防潮堤）に閉じ込められるような圧迫感などである（長峯 2013）。しかし問題は、地域ごとに選択すればよいことを、生命・財産を守るのは行政であり、住民の判断や住民との合意形成は必要ないと公言する行政機関も存在し、ほぼ一方的に防潮堤の建設と防潮堤高が決められていることである。いわば「災害パターナリズム」（植田 2012）と呼ばれる行政による干渉行為が、災害に乗じて優位に立っている現状がある。

上記の問題は、ともすれば建設費が膨大（五年間で19兆円の一大公共事業）にのぼることをもって、防潮堤建設全体に疑問を呈する一般化の議論になりやすい。しかし地域の実情に応じて考えず、三陸沿岸すべての防潮堤の建設反対論は、巨大な防潮堤建設を一律に推進することと表裏一体である。コスト・ベネフィット（費用便益）という経済的な原理原則論が陥りやすい全国一律の議論から、地域の実情に応じた個別具体性を防潮堤のバリエーションにおきなおす議論へ転換しなければならない(2)。そのように考えたとき、気仙沼における防潮堤建設の議論は一部の住民というよりは、気仙沼市民全体を巻き込んだ点で特異な現象にみえる。なぜ気仙沼市民は巨大な防潮堤建設に関心をもち、異議を申し立てるのだろうか。

このことを地域の実情に則して考えてみたい(3)。

3 防潮堤のない港町——気仙沼市魚町

3.1 気仙沼内湾の実情

気仙沼内湾は、ほかの港町とは異なり、市街地全体が海と何らかの関わりをもつ点が特徴的である（図5・1）。いわゆる単純港、単に地元の漁船が入港して市場で魚を卸すだけではない。造船所、魚問屋、乗組員の保養施設・飲食街、製氷・冷蔵庫などの漁業関連設備、水産加工場などをみると、すべて海からの恩恵を受けて生業を成り立たせていることがわかる。

気仙沼魚市場では震災前に入港を希望する漁船を断ったことは基本的になく、漁船にとってたいへん使い勝手の良い港であった（写真5・3）。そのため、生鮮カツオの水揚げは震災以前一四年連続の日本一を続けていた。しかし震災によって、気仙沼商港岸壁にあった22基の石油タンクがすべて地震・津波で破損し、流れ出した石油に引火した。気仙沼湾は丸三日間火の海と化して大きな被害を受けた（写真5・4）。気仙沼の岸壁に係留されていた大中型漁船や造船所に上架中の漁船など二〇数隻が津波で内陸の鹿《しし》折《おり》地区の住宅地にまで押し上げられた。最も大きな船は福島県船籍の施網運搬船第18共徳丸（270トン）で、岸壁から約900メートル奥まで打ち上げられた（写真5・5）。二〇一三年に震災遺構として保存するかどうか議論されたが、結局解体された。

気仙沼魚市場も大被害を蒙り、震災から三ヵ月を経た六月下旬、仮復旧の応急工事で1メートル近く嵩

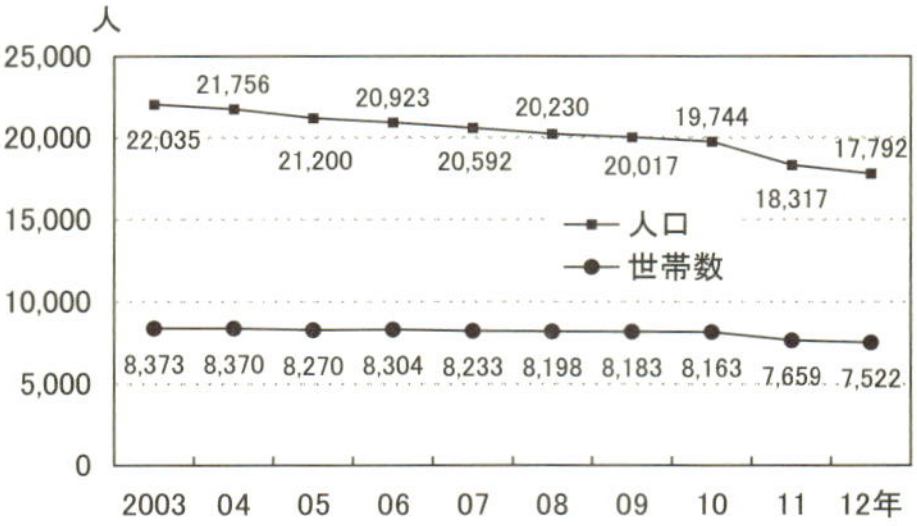

図5.1　気仙沼地区位置図と人口・世帯数の推移（2003〜12年）（注）各年12月31日現在
（出典）気仙沼市提供データより作成

写真5.3　使い勝手のよい気仙沼漁港
（気仙沼市魚町地区 2007年11月９日）

上げをし、冷蔵倉庫や加工工場に復旧の時間を要するために、カツオ（生鮮カツオ生出荷）に限って水揚げを再開させた（写真5・6）。

震災後の二〇一一年六月二八日、旋網《まきあみ》運搬船の第一船をはじめ、七月にカツオ一本釣り船が入港して、被災後もカツオ水揚げでは日本一の優位を保っている。逆にいえば、船の補修も含めてすべての受け入れ体制が整備されていた気仙沼を、ほかの港では代替できない唯一無二の港とみることもできる（図5・2）。

今回被災した造船所では、近海カツオ・マグロ漁業、遠洋マグロ延縄《はえなわ》漁業、サンマ棒受網漁業、大目流し網漁業などの中・大型漁船の建造・修理に当たってきたが、その規模は東日本随一の規模を誇る。気仙沼港の岸壁には多くの船舶が停泊しているが、よく見ると他県のプレートがはめ込まれた船がほとんどである。「天然の良港」と呼ばれ、錨をおろさなくてもよいほど、低気圧や台風などの気象条件に左右されにくい。そのため、多くの他県の漁船が利用してきたが、気仙沼では漁船（廻来船）受け入れと同時にその整備をおこなってきた。

実は、気仙沼市民が内湾を中心に地域一体となって巨大な防潮堤建設に反対していることと、このことは無関係ではない。気仙沼内湾は地域全体と関わりをもちながら、その特殊性を発展させてきたといえる。とりわけ、他県の漁船を受け入れる魚問屋という独自のシステムを発達させてきたのである。

写真5.4　震災後の火炎で焼け落ちた船
（気仙沼市 2011年４月14日）

写真5.5　陸に打ち上げられた第18共徳丸
保存の是非が問われたが，解体された（同上）

写真5.6　地盤沈下の浸水の中で営業を再開した店舗（気仙沼市魚市場 2011年９月２日）

3.2　魚問屋のしくみ

魚問屋は、気仙沼以外の港に籍を置く船に対して、船主に代わって「船の仕込み」と呼ばれる食糧や燃料などの物資補給の手配、船の修理、魚の販売、魚市場業者との精算の仲介、信頼のおける乗組員の幹

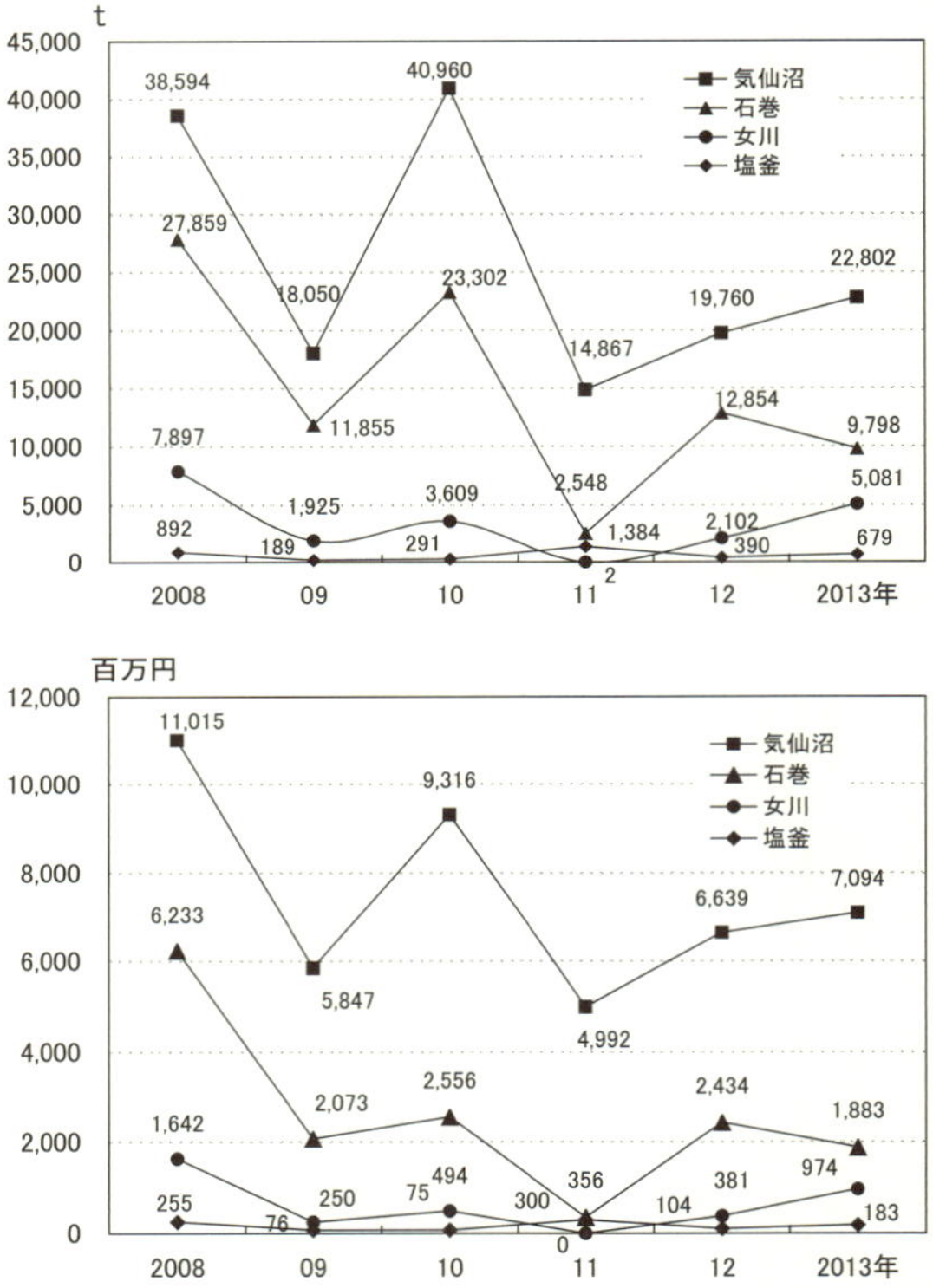

図5.2　宮城県主要４港における生鮮カツオ水揚量の推移
(2008～13年)
(注) 塩竈市：(株)塩竈，機船漁協合計；石巻市：石巻第一，第二合計。卸売機関別水揚高含む
(出典) 宮城県水産業振興課資料より作成
http://www.pref.miyagi.jp/soshiki/suishin/mizuage.html

旋、情報提供、漁協からの乗り出し（着業・操業）資金の引き出しなど、一切の業務を執り行う。

他県の漁船を受け入れることは、地元の漁船に比べて、料金未払いのまま出港される可能性が確実に高まり、魚問屋がリスクを背負い込むことになる。逆に他県の漁船からみれば、船主が上記の「船の仕込み」から支払いまで、あらゆる業務をこなすのは不可能である。では、船主に確実に支払ってもらうにはどうするのか。そのしくみが魚問屋の仲介による「信用」の担保である。いわば「素性の知れない」他県の漁船に対して「信用」を与えるのが魚問屋の役割である。

「船の仕込み」料の精算のしくみは、次の通りである。漁船は漁を終えて気仙沼に入港する前に、魚問屋にまず販売の委託と漁獲量の報告を入れる。それを受けた魚問屋は、水揚げの段取り（入港、接岸、漁獲報告、水揚げ）をおこない、計量後に魚市場（漁協）が魚を引き受ける。この後、落札された魚が買受人に引き渡され、料金は二週間以内に漁協へ納められる。漁協は手数料（口銭）を引いた水揚げ金を魚問屋に入金し、魚問屋では仕込み業者への立替金や手数料を引いて船主に送金する。

魚の水揚げと同時に、魚問屋から依頼された地元の仕込み業者によって物資補給や修理がおこなわれる。仕込み業者には造船、鉄工、電気、無線、食品等、ありとあらゆる業種が含まれる。

そのなかにはドライな商取引にとどまらない関係も含まれている。なかでも特筆すべきは、海難事故への対応である。昭和三〇年代には「海の神風特攻隊」と呼ばれた39トンクラスの小型カツオ・マグロ船が14隻も遭難している。事故の際には、船員の傷病者の連絡が入ると魚問屋が漁場に近い港（たとえば銚子港）まで出向き、病院搬送の手配をして船を待ったり、遭難死の際には、船主とともに遺族へ知らせ、葬式の準備をする役割も担っている。

佐繁魚問屋の佐藤秀一さんは「（亡くなった船員の）奥さんにその事実を伝えなくてはならず、船員の死亡報告が一番つらかった」と語っている。遠洋で長期間会うことがかなわない船員に対して、家族の様子をビデオカメラにおさめて船員に送ったりもした。魚問屋と船員は苦楽をともにする家族ぐるみのつきあいをしていたことがわかる。遠方でありながら、海を跨いで人と人をつなぐ「血の通った温かさ」が顕著である点も、気仙沼の特徴である。

4 海《ウミ》と陸《オカ》がつながっている第二の故郷

4.1 近代魚問屋の黎明期

明治期以降の気仙沼内湾の様子は佐藤正助監修『目で見る気仙沼・本吉・登米の百年』（2000）をはじめとする写真集に活写されている（写真5・7〜10）。

現在でも漁船の船員が気仙沼の港に立ち寄る際、そこを「第二の故郷《ふるさと》」と呼ぶことがある。とりわけ「独房」にも似た、長期の航海に赴く遠洋漁業の乗組員は、一滴の水を垂らせばすぐに吸い込まれる砂漠の砂のように、陸《オカ》の生活を最も渇望している人たちである。彼ら乗組員にとって居心地の良い港が気仙沼であった。言い方を変えれば、気仙沼内湾は船員たちの保養地として発展してきた面がある。

昭和三〇年代までの気仙沼内湾の内奥に、港の歓楽街の文化を築いていたのが、太田飲食街であった。いわゆる遊郭である。気仙沼港で下船した船員は夜の太田飲食街に繰り出すわけであるが、ここで出会った女性と結婚に至るケースも珍しくなかった。大人だけではなく、酔った大人が落としたお金目当てに子どもたちが朝方の飲食街に出向き、小遣い稼ぎをしていた時代もあった。

船員の確保は、船主や魚問屋だけの仕事ではない。時には歓楽街にまで及ぶ。震災を経た今でも、飲み屋の女性たちは常連だった船員を〝釣る〟ために、携帯電話が通じる圏内に漁船が入ってくるとすぐに電話をかけて、お得意様を確保する。

また、市場が海寄りに移設される以前は、「大海岸《おおがし》」「海岸前《かしまえ》」と呼ばれる公共桟橋に小売り業者が集まり、板台を並べて魚類を売るのが、水揚げの販売であった。漁業関係者を相手にした屋台や露店が立ち並び、人びとはバケツを持って落ちている魚を拾い集め、その日のおかずとした。

大正末期の近代魚問屋業は『五十集商の軌――港とともに　気仙沼魚問屋組合史』（2001）に描かれている。それによると、

「確保した魚を大八車に乗せ、今の魚町にある加工場まで運び入れ、原料以外の魚は出桟橋で販売した。出船の際に、水揚げ金や仕込み金を立て替えていた。……廻来船の乗組員は、直ぐにも畳の上に横になりたいので、船が来れば（廻船問屋の）家を開放していた。洗濯場はたちまち賑やかになり、一番初めに入った船頭が親父と将棋を始めたり、その他の乗組員が座敷で酒瓶を囲んだり、怪我した乗組員がいれば病院の世話をし、とにかく賑やかだった」（気仙沼魚問屋組合 2001：40）

実際にひとつの家族のように、他県の人びとの面倒をみる習慣があったのである。船着き場では早朝から船が流行歌を流し、船員たちが選曲や音量を競い合っていた。気仙沼の住民はそれらをハイカラな文化

として、陸ではなく海から摂取していた。他県の船員の姿を見て「丸裸でふんどしもなし。大事なところはワラで結んで水揚げする船員に、この辺りの浜っ子は度肝を抜かれたもんだ」（同上：38）とあるように、オカ（陸）ダシは、異文化に触れ、ハイカラな文化を摂取する最先端の場でもあった。

長年気仙沼の内湾の魚町で暮らしてきた魚問屋の勝倉敏夫さんは「（気仙沼の内湾は）海と陸がつながっているまちだ」と考えているが、これは多くの気仙沼市民にとって共通した想いである。抽象的なレベルではなく、上でみたような身体的なレベルでの〝当たり前〟の感覚である(4)。

4.2 海《ウミ》と陸《オカ》がつながっている港町

「一七年日本一の水揚げを保って気仙沼の六割くらいを占めているわけですが、宮崎とか高知とかカツオの一本釣りに乗っている人たちが気仙沼に来ると、長年来ていて第二の故郷だと思っています。自然の良港だから台風や時化《しけ》がこようと、（港周辺に）アンカーを打っている（錨を下ろす）と波が穏やかなので、みんな馴染みのところに行ける。鉢巻姿や長靴姿といった、漁船に乗船していた格好そのままで歩ける街はほかにない。土地がないだけに飲み屋が港から近い。歩いてすぐの所に床屋があり、風呂屋があり、食堂がある。カツオ漁が主要産業という認識は気仙沼の人がみんな持っていて、船員と親しくなるわけです。そして造船場のしくみも、清水・焼津は造船場が一括発注なんです。造船場が全部請け負って発注する。造船場とは親しいかもしれないが、ほかは知らない。それに対して、ここ（気仙沼）は問屋制度が発達して、これほど船のメンテナンスが揃っているところはない。ペンキはペンキ屋、配管は配管屋、冷凍機は冷凍機屋という感じで分業で発注している。そうすると、それぞれのところに船主などが行くので、それぞれが親しくなっているんです」(二〇一三年七月二六日、勝倉敏夫さん)。

写真5.7　サンマ豊漁の魚町海岸（大正５年）
（出典）気仙沼ライオンズクラブ編『目で見る気仙沼の歴史』(1972: 119)

写真5.8　水揚げされたマグロ　気仙沼旧魚市場前（昭和６年）
（出典）足利建一郎氏所蔵写真

気仙沼は天然の良港という理由だけで、他県の漁船が単純に入港してきたのではない。受け入れ側において相当程度の努力を重ねてきた、その成果でもある。地元船が入港するだけでなく、他県の漁船の誘致活動に重きを置いた歴史がある（気仙沼漁業協同組合 1985）。漁船の大型化・冷凍船化、遠洋漁業への出漁、漁獲物の鮮度の保持と保存技術の高度化に伴って、日本全国で入港先の随意選択が可能になった。気仙沼では一九七〇（昭和四五）年に「漁船誘致協議会」を設置し、四国・九州に至るまで気仙沼への入港誘致に努めている。入港要請の文章づくり、「入港感謝船員慰労」の看板の設置、水揚げ奨励金、船員の無料入浴券、映画館、理髪店、ボーリング場、ビリヤード場の各種割引券の発行、船員に対する市民グラウンドの開放など、船員の優遇に努めた。

したがって、この協議会には、市当局をはじめ水産関係団体、商工会議所、水産関連産業団体、一般商店、船舶仕込み店、飲食料店、理髪業、旅館、遊技店、公衆浴場、映画館、パチンコ店など市内の幅広い業種の事業者が参加している。

5 「海との交渉権」を断ち切る危機

以上の通り、気仙沼市中心市街地である内湾では、たいへん裾野の広い産業が海と密に関わって成り立っていることがみえてくる。人・モノ・情報・金・文化が海を介して気仙沼に入り、そして出ていく。ここでは、海を介するあらゆるものの往来を「海との交渉権」と名づけておきたい。そしてとりわけ気仙沼内湾においては「無」防潮堤で海の暮らしを、成り立たせてきた歴史をもつ。言い方を換えれば、これまで「無」防潮堤を選択することで「海との交渉権」を確保し、それを拡充させ、海からの恵みを最大限享受してきたのが気仙沼内湾である。

写真5.9 チリ地震津波で被害を受けた旧魚市場前（昭和35年）
（出典）気仙沼ライオンズクラブ編『目で見る気仙沼の歴史』（1972：184）

写真5.10 気仙沼魚町の河岸（昭和45年）
（出典）「魚町の河岸前」佐藤正助監修『目で見る気仙沼・本吉・登米の100年』（2000：132）

大津波で海のすぐそばにあった自宅すべてを流失し、漁具を仕込んでいた店舗も被害を受けた齋藤欣也さん(5)は、「防潮堤を立てると海と〝喧嘩〟をするようなもので、何か良からぬことが起こる。海を怒らせてしまうのではないか」という怖れの感覚をもっている。良からぬ災いとは何か。それは津波などの自然災害を必ずしも意味していない。

一例をあげれば、遠洋漁業ではシャチが災いである。漁具のカギでシャチを「いじめる」と、逆にシャチが集まってきてマグロやカツオなどの魚を食ってしまう。これは漁をする人にとって怖いことである。ではシャチを殺して災いを封じるのか。実はそうではなく、そのような時はお酒を海にまいてシャチに逃げてもらう願掛けをおこなうのである。自然に真正面から対峙するのではなく、あたかも武術の居合のように災いをかわすことを通じて無事であることを祈るのである。

これは防潮堤に対しても基本的な考え方となる。海で暮らす人びとは波に立ち向かい防潮堤を建てて自然に逆らうという発想をとらない。海は恐ろしいものであるが、同時に海のおかげで生活を立ててきた。このような海への両義的な価値が人びとのあいだで共有されている。防潮堤を建てて海に背を向けて暮らすことは、海からの恵みを捨て去ることにもなる。

そして気仙沼内湾では、「無」防潮堤の暮らしをこれまであえて〝選択〟してきた。約五〇年前の一九六〇（昭和三五）年に起きたチリ地震津波では約1・5メートルの高さの津波を経験し、被害を受けているが、それでもなお、当時の防潮堤建設計画を拒否し、「無」防潮堤のまま現在に至っている（写真5・9～10）。そして内湾に位置する魚町地区に限っていえば、そこで暮らしてきた人の犠牲者は実質ゼロである。

「無」防潮堤でありながら人的な被害が皆無に近かった事実は、何を意味するのだろうか。たしかに生命は助かったかもしれないが、財産の損失が大きかったと外部から指摘されるかもしれない。しかし、海からはそれ以上の恵みがあると彼らは考えている。気仙沼の人びとにとって、千年災禍と日常は異質ではなく、ウミの暮らしというひとつのものに両属しているのである。「無」防潮堤でありながら犠牲者ゼロであることが気仙沼内湾の回答である。このような観点から巨大防潮堤の建設を考えると、千年災禍というスーパー非日常しか視野においていないことが逆にみえてくる。

陸から人・モノ・情報・金・文化が入ってきたのではなく、それらは圧倒的な比率で海を介して気仙沼に入り込み、そして出ていくのである。それは人びとの死生観すらも決定づけている。

「気仙沼では満潮に生まれ、引き潮に死ぬと昔から言われている。満潮になり海が活気づいてくると赤子が生まれやすくなり、引き潮で海が元気をなくしたときにお年寄りがなくなる」。いわば内湾は海を通して呼吸をしてきたのである。そこに防潮堤が立てば、これまで自由に往来していたものが阻害され、呼吸が苦しくなる。「(防潮堤のある暮らしは)経験したことがないからわからない」という人びとの声は、日常の暮らし、そして時化や台風などの非日常、さらには大津波などの千年災禍の際もまた、「無」防潮堤であり続けてきた理由の回答を私たちに示してくれている。

「海との交渉権」が「無」防潮堤によってもたらされた結果であるならば、現在進められている防潮堤建設は「海との交渉権」を断ち切ることにもなりかねない。それこそ気仙沼の人びとにとって「何か良からぬことが起こってしまうのではないか」という未経験の災禍に巻き込まれる危機なのではないだろうか。

注

（1）二〇一三年三月一〇日は「被災市街地復興特別措置法」に基づく中心市街地の都市計画決定の期限であり、行政のスケジュールで急いで防潮堤建設が決定された。

（2）たとえば社会学者の吉野英岐は、岩手県釜石市鵜住居（うのすまい）町片岸地区を事例に、防災集団事業で事業認可は下りているにもかかわらず、着工が進まない理由の一つとして、巨大防潮堤の取得用地が共有地であるため、土地権利確認が全国に散逸したり、不明などで確定できないことをあげている（吉野 2013）。

（3）以下の記述は、二〇〇七年度東北学院大学教養学部地域構想学科（地域社会コース）発展実習『気仙沼に学ぶ』および二〇一二年度東北学院大学金菱ゼミナール震災の記録プロジェクト『千年災禍の海辺学』（金菱編 2013）の個別の聞き取りに基づいている。

（4）気仙沼市内湾の防潮堤について丹念にフィールドワークをおこなった佐々木広清は、都会でいう親水性という生優しい言葉ではなく、身体感覚を伴った身水性という言葉で表現している（佐々木 2013）。

（5）齋藤欣也「海を生き抜く信用取引――気仙沼市魚町」（金菱編 2012: 135-140）。

第6章　震災メメントモリ

——痛みを温存する「記録筆記法」と死者をむすぶ回路

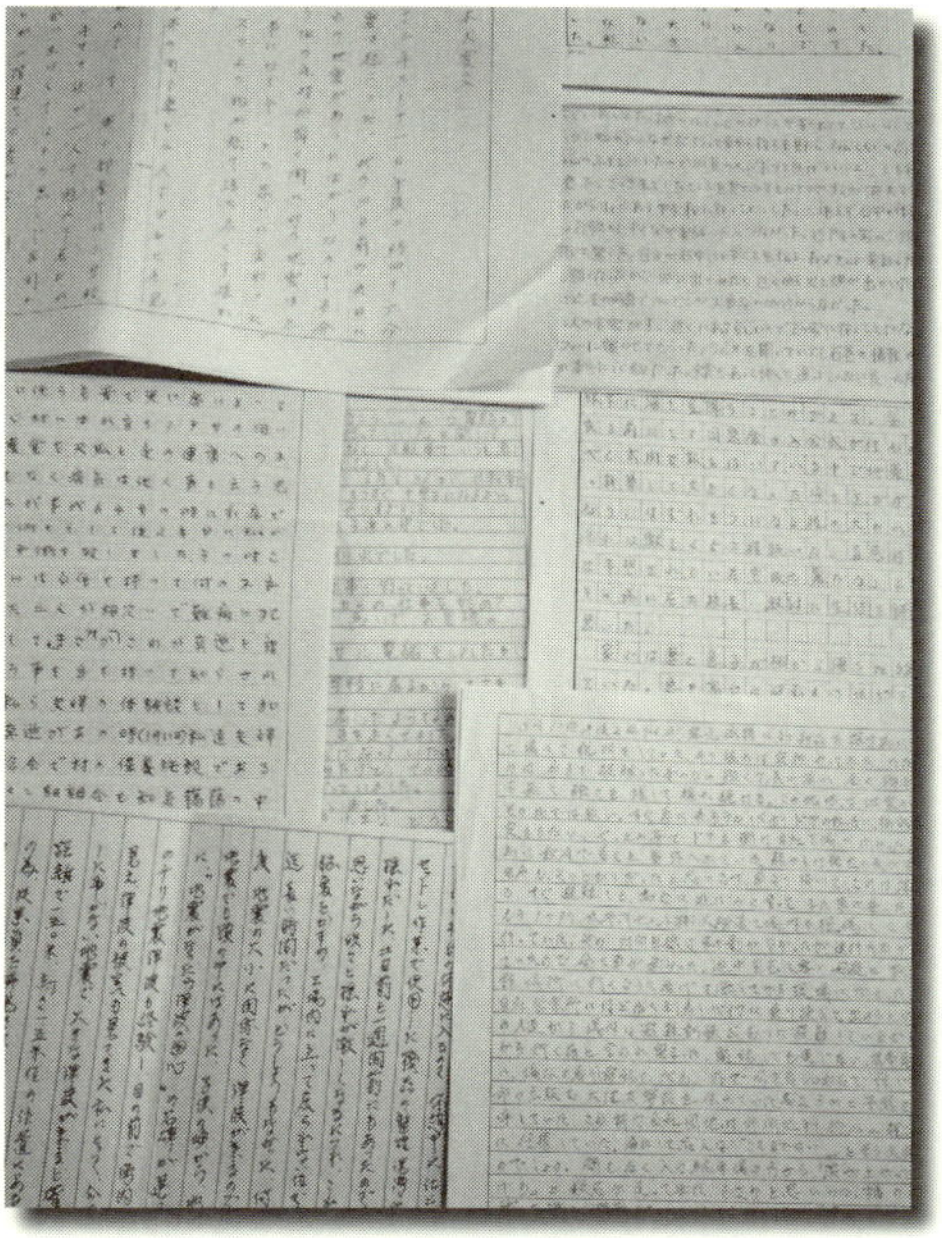

写真6.1　『3・11慟哭の記録』に寄せられた手書きの原稿

1　『3・11慟哭の記録』と予想外の反響

千年災禍では、自分の愛していた人が突然何の予兆もなく亡くなり、しかも見つかったのは遺体の一部だけであった、という状況も珍しくなかった。しかしこれはまだ救われる例かもしれない。いまだ遺体も、その痕跡さえ見つからず、行方不明のまま肉親の「死亡届」を出さざるをえない遺族は、次のように問うことになる。「はたして私の愛する人はほんとうに逝ってしまったのだろうか」。被災地で幽霊の噂を多く聞くのも、こうしたことと無関係ではない。

死者は科学や宗教を超えて「不可視なる隣人」（若松 2012）としてそこにある。それは〝生ける死者〟である。生者を通じて語られる死者の言葉に、私たちはどれだけ寄り添い、かすかな囁きに耳を傾けてきただろうか。

突然生を中断せざるをえなかった「彷徨える魂」とどのように向き合うことができるのか。本章では、大震災における被災者や遺族の経験からその一端を解き明かし、私たちが『3・11慟哭の記録』を編集した際の手法である「記録筆記法」と、その後の予想外の反響のなかで発見した、死者をむすぶ回路を見いだそうとする試みについて考えてみたい。

生ける死者である「彷徨える魂」にふれるためには、やや迂回して外縁からたどる必要がある。私たちは、東日本大震災からわずか一年後、『3・11慟哭の記録――71人が体感した大津波・原発・巨大地震』（新曜社）を刊行した。被災3県27市町村71人の切実な当事者の言葉が541頁、50万字にわたってぎっしりと詰め込まれている。写真を一切掲載せず、ひたすら被災当事者の「言葉」のみを綴った文字だけの分厚い出版物であるにもかかわらず、5刷を数えた。この手法は、写真や映像という視覚に訴える表現方法とは全く異なり、被災者自らが体験した震災の記録を書き綴るものである。出版後、当初の目的を超える予想外の反響を得たことから、震災によって突然生を中断された「彷徨える魂」との新たな向き合い方を手繰り寄せてみたい（図6・1）。

『3・11慟哭の記録』を編むにあたって、当初の目的は実態のつかみにくい千年規模の大災害を社会史としてまるごと理解するために、調査トピック・地点を複数設け、できるだけ現場の生々しい「声」に重きを置いて〝小さな出来事〟を濃密に描くことであった。出来事の〝広さ〟と〝深さ〟両方をあわせもつことで、広域大災害の実態／実体を明らかにするエスノグラフィーをめざした。この言葉は通常、文化人類学で用いられる学術用語であるが、日本語では「民族誌」と訳され、異なる民族がもつ文化や生活様式を記述する方法である。大災害などの事象は、ふだん私たちが経験する日常とは徹底的に異なるという意味において、非常時における行動や感情を書き記すことはすぐれてその人にとっての「異文化」と理解されるといえる。

ただし、通常のエスノグラフィーは一地域のトピックのみを濃密に描き出すことで、現場のリアリティと人間関係や生活を深く理解するための手法である。林春男らが阪神・淡路大震災を質的記述によって描いた『災害エスノグラフィー』（林ほか 2009）が出版され、減災の観点から注目を浴びている。

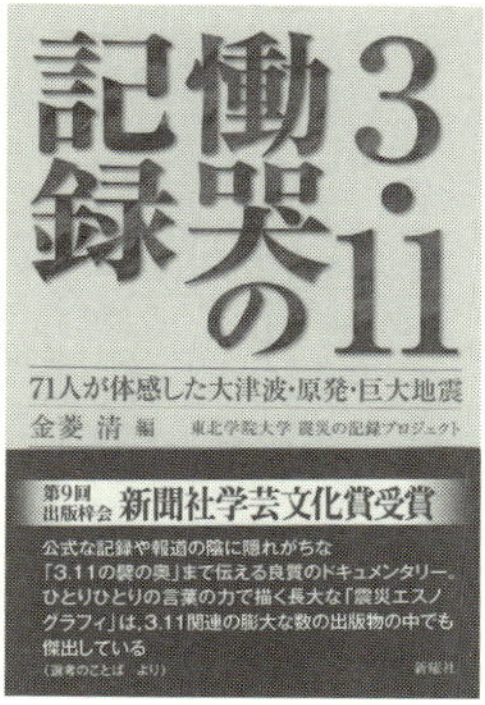

図6.1　『3.11慟哭の記録』（新曜社 2012）

具体的にトピックを拾うと、「震災川柳・震災日誌・仮土葬・遺体身元照合ボランティア・行方不明者捜索・火柱・津波・救命ボート・盗み・車からの脱出・民間ハローワーク・民俗芸能・障害者・介護・ヘリによる脱出・消防団活動・海の信用保証・協業養殖・遺体安置所・自殺未遂・うつ病・福島第一原発の瓦礫撤去・避難区域・失業・母子疎開・避難所運営・一時帰宅・家族同然の牛・スクリーニング・風評被害・脱ニート・液状化現象・山津波・長周期地震動・エコノミークラス症候群・新幹線閉じ込め……」などである。千年規模の災害を総体として把握できるように、編集の際にメインにするべきトピックを選んで目次に記し、被災地点ごとに記録をまとめて配置した。これは、調査地を複数地点に拡張したエスノグラフィーのいわば応用的手法である。

私自身、東日本大震災から遡ること一六年前に阪神・淡路大震災に遭遇した時に強く印象に残ったのは、阪神高速道路やビルの倒壊、長田地区の火災現場などを上から鳥瞰する報道が圧倒的に多く、現場の被災者の小さな声が掻き消されていくことであった。なかには報道へリコプターの騒音で救助を求める声が遮られるという、あってはならないことが起こった。今回の震災の記録をみても、やはりヘリコプターが上空を通り過ぎるだけで、一向に救助が来ない地域が多数上がっていた。

この阪神・淡路大震災の経験がなければ本書を世に出そうとは思わなかったであろう。つまり、一六年前に素朴に感じた疑問が、いま目の前で繰り広げられている情景のなかで浮かび上がり、阪神・淡路大震災当時の私に向けて、答えを書くべき時がきたように思えたのである。いわばメディアから一方的に垂れ流されている暴力的な映像とは異なるレベルで、大震災の総体を明らかにしたいと考えたのである。

震災一週間後の三月一八日、所属する東北学院大学のゼミ生たち数名と自転車で仙台市内の被害を見て回った。ようやくガソリンが手に入りはじめた三月二七日、救援物資を届けるため、ゼミ卒業生のいる石巻、女川、そして数年前から調査でお世話になっている石巻市旧北上町を訪れ、改めて被害の大きさと深刻さを肌身で感じた（巻頭写真、写真6・2）。そこで学生たちと「震災の記録プロジェクト」を立ち上げ、さらに気仙沼など現場で見聞したことからおおよその被害のイメージをつかんだ（写真6・3〜5）。これに先立ち、大学の調査実習や一般教養の講義を通じて、学生に約五百件の震災レポートを提出してもらった。一般教養の講義の受講生は新一年生（震災時は進学前の高校三年生）がほとんどであった

写真6.2　東北学院大学ゼミ卒業生の実家
窓ガラスに津波の跡が残る
（石巻市渡波 2011年3月27日）

写真6.3　石油の刺激臭がただよう火災跡を望む
（気仙沼市鹿折地区 2011年4月14日）

ので、被災時は国公立大の後期受験の最中、あるいは自動車免許取得のために教習所に通っていた学生も多かったとわかった。

もちろん一人ひとりの体験は異なり、貴重でかけがえのないレポートであったが、調査の観点からみればその違いは誤差の範囲であった。どこで震災に遭ったかという地域性や、親族や知人への言及に注目してレポートを選択し、学生約三〇人とコンタクトをとって、学生の両親や友人知人に震災の記録執筆への協力を仰いだ。さらに漁業や農業という被災の特殊性を考えて、学院同窓会ＯＢの伝手をたどったが、

写真6.4　ゼミ生と津波の泥かきボランティア
（東松島市2011年５月３日）

写真6.5　持ち主を待つ写真と位牌
瓦礫の中から見つかり，公開された
（気仙沼市唐桑避難所 2011年９月28日）

そのことがプロジェクトへの大きな一助となった。依頼の際には、原稿枚数や期限など特段の制約を設けず、なるべく負担をかけないように配慮した。

もし一年以上経ってから記録を書いてもらうのであれば、比較的頼みやすかったかもしれないが、この原稿依頼は、震災発生から一ヵ月から半年程度の間もない時期であった。なかには何もかも流されて紙もなく、カレンダーの裏に綴られた原稿もあった。いまだ震災から傷が癒えない時期に、何よりも家や仕事をなくして避難している人たちに、単なる聞き取り調査ではなく本人に筆記してもらうことは、良識から考えれば逸脱していた。

しかし、私は心を鬼にして、非情なお願いをしなければならなかった。とりわけ心痛んだのが、肉親を亡くされた遺族の方々に対してであった。けれども、そこに迷いはなかった。それぞれの方の実情に合わせてお会いしたり、手紙やメールで依頼を試みた。過去のメールをたどってみると、震災から三ヵ月後、実際本人にお会いした後、私から送ったメールが残っていた。長文であるが、最低限の省略にとどめて以下紹介しよう。

2　御遺族に送った依頼メール

二〇一一年六月一一日

〇〇 〇〇さま

突然の訪問にも快く応対してくださりありがとうございました。さっそくお三方（協力者）に連絡し、来週の土日に現地に赴くことになりました。

震災のとき私が医者ならばけが人や病人を救い出せることができたのにとか、少し悶々としており、私なりにできることはないかと考えていました。そこで私なりに出した結論が「大震災の経験」を記録として残すことだということが何となく見えてきました。半ば自分の「使命感」として動いています。

テレビやYouTubeなどをみれば津波の映像が出ているし、新聞をめくれば震災の記事が載っています。そこには遺族や被災者のインタビューの声が載っています。しかしどれを読んだり見ても何か「軽い」感じがし、断片しか伝わってこず、現場でいったい何が起こっているのかさっぱりわかりません。インタビューではなく、震災の当事者の視線にたって、そこで経験したまま感じたままを無制限で書き綴ってもらおうと考えています。すでに東京の出版社と掛け合って本をだすことも合意しています。声なき声を記述するので、五〇人以上で五百頁を超える分厚いものになろうかと思います。

昨日のお話を聞いていて、御子息を亡くされた気持が痛いほど伝わってきました。そしてなによりも御子息を愛されていた（愛しつづけている）胸の内をほんの少しだけ垣間見ることができました。おそらくこのように話してくださるのにも相当の月日がいったのではないかと思います。二万余名の命をご家族のみならずわたしたちはどのように今回の震災を受け止めたらよいのでしょうかという疑問がいつも頭をもたげます。あまりにも大きな犠牲を払いました。

ここからは私の勝手な暴走で、〇〇さんの気持ちに添えていなかったらご容赦して聞いてくだされ ばありがたいです。

できれば、○○さん自身に震災・津波の記録を本に掲載してほしいという気持ちを強く持ちました。それは三点ほどあります。

1　命日への追悼の意味合い

行方不明者捜しから遺体安置所巡りへと変わり、今日もいなくてホッとした気持ちの連続だったけども、日がたつにつれて早く見つけてやりたいという気持ちの変化、手帳につけた「?」の意味。毎日お風呂でがれきの下で寒かっただろうと息子さんのことを思い続けている、そのお気持ち・行動を書いてもらうことで（むしろ息子さんに語りかけることに近いかもしれません、あるいは息子さんと一緒に書くことになるかもしれません）、何か生きていた証を形（たとえば今回お願いの本に書きつづる）にして来年の命日に一緒にささげることができればなあと願っています。出版日を三月一一日に設定しているのも、当初から強く思っていた日にちです。

2　遺族の気持ちに寄り添う

二万余名の命の背景にはそれをはるかに上回る遺族がいるわけですが、いまだ深い深い悲しみに苛まれています。昨日話した卒業生もどん底に突き落とされたままです。本当は遺族の気持ち悲哀は一緒なんだけれども、その部分は報道もされないし、タブーにされ当事者同士も「バラバラ」な状態で、それをつなぐ回路を失っているように思われます。

簡単なインタビューではなく、当事者自らが書くことでそこに少しでも遺族と遺族の気持ちを繋げられるのではないかと考えています。もがき苦しみながらもそこから這い上がることは第三者では説得力はありません。単にＣＭのように頑張れではなく、○○さんが私に語ってくれた「三ヵ月後一歩前に進む、一年後はまたもう少し進む」、「二〇一一年として何かしなければならない」という噛みしめる言葉が遺族の気持ちに心強く響く気がしてなりません。

○○さんの文章でほんとうに一人でもいいので遺族の心の部分を救い出すことができたら私はうれしいです。

3　津波の教訓（二度とこのようなことが起こらないという意味も込めて）

「たられば」でいえば、いくつも救えた命があったはずです。本人が不本意な形で人生に幕を閉じざるをえないだけでなく、やはりこれだけ遺族に深い悲しみを残すということを広く世の中に知ってもらうことで、一人でも多くの人にこのような津波の経験を二度としない、遺族にならないということが副次的な形でも頭の片隅にでも入って伝えることができるかなと思っています。

本に残すことは、他人が自分の気持ちに土足で踏み込むデメリットはありますが、以上三つぐらいのことを本でつくりだすことはできるかなと個人的には勝手に思っています。今回思い切って○○さんに無理を承知でお願いしています。

初対面だとこのようなお願いはしないのですが、何か「自然」とお願いしたい、書いてほしい気持ちになっています。なぜかはわかりません。阪神・淡路大震災と東日本大震災を身近で経験し、ひょんなことから○○さんに出くわし、知人を共通に知っていたことなど、不思議な縁やつながりが背中を押してくれるのかもしれません。なんとかこの縁やつながりを確かなものにしたいという思いもあります。八月ぐらいにいったん原稿を集めようと思っていますので、もう少し時間をおいてから返事をいただいても全然構いません。少し頭の片隅にもおいていただけると幸いです。ただ懸念しているのは、時系列に書いていただくために、そのことは思い出したくないということも当然あります。その場合は、今回のお願いは放念してくださって一向に構いませんので、上記では勝手なことを代弁しましたが、○○さんの気持ちに即して斟酌していただき御判断いただければと思っています。

一応添付にみなさんにお渡ししている依頼書と目次のイメージ、レポートのサンプルを置いておきますので、参考にしていただければ幸甚です。

長文・駄文ご容赦ください。

金菱　清

以上

遺族の手記でなければ、大震災のほんとうの正体はわからないと思っていた。そして依頼したほとんどの方から賛同を得られた。そして寄せられた震災記録を読むと、何度も涙があふれてそれ以上読み進めることができないほどの切迫感があった。そしてつらいことではあるが、避けて通ることのできない現実がそこにはあった。

たとえばある記録には、変わり果てた実家や両親、祖母を失った悲しさ、仮土葬するしか手段がない悔しさが詰まっていた（第1章1・2節参照）。土葬については当初簡単に書かれていた。遺体を火葬することができずやむなく土葬することは私たちも知っていたが、それ以上のことはわからなかった。そこで無理を承知で加筆をお願いしたところ、引き受けてもらうことができた。

後になって、土葬についてなぜ当初書くことができなかったかがわかった。納得のいかない埋葬に対してやるせない気持ちがいっぱいだったのである。しかし、土葬のことを記してもらうだけで、文章から受ける印象ががらりと変わった。手続きがわかるだけでなく、その時の遺族としての心情までがくっきりと映し出されたのである。

しかし同時に、執筆した本人は見てもいない津波に大切な家族を奪われ、「悲しみだけを残していった」と、津波の正体を問う苦しい胸の内を知ったとき、この記録を残すことは人の心に土足で踏み込むことになってはいないだろうかと、私自身、自問自答することがしばしばであった。

本の刊行後、さまざまなメディアから取材を受けたり、書評、インタビューを掲載していただいた(1)。そして、お礼のために岩手・宮城・福島の執筆者を訪れ、お話をうかがったところ、「これを出してくれてよかった」と感謝の言葉を多く受け取った。とりわけ遺族の方々の訪問には緊張して臨んだが、御仏前に本を供えてくださったり、亡くなった家族が「本の中に生きているようで」と大切に触れていただいたり、「宝です」といって本を抱きしめてくださる方もいた（巻頭写真参照）。その時は思いがけない反響にいささか驚きながらもそのまま心にとどめていたが、その後共同通信社文化部記者の多比良孝司氏の取材で、聞き書きと本人が実際に書くことの違いについて質問を受けた(2)。そこで改めて執筆いただいた遺族の方々へ聞き取りをおこなってみると、意外なことに『3・11慟哭の記録』で採用した方法論が、少なからず心の回復に対して良い影響を与えていることがわかったのである。

私が「記録筆記法」と呼ぶこの方法は、後に述べるように、被災者自らが大災害で経験した事象を5W1H（いつ・どこで・誰が・何を・なぜ・どのように）として書き綴っていくという、手法としてはきわめてシンプルなものである。とくに被災者遺族の方々には、記憶を言葉にして筆記することで苦しみ逡巡しながらも、遺族にとって肉親の死の悲しみとはどのようなものかを十全に表現していただいた。ところが、それが亡くした家族と共にいる実感を得たり、その関係性を自己のなかに深く意味づける機会となり、心の回復につながったという結果を得たのである。

3 「記録筆記法」の効果

3.1 記録筆記法のヒーリング効果

作家の柳田邦男氏には『犠牲（サクリファイス）――わが息子・脳死の一一日』（1995）というノンフィクション作品がある。柳田氏の二男がわずか二〇代で精神を病んだ上で自殺を図り、脳死状態で一一日後に亡くなるまでを詳細に綴った記録である（その後低体温療法という方法が医学分野で確立され、脳死から救うことができるようになり、臓器提供の問題にも一石を投じていくことになる）。息子の死に親として責任の一端を感じ、それを一一日間の記録として残すことによって、自分と自分の息子に向き合おうとした作品である。その後彼は、東日本大震災の取材や支援をおこなうなかで、ひとつの共通点を見いだす。それを一言でいえば「書くことが癒しになる」ということであった。

たとえば、被災したり親を亡くした子どもがＰＴＳＤ（Posttraumatic stress disorder：心的外傷後ストレス障害の略）を抱えながらも、当日のことを作文に書く(3)ことで次第に癒されていくことが考えられる。

心の中でぐちゃぐちゃしているものを言葉で表現することで、自分とは少し切り離して距離をおいて見てみる。もやもやした気持ちを言葉にすることで、心の中の「ぐちゃぐちゃ」したものが順番に時間を追って整理されてくる。それを誰かに読んでもらえれば、誰かがその気持ちや状況をわかってくれる。つらい感情は消えない、けれどもそれでも立ち上がることができると、柳田は述べている。

書くことの効果について、心理学者のペネベーカーは、心の奥底にある感情や考え方を余すことなく吐き出すことが、健康増進とトラウマに陥った心の回復にかなり有益に働くことを、科学的に実証している（ペネベーカー 2007）。

記録筆記法は、カウンセリングで用いられるようなひとつの技法として精緻化されることも可能であろう。ただ、ここではその効果の実証に即座には向かわない。もとより記録筆記法がそのような健康増進を目的としたものではないからである。過度な一般化は避け、あくまで派生的な効果が認められたということにとどめておきたい。むしろ、私の関心は当初の予想とは異なる、被災者遺族の心のあり方にある。

3.2 サバイバーズ・ギルトに囚われ続ける被災者遺族

大震災で愛する家族を亡くした遺族はどのような心の状態におかれるのか。大津波の場合、人知の及ばない自然災害であるにもかかわらず、かなり多くの人びとが、家族が亡くなったのは〝自分の責任だ〟という感情を抱いていた。「強迫自責」といわれたり「サバイバーズ・ギルト症候群」といわれる、戦争や災害時に典型的に現れる心の状態である。実際に、津波に巻き込まれて近親者の手を放したり、自分がプレゼントした上着を着ていたために津波の水を吸って重くなり、そのせいで肉親が亡くなったのではないかと、自分を責める人たちがいる(4)。

極端な例かもしれないが、不条理な犠牲もある。障害があり車いす生活の男性が、家族とともに海辺の住宅から高い建物に避難して助かった。しかし避難したとは知らず地域の人たち六人が助けに行き、津波に巻き込まれて亡くなった。障害者を助け出そうとした「正義感」の強い人であったと遺族は納得して心の整理をつけ、助かった男性ができるだけ長生きするよう心から願っていた。ところがその男性は末期の肺がんで、震災から一年半ほどして亡くなった。遺族からすれば肉親が命に代えて守ったはずの男性が亡くなってしまったことで「心がぽっきりと折れて」体調を崩し、仕事も辞めざるをえなくなってしまった。

東日本大震災の場合、午後2時46分から3分以上にわたる長い地震が起きたあと、津波が到達するまでに時間的猶予が残されており、家族もそれぞれ分散状態であった。第1章でも述べたが、この約一時間にわたる「物語の不在」がさらに被災者遺族を苦しめることになった。

津波による死は避けられたのではないか。「もし自分が~していたなら家族は今頃生きていたのではないか／いや生きていたはずである」という自問自答が繰り返される点が特徴的である。客観的にみれば、同じ生物学的死であるが、遺族にとってみればその死は「たられば」の世界で構成されている。「金曜日（地震当日の曜日）ではなく、翌日の土曜日だったら……」「津波が沿岸側だったら、津波からすぐに逃げていたのに……」「在宅でなく、仕事に行っていたら」「（前年の）チリ沖地震がなければ（安心しなかったのに）……」「自分がいたら（助けたのに）……」「溺れて苦しんだのではないだろうか……」等の遺族による無数の悲痛な言説に出会う。

遺族は不可逆な生物学的死と、「死んではいないのではないか」という可逆的なifの未死の間を揺れ動くことになる（第1章4節）。それは鎮魂されてはじめて安定するはずの魂が浮かばれないという意味も含んでいる。このような遺族と彷徨える魂との二重の不安定さは、残された遺族を彼岸の世界へ誘う呼び水ともなる。この死への導線を断ち切り、不安定な状態を脱する手立てが必要となる。第三者からみれば関与の余地はなかったように思われるが、当事者として何かできたはずだとほとんどがこの罪悪感にも似た感情を背負って生きていることがわかってくる。

4　死者が生き続ける「痛み温存」の意味

4.1　あえて被災経験を書き記す意味

千年災禍の記録をなぜ聞き書きではなく、当事者自ら文字を綴る方法としたのか。まず、聞き書きは質問者が聞きたいこと、話者が話したいことだけで終わってしまうからである。フィールドワークを蓄積して構造や背景に迫ることも考えたが、被災地があまりにも広域で特定の地点を挙げることすらおぼつかず、被災者の人間関係を含むエスノグラフィーをまとめて刊行するには、震災発生から一年では困難であると断念した。なによりも人類史としての災害記録という点を重視した。広範な現地記録を収集するために、原稿枚数を制限して記録者の人数を増やす方法がよく採られるが、これは記録の前後の文脈がほとんど欠落して、実際に何を経験し見聞きしたのか、震災の正体をつかみ損ねる可能性があった。

そのために、原稿を依頼する際に詳細な被災記録のサンプルを添付してその人自身の〝当事者目線〟で5W1Hを中心に自由に書いてもらった。特段の期限や文字数の制限などは設けなかった。もちろんどうしても疑問点が生じるので、学生の場合は何回も書き直しのやりとりをしたが、被災者遺族や自宅や仕事を失った方々には一、二回手紙やメールの往復で、読者にできるだけわかりやすく伝わるように最低限の補足だけをおこなった。

過酷な経験を経た後、人はなるべくそれを振り返らない方がよいのだろうか？　被災者にとって感情を含む行動を時系列で淡々と書いていく手法は、そうではないことがあると教えてくれた。「気持ちが整理できた」「どこか肩の荷がおりた気持ちになった」「壁を乗り越えた気がしている」などの反応が寄せられたのである。このような肯定的な評価には、実は本人がすっきりしたという心情以上に、亡くなった肉親が「生き続ける」意味が含まれていることが次第にわかってきた。

サバイバーズ・ギルトに囚われている被災者遺族は、「その時〜できたはずである／できたはずなのに、できなかった」という罪悪感が心の中に強く刻み込まれていることは先に見た通りである。この場合、自然災害と人間の行為水準を超えた因果関係の結びつきが無意識のうちにどこかで操作されているはずだ。この結びつきを解くのが、記録筆記法の利点である。

それでは、どのように記録筆記法が有効なのかを考えてみる。ふつう人の記憶は、前後の文脈にかかわらず、その時に感じた感情に支配されている。そのため、急に強い感情が生じると圧倒されて前後の記憶が飛んでしまうことがある。記録筆記法では、5W1Hの時間の間断をできるだけ少なくして、前後の文脈を詳らかにしていく。この方法によって、いきなり襲いかかった災害のあまりにも強烈なインパクトのために被災者に生じた記憶の空白を、前後の出来事の文脈をたどることで埋め合わせることになる。またこれは、同じ筆記法である日記とも異なる方法である。日記は感情に沿って過去を反芻し書き進めていくが、記録の場合は行動を軸に感情を絡ませていくので、記憶の空白が状況説明的、つまり出来事の辻褄が合うように整理されることになる。

なぜ愛する人が突然亡くなったのかというwhyの問い（感情）を、どのように亡くなったのかというhowの状況説明（プロセス）におき直し、時系列に見ていくことで、肉親の死は必ずしも自分のせいではないことを、全体として描き出すことになる。この記憶の空白への経験の埋め戻しは結果として、その遺族が最も強烈に記憶に刻み込んでいたシーン（思念部分）をフラットに均して相対化することの可能性を秘めている。

4.2　カウンセリングと痛み温存の違い

さらに、カウンセリングなどのナラティブ（語りや発話）と大きく異なるのは、その文章を書き手自身が推敲し、幾度も原稿を見直すことによって、災害状況をより客観的に見る目をゆるやかにではあるが、身につけていくことができる点にある。これは災害特有というよりむしろ、人が何かの出来事に動揺した際に異なる視点から物事を見る能力が特に有益であるという知見が、言語学研究から導かれている（Campbell and Pennebaker 2003）。

被災者遺族の典型的な感情は、「前に進めないのは、この痛みを（カウンセリングに行って）治してしまったら、その悲しみも苦しみも消えてしまうんじゃないかという気持ちがある。でも私がすっきりしたら、お父さんを忘れてしまうことになるじゃないですか。（この痛みを）消したいし逃れたい、そうならなきゃいけないってわかっているけれども、それが罪悪感になったりするので前に進めない」というものであった(5)。彼ら彼女ら被災者遺族にとって心の痛みは、消し去るべきものでなく、むしろ抱き続けるべき大切な感情なのである。死者を置き去りにして自分だけが救われるような解決策は、肉親が津波の犠牲になったのと同じ繰り返しに等しく（＝第二の津波）、被災者遺族は非常に強い〝抵抗〟を感じているのである。そうではなく、いわば肉親の死の「痛みを温存した」方法が『3・11慟哭の記録』の手法であった。

震災直後、「死者（肉親）を思い出す」と「（肉親のいない）日常生活」に対する離反や葛藤が心の内に生じる。それは、亡くなった肉親との関係性を保ち続けると、日常生活が成り立たなくなるほど深刻なものである。仮に肉親を忘れる方策をとれば、楽になって日常生活を送れる。だがそれは罪悪感をもたらす恐怖以外の何物でもない。他方、肉親への思いを重視すれば、日常生活に重大な支障が生じる。

カウンセリングを受ける以前の問題として、楽になりたいという自己と、自分だけが楽になってはいけないという自己の、相矛盾する両義的な感情を抱く被災者遺族にとって、カウンセリング（間違ったものも含む）が示唆する治療イメージは、必ずしも有効ではないことがわかる。

それに対して、遺族の抱える相反する感情をうまく解決させることに一役買っているのが「痛みを温存しながら書き綴る」という記録筆記法である。「いつでもこの本（記録）を開けたら家族が生きている」「本の中だったら（息子が）生き続けることができる」という拠りどころをもったことは、相反する感情を解決する有効な手法のひとつである。残された生者が死者となった肉親をこれほど心配し愛していたことを痛々しくも刻みつけておく、いわば「メメントモリ（死を想う）」である。メメントモリは、「死を忘れるなかれ」という旧約聖書に由来するラテン語である。震災において生を中断せざるを得なかった人びとへの想いを綴る記録筆記法を、「震災メメントモリ」と名づけておく。

5　震災メメントモリ——死者をむすぶ回路

『魂にふれる』という著書のなかで、若松英輔は死者に触れることなく震災の問題解決を求めることは、問題の大きな一側面を見失うことになると述べている（若松 2012）。彼は「協同する不可視な「隣人」」という言葉を使って、死者と共にあるということは、思い出を忘れないように毎日を過ごすことではなく、むしろ、その人物と共に今を生きるということではないだろうかと提起する。『死の哲学』を著した田辺元も、死者の生者に対する愛と、生者の死者への愛を基礎としてなりたつ関係性を「協同実存」という言葉で示している（田辺［藤田編］2010）。死者は目には見えないが、見えないことが悲しみを媒介にして、実在をよりいっそう強く私たちに感じさせる、という彼らの言明は、死を彼岸に追いやる現代の風潮に抗して、肉親を亡くした人びとの感覚と重なっている。

先に紹介した通り、筆者は津波で長男を亡くした男性に当てた依頼文に「息子さんと一緒に書くことになるかもしれません」と記したのだが、彼は実際に書きながら亡くなった息子さんがあたかも傍にいるように実感したという。「(『3・11慟哭の記録』に）書くことでなにか息子と約束を果たしたような気持ちで、息子が傍にいて、一緒にパソコンに向かっていました」と話す。ひとりきりの部屋で静かに記録を書くのであるが、それは本人にとってみれば、亡くなった息子と共に語り合う時間でもあった。そして、「いつでも本を開けば息子と向き合うことができる」と何度も読み返していることも、この記録筆記法の大きな特徴である(6)。

依頼時には一切していないが、記録のすべての書き出しが東日本大震災の発生以前から始まっていることも共通している。震災の記録であるが、実は震災発生を境にして人生が変わってしまったことが記録の核心であるので、津波や原発によって壊される前の平凡ではあるが幸せだった日常生活を描いているのである。「一番戻りたいのは、前日ただいまって帰ってきて二〇一一年三月一一日の朝に朝ごはんを食べて一日の団欒が始まるんですけども、できればそこに戻りたい」(二〇一二年七月三〇日、小原武久氏への聞き取りより)(7)。

記録筆記法は、5W1Hとして震災の記録を採ること以外、文字数も含めて一切の制限を設けなかったためにその自由度が逆に被災者や遺族の心のありのままを映し出すことになったといえる。そして、当事者にとって記録筆記法は目的ではなく、これを手段として亡くなった肉親と共にいるリアリティを手に入れる、あるいは大切な肉親との関係性の意味づけに用いたのである。どのように用いたのかを遡及的に調べることによって、死者との向き合い方が見えてくる。それは死者との回路をつなぐ営みでもあるだろう。

カウンセラーの前でクライエントが語るカウンセリングと異なって、記録筆記法は、誰もいない場所で被災者がひとり静かに書く作業を必要とする。しかし、ここで彼ら彼女らは、ひとりではない。書くことは単につらいだけの作業ではなく、「幸福な時間」でもあったのである。亡くした肉親と共に行う協同作業として、被災者自身が位置づけている場合もある。言葉で書くことは、死者との応答の場をつくりだす効果も持っていた。

震災メメントモリという記録筆記法は、単に生者への効果の側面だけではなく、今後、行方不明の彷徨える魂である生ける死者と、残された生者の家族をつなぐ可能性も開かれていることを、現場から報告しておきたい。

注

（1）おもなものをあげると、色川大吉評「71人の被災者が直後に万感の思いをこめて記録したものだけに特別の価値をもつ……未曾有の体験だけにその価値は日本民衆史に残る」『岩手日報』二〇一二年三月二五日、『神戸新聞』四月一日など（共同通信配信）、佐野眞一評「3・11出版物の中で、私が知る限り飛びぬけて優れた記録となっている。……この本を読んでわかるのは私たちが3・11をいかに知らなかったかである」『週刊現代』二〇一二年四月二一日号、東京新聞文化部長・加古陽治評「包み隠さず体験を語る被災者たちのモノローグは……3・11関連の膨大な数の出版物の中でも傑出している」出版梓会・新聞社学芸文化賞「選考のことば」二〇一二年一二月、伊藤悟評「ヒーローやヒロインではなく―『3・11慟哭の記録』のすすめ」『青山学報』二四一、二〇一二年秋号。

（2）連載「土地の記憶・人の記録：大震災から一年半」第二回「人類史に残す等身大の言葉」『京都新聞』二〇一二年八月二四日など全国で掲載された（共同通信配信、多比良孝司記者）。

（3）津波に遭った子どもの作文集として、森健編（2012）『つなみ――被災地の子どもたちの作文集　完全版』文藝春秋がある。

（4）渡邊英莉「祖母の手を放してしまった――七ヶ浜町菖蒲田浜」（金菱編 2012：183）、赤井志帆「震災覚え書き―灯りの見えない未来」（本書：207）参照。

（5）ある遺族への聞き取り中の発言。

（6）祖母を亡くした渡邊さんは月命日には必ず、自らの手記を読み返すという。「握った祖母の手　津波で離れた」『朝日新聞』二〇一二年六月二六日首都圏版、八月一五日宮城版（中川文如記者）。

（7）小原武久「夢半ばで逝った息子を想う――名取市閖上」（金菱編 2012：202–12）参照。

震災覚え書き

灯りの見えない未来——ねじれていった心

赤井　志帆

気になる地震が、続いていた。それは私の中の、小さな不安をだんだんと大きくしていって、最後に私たちから、とても大切なものをえぐり取っていった。

たしか私が中学生くらいの頃に、家族三人で話したことがある。「死を感じる、こわいものはなにか」。私はそのとき、現実的なこわいものを思い浮かべることができず、よくわからないと言った。父は、交通事故だと言った。加害者でも被害者でも、一瞬で人生が変わってしまうから。母は、地震がこわいと言った。二次災害でも何が起こるかわからないから、と。

二〇一一年三月一〇日、東日本大震災前日。私は、ソワソワと家に帰った。夕食後、父はテレビを見ながらコーヒーを飲み始め、母は洗いものを始めた。私はなるべく何気ない風を装って、バッグから会社で印刷してきた一枚の写真を取り出し、「この写真、次のフリーペーパーの表紙になる予定なんだ。私が企画立案して、今日、実際に撮影してきた」と、父に写真を手渡した。会社の広報担当の私が、社会人になって初めて任された、大きな仕事だった。父は笑顔で私をほめた。「しぃ、すごいな。よくこんな写真撮ったなぁ。すごいなぁ」。私と写真を見比べて、うれしそうに何度も繰り返した。母も「なになに？」と近寄って、手を拭きながら、写真を見た。母が「うーん、ちょっと惜しいかな」と言うと、父は「そうかぁ？　すごいよ」と言った。父が向き直って、私に言う。「なぁ、しぃ。これがちゃんと冊子になったら、俺に一番に持ってきて、見せてくれな」。その父のやわらかな、誇らしげな笑顔に、私は笑って、「うん」と頷いた。

父は母が大好きで、母も父が大好きで、私はそんな両親が大好きだった。愛情を受けて、育ってきたと思う。私にとって、父は理想の男性像。それはきっと、これからもずっと変わらない。

三月一一日の午後。仙台市宮城野区の会社のデスクで、私はいつも通り仕事をしていた。ふいに、フロアの床が小さく揺れ始めた。また地震か、と思ったとき、職場にいた人のケータイが一斉に鳴り響いた。甲高くて耳につく、嫌な音。緊急地震速報だった。鼓動が速くなる。常に足元に置いてある、職場の防災用ヘルメットを被り、デスクの下に潜る。潜った瞬間、身体が大きく右に振れた。かなり大きい。夢中でデスクの脚にしがみつき、ぎゅっと目をつむる。バタバタと物が落ちる音、誰かの叫び声、ガラスの割れる音。足元が何か、物で埋まっていくのを感じた。長い、まだ揺れている。まだ終わらない。ふと、これは夢かもしれない、と思った。まだ身体を振られながら、そっと目を開く。目の前の足元は、書類や本やパソコンがめちゃくちゃに積み重なって、床が見えなくなっていた。数分間続いた揺れが、徐々に小さく緩やかになった頃、書類をかき分け、デスクの下から這いだした。見渡したいつもの職場は、どこか知らない場所みたいになっていた。

上司が、会社の外に出るように、と指示を出した。早く出よう……。どこか放心したような表情のA先輩に駆け寄り、ぎゅっと手を握る。先輩は涙を流しながら、私の手を握り返した。そして、「今日出す郵便物、さっきまとめたのに、ぐちゃぐちゃになっちゃった……」と、小さくつぶやいた。その言葉が、今でもリアルに耳に残っている。足早に出た外は、とても寒かった。乾いたアスファルトの上に、大きなぼたん雪が降り始めていた。外に出てからも、揺れは何度も続いた。合間を見て、私は男性職員と一緒に、倉庫から防災用品を運び出した。何かをしていないと落ち着かなかった。体を動かしながら、ふと、父もきっと今頃、みんなのために動き回っているんだろうな、と思った。確信があった。私の父は、自分のことより他人のためにがんばるような人。私も、目の前で泣いている同期や先輩を安心させたくて、何度も往復して、防災用品を配って歩いたりした。ぼたん雪は、いつの間にか吹雪になっていた。

気がつくと、「大丈夫?」と母からメールが届いていた。「私、活躍中」とだけ返した。その後の母のメールで、母がいた自宅の無事と、会社にいた父の無事も確認できた。二人とも、ケガもなく元気らしい。少しほっとして、息を吐いた。

余震の間隔が長くなってきた頃、上司から帰宅の指示が出た。帰り支度をしていたら、B先輩から肩をたたかれて、仕事用のカメラを渡され、ハッとした。正直、自分の本来の仕事が頭から飛んでいた。私の「広報」という仕事は、記録をとる仕事。この状況を、写真として残していかなければいけない。めちゃくちゃになった職場内を、一階から三階までまわって、その状況をカメラに収めた。シャッターを切る毎に、少しずつ、妙に冷静になっていった。自分でも不思議な感覚だった。

電車は、全線が止まっていた。家までの帰り道は、吹雪のなか、会社の上司や同僚数人で車に乗り合わせ、途中まで送ってもらった。そこから先は、一時間近くをかけて、徒歩で家に向かった。道路はどこも混んでいて、ふだんは渋滞したことがない道まで、どこまでも車で埋まっていた。右からも左からも、遠くで近くで、サイレンが鳴り続けていた。歩いているうちに吹雪はやんで、夕焼け空が見え始めた。辺りを見渡すと、田んぼは一面、雪で真っ白になっていた。

歩きながら、母に電話をかけた。混線で、つながらない。何度かかけて、やっとつながった。私は、母を早く安心させたくて「いま、○○まで来たとこ。歩きだけど、あと三〇分位で家に着けると思う」と明るく伝えた。けれど、母の返答は、泣き声に近い、震えた声だった。父との連絡が、急に途絶えたらしい。

父と母は、タイムラグはあったが、地震直後からメールでのやりとりを続けていて、父から「今から帰るよ」とメールが届き、母はほっとしていたという。防災用品を準備しながら父の帰りを待っていたら、突然、ラジオから仙台港で10メートルを越す大津波が発生したことを伝える速報が流れたそうだ。母はすぐ、父に「津波が来ている！　迂回して！」と何度もメールを送ったが、返信はなかった。直接電話をかけると、奇跡的に一回でつながったが、そこからは、ケータイの電源が入っていないことを告げるメッセージが流れたらしい。母は、父を乗せて車を運転していたであろうCさんのケータイにも電話をかけたが、そちらは一切、つながらなかったという。「きっと津波だと思う。でもどうすることもできない」と、母はだんだん叫ぶような泣き声になっていた。

父はいつも、家族との連絡が途切れないように人一倍心掛けていて、充電済みのケータイ用電池パックをいつも持ち歩いていた。だから、充電切れということは、まずない。あるとしたら、水没…？　私は、身体がぶわっと熱くなった。でも、私はあえて笑って、母をなだめた。「大丈夫。きっとお父さんは大丈夫。きっと率先して、みんなを助けているんだよ。心配することないよ。私ももうすぐ家につくから、一緒にお父さんの帰りを待っていよう」。

電話を切ったとき、私は全身で、自分の心臓の音を大きく感じていた。大丈夫。大丈夫。自分にも言い聞かせていた。家に向かう途中、高い場所にかかっている橋を渡った。橋の真ん中で、立ち止まる。遠くの海岸方向では、真っ黒い煙がいくつも立ち昇り、足元の川も黒ずんで、浮いた油が光っていた。そんななかでも、空だけはいつも通りに横に広く、美しかった。薄い青と夕焼けのオレンジ色が混じり合った、淡く優しい色の空だった。私はカメラのファインダーを覗いて、二回、シャッターを切った。あとでこの写真*を、父に見せよう。きっとまた、あの笑顔で「しぃ、すごいなぁ」と、ほめてくれるに違いない。

家に帰ると、夕暮れの居間には、たくさんのロウソクが並んでいた。「これから夜になって、暗くなったときに困るから」と母が言った。そうか、夜になっても灯りは点かないんだ。そこで初めて、実感した。停電って、こういうことか。これから、真っ暗な寒い夜が来るのかと思うと、想像だけで胸が冷えた。こわかった。次々と防災用品を出してくる母は、もう、泣いてはいなかった。でも、目は赤く、目もとが腫れていた。

帰ってきた家には、母と、同居している父の両親（祖父母）のほかに、赤ちゃんを抱いた知らない人もいた。親戚だと知らされた。津波で家が壊され、帰れなくなったという親戚たちが、うちに集まってきて、家の中はたくさんの人でいっぱいになっていった。続き部屋の家具や荷物を、ほとんど私の部屋に押し込んで、一五人ほどがザコ寝でも夜を過ごせるスペースを作った。祖父母が、今は使っていない古い布団を何枚も出してきて、みんなに配った。でもどんなに多くの人がいても、夜はやっぱり暗くて寒かった。外が真っ暗になって、夜中になっても、父は帰ってこなかった。

私と母は、つらく眠れない夜を過ごした。母から聞いた話では、隣の地区に津波が押し寄せたとき、祖父母は、めったに見られないものが見られる、と言って、ビデオカメラを片手に見物に出かけたらしい。そんなことはしないほうがいい、と母は止めたが、祖父母は聞く耳を持たず、隣近所にも「あんたらも見に行ったほうがいいぞ」と声をかけながら、走って行ったそうだ。祖父母のふだんの楽観的な性格を知っている私は、その話を聞いて深くため息をついた。

私は、たくさんの親戚たちの中で、つくり笑顔もできなかった。父が帰ってこないことへの質問を繰り返されたり、逆に私たちの不安を笑い飛ばされたり、みんなカラ元気だったのかもしれないが、そんな空気にどうしても馴染むことができなかった。夕食の時も、そのあとも、みんなの輪に入ることができなかった。

なぜ、父が家に帰って来ないのか、私には全然わからなかった。そして、精神的な疲れから、深く考えることを放棄していた。夕食の片づけを終えた母が、一緒にやろう、と数独パズルの本を私に手渡した。「考えたくないことを考えないようにするのに、これがいいから」と言って、二人だけで暗い台所のテーブルに向かい合って座り、ゆらゆらと揺れるロウソクの灯りの下で、明け方まで黙々と、何ページもひたすらにパズルを解き進めた。頭の中を、無理やり数字でいっぱいにした。こわいことは、考えたくなかった。きっと父はいつものように、どこかで誰かのために働いている。きっと私たちを心配しながらも、人助けに追われて、帰れなくなっているのだろう。そう考えると、本当にそれしかない、絶対そうだという気持ちになった。だから、私たちもがんばって父を待とう、今を乗り越えよう、と心から思えた。

パズルを解いているとき、あとからうちにやって来た親戚が、息も荒く大声で話しているのが聞こえた。「産業道路はめちゃくちゃだ、手前の45号線もひどいもんだ。死体がたくさんあった。車は何段にも重なって、中で動かなくなっている人の姿も見えた。海に近い向こう側は、巨大な黒い湖みたいになっている。あっちにある自分の家には、戻れない」。親戚の話している産業道路も45号線も、いつもの父の帰り道だった。私は、大丈夫、大丈夫と、心の中で何度も繰り返した。母は私の前で、数独パズルから目を離さずに、ずっとペンを動かし続けていた。それでも、何度も、手の甲で流れる涙を拭っていた。私は母に見えないところで、何回も父に電話をかけた。「早く帰ってきて。母が泣いている」と何通もメールを送った。返事は、返って来なかった。外では一晩中、サイレンの音が鳴り響いていた。

三月一二日。母は朝から、まるで避難所のようになった家の中で、人数分の食事を作っていた。赤ちゃんの離乳食作りも頼まれ、途方に暮れながらも忙しく動いていた。家にはプロパンガスはあったが、真夜中の知らないうちに水が止まっていたため、水の蓄えが半端で乏しかった。苦労しながら雑炊のようなものを作っていたと思う。そんななかで私はひとり、自転車を出してきて、産業道路に向かってペダルを漕いだ。父のことを、捜しに行くつもりだった。

結果から言うと、産業道路にはたどり着くことができなかった。その手前の45号線へも、出ることができなかった。昨日は気がつかなかったが、高台になっている私の家のすぐ300メートル手前まで、津波の水が来ていて、道が塞がっていた。泥だらけでボコボコになったたくさんの車がいくつも重なり、街路樹や建物に引っかかって、道を完全に塞いでいた。積み重なった車をよじ登ってみたが、向こう側はまだ泥水がかなりの高さまで溜まっていて、そこから先に進むことができなかった。自衛隊の人たちが、ボートに乗って救助活動をしているのが、遠くに見えた。仕事として、カメラを構え、見える範囲の写真を撮った。父はどこにいるのだろう。とても心細くなった。深呼吸をして、不安な気持ちを押しこめながら、ゆっくりと家に帰った。

午後には、私の会社のD先輩が自転車で、ペットボトルの貴重な水を分けに来てくれた。大学の友人も、心配して電話をかけてきてくれた。うれしくて、とてもありがたくて、涙が出た。少し強がって、笑って話しもした。だけど、心はフワフワと落ち着かなくて、何となく気持ちが悪かった。

夕方、外から見える玄関の内側に、大きなキャンドルを置いた。父が帰ってきたとき、夜中で真っ暗でもちゃんと家が分かるようにと、母が置いた。両親が結婚式の披露宴でキャンドルサービスをした時の、一番大きなキャンドル。毎年、結婚記念日に三人で火をつけて、一枚ずつ、年数を刻むシールをはがしていた。去年の九月に

「来年は、とうとう銀婚式だね」と、母がうれしそうに父と話していたのを、思い出した。

その日の真夜中、玄関の戸が開く音が、ふいに家の中に響いた。驚いた。空耳かと思った。その夜も眠れず、台所のテーブルで、母と数独パズルを解き続けていた私は、跳ねるように立ち上がり、転がるように玄関に駆けつけた。絶対に父だ、やっと帰ってこれたんだ、と思うと、立ち上がった時から、もう涙がこぼれていた。でも、そこにいたのは、知らない男の人だった。家に来ていた親戚のご主人だった。奥の部屋で眠っていた奥さんを呼びに行くと、やっぱり転がるようにして起きてきて、玄関で二人で身を寄せ合っていた。よかった、と心の遠い部分で思いながら、私は、声を殺して泣いた。母も両手で口を塞ぎ、声を出さずに泣いていた。そして、二人で強く手を握り合った。言葉は何も出てこなかった。

三月一三日。午前中、父の会社の同僚のCさんが、家を訪ねてきた。Cさんの顔は、妙に白かった。母はその人の姿を見るなり、駆け寄って「Cさん！　無事だったの！　よかった！　Cさんのケータイも全然通じなくて…」と、声を震わせていた。Cさんは、静かに深く、母にお辞儀をして「ご主人は、家に帰ってきていますか？」と、尋ねた。母は、一呼吸おいて「帰ってきていません。いったい何があったのか、教えてください」と、震えながらも静かに、落ち着いた声で答えた。「私は、自分の知っていることのすべてを、奥さんに伝えなくてはいけないと思って、やっと今日、ここまで来れました。遅くなってしまい、申し訳ありません」と、Cさんは目を伏せて、もう一度深く、母にお辞儀をした。そして、一一日の地震の後、Cさんの運転する車で、父と一緒に若林区にある会社を出たが、帰り道の産業道路で、二人で津波に巻き込まれた、と話し始めた。母がすぐに住宅地図を持ってきて、その位置を確認し、地震が起きてからの詳しい経緯をはっきりとした声で尋ねていた。私も、Cさんの話を一言も聞き逃さないよう、必死だった。少し、吐き気がしたのを、覚えている。

地震発生後、やはり父は、誰よりも早く行動を起こしていたそうだ。すぐに、工場の電源を落とし、いろいろな元栓を締め、工場内を見回って、割れたガラスを拾い、こぼれた水を雑巾で拭いて、社長に報告を行ったという。社長から帰宅の指示が出ると、まだみんなが動揺しているなか、素早く作業着も着替え、帰宅の準備をしていたらしい。Cさんの運転する車に父が乗り込み、「早く家に帰ってやりたいな」と二人で話しながら、帰宅の途についたそうだ。「今思えば、俺たちバカだったんです。早く家に帰ることしか考えてなくて、自分たちが津波に遭う危険なんか、頭から飛んでた」と、Cさんは苦しそうに言葉を続けた。帰る途中、いつも45号線に曲がる道で曲がろうとしたけれど、あまりにも道が混んでいて、どうしても曲がれず、仕方なくまっすぐ、産業道路を進んできた。そして、その先の交差点で、それは起こった。

突然、視界の右のほうに、黒い水が見えた。そこで、初めてハッとして、あわてて二人で車から降りて、走ったという。その時にはもう、運転席側のドアは水の重みで開かず、Cさんは父の後を追うように、助手席のドアから外に出たらしい。先に走り出た父が、何かにしっかりしがみついたのを見て、Cさんも夢中で何かにつかまった。お互いを確認したそのとき、津波がすごい勢いで身体にぶつかってきた。Cさんは、何とかその勢いに耐えて顔を上げたとき、何かにしがみついていたはずの父が、流されていく姿が見えたという。流されながらも、父の顔は水面に出ていたけれど、Cさんにはどうすることもできなかった。本当に申し訳ないが、そのまま父を見失ってしまった、と、Cさんは言葉を詰まらせた。

私はその話を、ただ、呆然と聞いていた。Cさんは、自分も流されかけたが、かろうじて指が何かのフェンスに引っ掛かり、偶然のように、なんとかその場にとどまることができたと言った。そして、ずぶ濡れのまま、近くの建物の屋根の上で、数人の人たちと凍える一晩を過ごし、夜明けを待って自宅まで歩いて帰宅したという。Cさんは「奥さん、すみません。すみません」と、何度も繰り返した。母は青い顔をしながらも、笑顔を作って「いいの、ありがとう。Cさんが無事で本当に良かった。そんな大変なことがあったその身体で、大切なことを伝えに来てくれて、本当にありがとう」と言いながら、Cさんと強く手を握りあっていた。Cさんは帰り際に「顔が水面に出ていたのは、間違いないです。ケガはしていても、助かっているかもしれない」と、ひときわ大きい声で言い、帰って行った。でも、父はここにいない。それでも私は、父は生きている、父もきっと生きている、と繰り返した。涙がぼろぼろと落ちたが、口に出して、言葉にして、何度も何度も繰り返していた。

Cさんが帰ると、私はすぐに母に、父を捜しに行こう、今すぐ行こう、と強く言った。けれど母は、絶対に首を縦には振らなかった。「今は、まだダメ。まだ、行けない」と言った。私は信じられない思いで、母を見つめていた。母が、何を考えているのか、全然わからなかった。私は落ち着かなくて、庭を歩きまわったりしていた。あとは、ひたすら数独パズルを黙々と解いていた。今までの人生でかつて、あれだけ「何か」を考えないように、集中した時間はなかったと思う。ただただ、落ち着かない時間だった。

一三日午後になって、家にめずらしい人がやってきた。家族でよく通っていたカフェのマスターだった。店は無事だったとのことで、メンバーズカードの住所を頼りに、バイクで常連さんたちの安否を確認に回っていたらしい。私と母は、現状をぽつりぽつりと伝えた。私は、母が父を捜しに行こうとしないことも話した。すると、突然マスターは大きな声で「すぐに、お父さんを捜しに行ったほうがいい！　どうして行かないんですか！」と、母に言った。母は「ずっと行きたかった。でも、家の中が忙しくて行けなかった。それに、さっきも新しく警報が出た。この下の川を津波が上ってくるって。ずっとサイレンが鳴って、防災無線が避難を呼びかけてる。私は、今ここにいない夫の代わりに、家族を守らなければいけない。だから、津波警報が解除されるまで、待つの」と話した。初めて聞く、母が父を捜しに行かない理由だった。マスターは「なるほど。家の中のことはともかく、それなら裏道から回って行けばいい。今、私が通ってきた田んぼの中の道なら、たぶん大丈夫。渋滞はしていたけれど、車も動いていた。やっぱりすぐにお父さんを捜しに行ったほうがいいです。暗くなる前に」と、話した。ずっと頑なだった母が、じっとマスターの目を見て、頷いた。私は心臓の音が大きくなるのを感じ、すぐに上着を着て、準備を始めた。

15時前には、車で家を出たと思う。祖父の運転で母と私の三人は、マスターに教えられた道を通り、国道45号線に出ることができた。前に私が見た津波の水は、ほとんど引いて無くなっていたが、そこは、ひどい様子だった。ここが本当に、いつもの交通量の多い、広い道路の45号線だとは、信じられない惨状だった。道は泥だらけで、舗装されたアスファルトの面は、どこにも見えなかった。少し乾いたところは、土ぼこりが舞い上がっていて、数えきれないほどの車が、つぶれて積み重なっていた。人がたくさんいて、サイレンの音と、交通整理の人ののどなり声で、耳と頭がガンガンした。正直、このときの光景は、よく覚えていない。ショックを受けたことだけが、強く頭に残っている。

あとから母に聞いた話だが、道路の真ん中あたりは、自衛隊が作業をした後だったのか、細い通路になっていて、そこをたくさんの人たちがぞろぞろと歩いていたそうだ。その脇を、サイレンを鳴らした消防車や救急車が何台も、人波を避けながら、ゆっくりと走り抜けていた。私たちは、つぶれて重なっている車の中に残されている人がいないか、おそるおそる覗き込んだが、車の中は、すべて空だった。それでも、人がいた痕跡を生々しく感じた。誰かに伝言を伝える貼り紙のようなものも、いくつか見た。母によると、その時の周りの人波には、何種類かの行動があったらしい。

まず、私たちと同じように、真顔で車の下や中を覗き込み、必死な様子の人々。でも、それはほんの少数で、ほかの人たちは、壊れた店から流れ出た、あちこちに散らばっている傷みの少ない商品を、両手いっぱいに拾い集めていた。一緒にきた祖父も「こいつ、欲しかったヤツだ」と言いながら、何かを拾っていた。まだ店の中にある商品を、割れたガラス窓やドアから中に入って、持ってくる人たちもいた。津波で濡れた商品はもう売り物にならないだろうが、一つのものを取り合って言い争う人たちもいて、とても嫌な光景だったと言っていた。そして、一番多かったのが、ぞろぞろと歩きながら、ケータイで写真や動画を撮っている人たち。報道の人たちや、私のように仕事として記録を残そうとしている人たちも多かったのだろうが「すごーい！　ここ見て！」などと嬌声を上げながら、見物に来ている人たちがとても目立っていたそうだ。時には笑いながら、面白いものを見るようにはしゃぎながら、眼の前を通り過ぎていく人たちは、まるで違う世界から来た人たちのように見えた、と後から母はつぶやいた。私自身は当時、客観的な目線では、全く周りが見えていなかったことに、後から気がついた。

私たちは、たぶん父が流されてきたであろう方向の、人が残っている民家や商店の戸をたたいて、尋ねて回った。この辺りで、流された人やケガをした人を保護している場所はあるか。ケガをして動けなくなっている人を見かけなかったか。多くの人はよくわからない、知らないと言ったが、その中で「あそこの小学校に、ケガをした人たちや、遺体も流れてきてたって話を聞いたよ」と、教えてくれた人たちがいた。私と祖父はその小学校を目指し、車を何台もよじ登り、越えていった。手や足に泥がつくのも構わずに、ひたすら前へ進んでいった。なぜかそのとき、恐怖は全然感じなかった。何か自分にも、父のためにできることがあって、父を捜せることがうれしくて、夢中になって、さらにたくさんの人に話を聞いて回った。

やっとたどり着いた小学校に、人はいなかった。どうしようかとうろうろしていたら、近くの住民が集まっているのを見つけて、私は「こんにちは」と声をかけた。事情を説明すると、みんな丁寧に答えてくれた。ケガ人はいろいろな病院へ連れていかれ、ここらの遺体は隣町にある県の総合体育館に収容された、と教えてくれた。再び母と合流し、私はそれらを母に伝えた。「病院を捜そう」と、私が言うと、母は少し考えて、総合体育館の方に行こうと言った。私は驚いて母を見たが、母の真剣な表情を見て、黙ってそれに従った。祖父も何も言わなかった。私たちの車は、遺体安置所となった総合体育館へと向かって走った。

安置所に着いたのは、17時に近かった。外はもう暗くなりつつあったが、発電機のモーター音がひびくなか、安置所には、工事現場でよく見る大きな灯りがついていた。入り口のフロアには、宮城県警と書かれた上着を着た人が数人いた。整理券を手渡されて、パイプ椅子が並べられた場所で待っているように言われた。待っている人たちは意外と多かったが、お互いに言葉を交わしている人たちは、あまりいなかった。その場所は、とても寒かった。母が貼るカイロを持ってきていて、私と祖父の背中に貼ってくれた。待っている時間は長く、でも変に心が落ち着く場所だった。ようやく持っていた整理券の番号が呼ばれ、警察官に質問を受けながら、行方不明者として、父の特徴を紙に書いていった。母と私は、父の特徴をいくつも上げた。後退したおでこのことや、二重瞼の目、昔ケガで少し欠けたという前歯のことや、身体的特徴、持ち物、服の色。伝えながら、私と母はほんの少し、笑顔になっていたと思う。周りから見たら、変だったかもしれない。でも、その時の私は、父のことを誰かに伝えるのがうれしくて、まるで自慢するかのように伝えた。確認します、と警察官が、ついたての後ろに入って行って、戻ってくるまでに、あまり時間はかからなかった。その間に、私はふと、不安になった。小さな声で、母に「ここでお父さんに会えるのと、会えないの、どっちがいいんだろう」と聞いた。母は「分からないけど、早くお父さんに会いたいね」と言った。先ほどの警察官が私たちに、静かに言った。「一致する方がいらっしゃいます。お会いになれますか?」。私は何も言えず、頭が真っ白になって、動けなくなった。母は静かに、

「はい」と言った。

母と祖父は警察官の後ろについて、私は母の後ろについて、体育館の中に入った。中は薄暗くて、空気がとても冷たくて、ところどころに、やっぱり工事現場によくある明るい灯りが置いてあった。体育館の床にはブルーシートが敷かれていて、ファスナーのついた白い大きな袋が、たくさん並んでいた。きっと、あの中には亡くなった人たちが入っているのだと思った。横に、透明なビニール袋に入った荷物が少しずつ置いてある。ここでお待ち下さい、と言われて、体育館に入ってすぐの、端のあたりに立った。寒さのためか、歯がカチカチと鳴った。警察官は、並べられていた白い袋とは違う、灯りの集中しているベッドのような台の傍に行き、そこにいた数人の人たちと少し話した。そして、その脇に置かれていた、ファスナーのついた白い大きな袋を五、六人がかりで、重そうに揺らしながら運んできた。その後ろを、やっぱり重そうに二人の人が運んできたのは、透明なビニール袋で、中には、明らかに父の荷物が見えていた。それを見た瞬間、私は全身に鳥肌が立った。「どうしよう、お父さんのカバンだ」と、母に伝える。腕をつかむ。母は何も言わなかった。私は、もしかしたら、袋の中には違う人が入っているかもしれない、と思った。父の荷物だけが別な人の所に流れ着いて、父はどこかで生きて私たちを待っているはずだ、と思った。目の前に置かれた白い袋のファスナーが、ゆっくりと降ろされる。そこにあったのは、まぎれもなく、父の顔だった。

私は足から力が抜けて、床にひざまづき、気がついたら、大きな声を上げて泣いていた。母は静かに、ゆっくりと父の頬に手を添えて、話しかけていた。「やっと会えたね、ここで待っていたんだね。寒かったね。遅くなってごめんね」。母は涙を流しながら、やわらかく微笑んでいた。警察から「ご本人ですか?」と確認をうけ、母が「間違いありません」と答えた。祖父は、立ったまま目をつむり、両手で自分の頭を何度もさすっていた。それから私は、ぼうっとした頭で、母と祖父と共に別室に通された。そして、遺体の引き取り方の説明を受けて、遺体検案書というものを見せられた。父は、流されてきた大型トレーラーとフェンスの間に挟まれた、窒息死であることが分かった。私たちが捜していた場所よりも、もっとずっと、最初に津波に遭った交差点に近い場所だった。説明を聞くうちに、だんだん頭の中の熱が冷めていくのを感じた。いくつかの書類に、母がサインをした。警察官は「このような状況下ですから、ご家族で話し合ってなるべく早く…、遅くても一週間以内に、ここから連れて帰って頂きたいのです」と、言った。母が「どうやって……」とつぶやく。「こちらからは何とも言えません。そこを、ご家族で話し合って、とにかく早く。それだけ、お願いします」。警察官はそう言って、そそくさと立ち上がった。

真っ暗になった外に出て三人で車に戻ると、助手席に座った母が、運転席の祖父に向かって「お義父さん、すみません。ちょっとだけ私、泣きます」と言った。静かに息を深く吸って、母は一声だけ、大きな声を上げた。お腹の底から絞り出すような、吼えるような、叫び声だった。あとは、両手で顔を覆い、少しの間、静かに泣いた。私は、それを見て、また涙が止まらなくなった。5分ほどだったと思う。祖父も鼻をすすっていた。母が「ごめんなさい、もう大丈夫です」と言い、祖父が車を発進させた。私はずっと、窓の外の風景を見ていた。祖父は運転しながら「大変なことになった…なじょすっぺ……」と、数回つぶやいていた。

帰宅して、玄関を入ると、家の中からはにぎやかな笑い声が聞こえてきた。私たちが部屋に入ると、祖母が、井戸水で食事を作り、親戚たちに食べさせていた。食卓には、井戸水で炊いたご飯が湯気を上げ、井戸水でゆでた野菜などが豊富に並んでいた。井戸水は、祖父が近所から汲んできたものだった。それまで母は、震災前から備蓄していた水だけを使って、粗末ではあったが、最低限の栄養を考えて少しずつ食事を作ってきた。こんなに大きな地震のあとでは、見えないところで何が起こっているか分からないから、とみんなに話し、井戸水は絶対い。母が用意した紙皿や紙コップさえも、祖父母や親戚に、一度も使われることはなかった。地震の後には、雪も雨も降ったが、家の中では私と母以外、誰も井戸水には危険を感じていなかったらしい。ラジオでは原発の事故をもうすでに伝えていた。しかし、祖母は違う考えだったらしい。ラジオでは原発の事故をもうすでに伝えていに食事に使わなかった。

私たちはそんな食卓に入り、母がみんなに、父のことを説明した。父の遺体をこの家に連れてきて、葬儀の準備を整えたいので、なるべくなら、各自が住んでいる地域の正規の避難所か、別の親戚の家に移ってもらいたいと、お願いした。私と母は、その時初めて、うちに泊まっていた親戚の中には、家が無事だった人たちも来ていたことを知った。全員分の食料や水、寝るスペースを確保するのにかけた苦労を思い出し、ちょっと、すぐには言葉が出てこなかった。そこに突然、祖母の泣き声が響いた。祖母は泣きながら「なんだや……なんだってこんなことに。情けない。情けないこと」と繰り返していた。私にはその言葉の意味がわからなかったが、なぜか父を侮辱された気がして、顔が熱くなり、手が震えて、祖母に向かって怒鳴っていた。「お父さんは、情けなくなんて無い！　きっと私たちのことを考えて、必死に生きようとがんばって、最後の瞬間までもがいてくれたと思う。がんばったお父さんに、情けないなんて言葉、使わないで！」。実際には、祖母が情けないと言ったのが、父に対しての言葉だったのか、非情な出来事だという意味で言ったのかは、分からなかった。でも、私は、声を荒げずにはいられなかった。祖母は、続ける。「あの子が津波に流されたって、Cさんが言ってたって聞いたとき、私は、ああ、それなら絶対大丈夫だって、死ぬわけないって確信したんだ。だって、あの子は、小さい時から水泳がすごく得意なんだから。津波なんかに負けるはずがなかったんだ」そう言って、泣き続ける祖母に、私は何も答えられなかった。その後、父の遺体をどうするかという話になったが、みんな疲れ切ってなすすべもなく、いつの間にか、その話は終わってしまった。

その日の夜、21時近くだったと思う。私と母は、近所に住むEさんの家に向かっていた。もう外は真っ暗で、それでも救急車や消防車のサイレンが鳴り響き、このサイレンはもうずっと、永遠に鳴り止まないんじゃないかと思った。目に見える限り灯りはひとつもなくて、空には降るようなたくさんの星が、光り輝き、瞬いていた。それでも、ちっとも綺麗だとは思えなかった。

Eさんは近所に住む、母のお嫁さん仲間で、母の一番親しい友人だった。うちとは、家族ぐるみの付き合いという関係だった。母がEさんに父のことを知らせたいと言い、遅い時間だったが、歩いて数分のEさん宅を訪ねたのだった。母が、父が亡くなった経緯を話すと、黙って聞いていたEさんは見る見るうちに青ざめ、流し台に駆け寄り何度もえずいていた。そして私と母の手を取り、泣いてくれた。一緒にいたEさん宅のおじいちゃんが、市役所に現在の状況を確認しようとしてくれたが、ケータイはつながらず、今夜のうちにお寺の住職さんに相談してみてはどうか、と提案してくれた。Eさんは私も一緒に行く、と言って車を出し、うちの祖父母も一緒に乗せて、お寺に向かってくれた。運転はEさんだった。「みんなきっと、気持ちが普通の状態じゃないと思うから、私が運転します」と、Eさんが言ってくれた。

お寺に着くと、住職さんご夫婦は私たちを家に上げ、事情をきいてくれた。まずは、受け入れてくれる葬儀屋を探そうということになり、祖母が積み立てをしていた葬儀屋に、電話をかけた。けれど、やっぱりつながらなかった。直接、足で行くしかなかった。住職さんたちとの会話の中で、こんな非常事態の中ではじきにドライアイスも乏しくなっていくだろう、そうなると遺体も傷みやすくなってしまう、という言葉があった。それを聞いて、私はぞっとした。やっと会えたのに、早くどうにかしなければ、父は「父の形」ではなくなってしまうかもしれない。まずは、体育館の遺体安置所から出してあげること。次に、ドライアイスを確保し、腐敗を遅らせること。そして、火葬場が稼働するまで何とか腐敗を抑え、早く火葬してあげること。早く、一刻も早く。今思えば、世間知らずな私の思い込みによるところも大きかったのだが、その時はパニックのようになっていた。父の身体が腐ってしまったらどうしようと、私の頭はそれだけでいっぱいだった。

母と祖父母が、住職さんと、今後の儀式的な流れや、細かい準備などのことを相談している間、私とEさんがEさんの車で、祖母が積み立てをしている葬儀屋へ向かうことになった。葬儀屋の場所は、海沿いの隣市。車を走らせて行くと、目の前で、道がなくなっていた。まだ、引いていない津波の水が、道路に溜まって進めなくなっていた。行く手を阻む水は真っ黒で、道の先も真っ暗で、先が見えなかった。私とEさんは懐中電灯を持ち、車を降りて、手をぎゅっとつなぎながら、暗い水の中へ入っていった。それしか、方法がなかった。ザブザブと水をかきわけて、進んだ。水は冷たかった。どんどん水がズボンにしみてきて、何だか変な感じだった。こうやって、服を着たまま水に入るのは、何年ぶりだろうと、考えたりした。不思議と恐怖はなかったが、孤独感と、妙に落ち着いている自分がいた。いつも明るい商店街は真っ暗で、今、この世界には誰もいないんじゃないかと思った。聴こえるのは遠いサイレンと、自分がかきわける水の音だけだった。

暗い街並みは、まるで知らない場所みたいで、私とEさんは道に迷ってしまった。どこがどこだか分からず、胸がぐっと重くなった。二人でうろうろと歩いていると、ゆらゆらと動く、いくつかの明かりが見えた。ばしゃばしゃと水の中を走りながら、「すみません」と駆け寄ると、水道局の人たちだった。市内を見回り中だったらしい。事情を話し、葬儀屋の前まで案内してもらった。人が何人いても、懐中電灯がいくつあっても、視界は暗く、私は何度もつまづいて、転びそうになった。ずっと下を、足元を見て、歩いていた。実際は10分くらいだったと思うが、遠い道のりに感じた。Eさんが私の代わりに、これまでのことを説明してくれた。そして合間に、私のことを、「この子、本当にかわいそうなんです」と涙声で話していた。私は「あぁ。今、自分はかわいそうなんだなぁ」とぼんやり考えていた。

葬儀屋につくと、水道局の人たちは、がんばれよ、と言って戻っていった。私たちは深く深く頭を下げた。葬儀屋のドアを叩く。反応はなかった。ドアを押すと、ゆっくりとドアが開いた。水でぐちゃぐちゃに濡れたくつとズボンをしぼりながら、建物に入る。中は暗くて、何の音もしなかった。Eさんに連れられて二階へ上がると、守衛さんが一人、見回りをしていた。事情を話すと、うちでは、すぐには対応できないと断られた。一応、名前と連絡先を書き、説明を聞く。今は、電話もつながらず、外と一切連絡がとれないこと。火葬場も復旧の見通しが全くつかないこと。やはり火葬待ちで、この建物にはもう三体の遺体が、あてもないまま安置されていること。ドライアイスもここには一つも無いし、すぐに手に入れるのは難しいということ。

私は、断られたことに、ひどくショックを受けていた。遠い道のりだったけど、何とかしてここにくれば、父は火葬してもらえると思っていた。断られるとは、つゆほども考えていなかった。私は、もう父は腐っていくしかないんだな、と思った。頭の中では、腐ってくずれていく父の姿が、映像のように流れていた。でも、帰るしかない。帰ろうと立ち上がったら、私とEさんの懐中電灯がなぜか同時に二つとも切れて、点かなくなってしまった。とても悲しくなった。

そんな私たちに守衛さんが、ここは葬儀屋だからこれはたくさんある、とロウソクとマッチを多めにくれた。お礼を言って、外に出る。マッチをこすってロウソクに火をつけると、その灯りが、あまりにも頼りないことに気がついた。ゆらゆらと火がゆれて、風にゆらぎ、明るさは足元にまでも届かなかった。道もわからない、暗くて何も見えなくて、とにかく、水をかきわけて、二人で前に進んだ。ふと、この水が、何人もの命を奪った津波の水なのか、と思うと背筋が寒くなった。その一方で、父もこの水に触れたのかと思ったら、水との距離がすっと近づいた気がした。

少し向こうに懐中電灯の明かりを見つけ、大声で叫んだ。近所に住むという親子が、外の様子を見に歩いていたらしい。事情を話し、車のところまで、付き添ってもらった。その人たちは、水を避けて歩いていたのに、ロウソクじゃ危ないからと、一緒に水に入って、手をとって案内してくれた。私は申し訳なくて、ただただありがたくて、何度も頭を下げ続けた。最後に息子さんが、がんばって下さいね、と手を握ってくれて、私はまた深く頭を下げた。

お寺に戻ると、みんなが腰を浮かせて、私たちの報告に聞きいった。遺体の引き取りを断られたことを話すと、みな一様にため息をついて、目線を下げた。Eさんと私も、同じようにため息をつき、Eさんが「今夜はもう、やれるだけのことはやったし、みんな疲れていると思うので、明日また考えましょう。私も、他になにか方法がないか、もっと考えてみます」と、その場を締めくくってくれた。「本当にありがとう」と頭を下げる母と私に、Eさんは「今までずっと、亡くなったご主人には良くしてもらってたんだもの。悲しいけどお返しができるのは、もう今しか無くなっちゃったから」と言って、また車で私たちを家まで送ってくれた。家に帰り、布団に入り、長い長い一日が終わる頃、私の心の中は感謝でいっぱいだった。私は、手を合わせて、たくさんの人への感謝の言葉をつぶやきながら、いつの間にか眠ってしまっていた。

翌日、一四日の早朝。Eさんご夫婦がうちにみえて、受け入れてくれそうな葬儀屋が見つかったと話した。昨夜から今朝にかけて、ずっと探し回ってくれたらしい。詳しくは分からないが、あの状況の中でそれは、とてもとても大変なことだったに違いない。私たちはありがたくて、何度も何度も頭を下げた。その日は月曜日だったが、私は勤務先の上司に事情を伝え、当分の間、休みをもらっていた。帰ってくる父を寝かせる場所と祭壇を飾る場所を作るため母を家に残し、私は祖父母と三人で、Eさんに教えていただいた葬儀屋へ車で向かった。

葬儀屋に着くと、まだ事務所内では朝礼をしているところだった。朝礼が終わるとすぐに、私たちは面談室のようなところに通された。今後の動きや用意するもの、スケジュールを確認し、正式に申し込みの契約書を書いた。その日のうちに棺を出してもらえることになり、後ほど、遺体安置所の体育館で待ち合わせることになった。

一度家に戻ると、家の中は手伝いに来てくれた親戚も増え、まだバタバタしていた。私も一緒に部屋を片付け始めた。必要のない荷物をまた、私の部屋に詰め込む。私の部屋は、すっかり物置状態になり、足の踏み場もないほどだった。ふだんはめったに使わない奥の部屋の荷物を運び出してみたら、昔の懐かしいおもちゃが、たくさん出てきた。その中のひとつに、庭に置いて遊ぶストラックアウトの的があった。父と二人で、外で暗くなるまで夢中で遊んだことや、その時の父の笑顔、笑い声を思い出し、私はぐっと奥歯を噛みしめた。口や顔に力を入れ、息を止め、泣かないようにがんばって、それらを運び出していた。すると、それを見たある親戚が「なんだそれ、とーちゃんの形見かぁ？」と、笑いながら私に言った。私は一瞬、頭が真っ白になって、足が止まったが、一言「そうです」とだけ答えて、部屋に入った。悲しくて、ぼろぼろと涙がこぼれた。「形見」なんて言葉、ドラマの中でしか聞いたことがなかった。何であの親戚がそんなことを言ったのかわからなくて、苦しくて、声を殺して泣いた。もしかしたら、私を元気づけようと、わざとからかうような口調で、明るく言ったのかもしれない。でもそのとき、私の胸には、苦しみと悲しさ、そして悔しさしか生まれなかった。

母が続けて掃除をしていると言うので、遺体安置所には、再び私と祖父母が向かった。葬儀屋はもう現地に着いていて、安置所の人に事情を説明すると、私たちを奥に通してくれた。書類のやりとりを経て、またあの寒い体育館に入った。昨日来た時よりも、さらにたくさんの白い袋がびっしりと並んでいて、向こうから、誰かの泣き叫ぶ声が聞こえてきた。私たちはまた順番を待ち、白い袋の中から少しだけ見える父と対面した。祖父は「まるで笑っているような顔に見える」と言っていたが、私にはそんな風には見えなかった。父は、白い顔をして、歯を食いしばっているように見えた。父は最後までがんばったんだろうな、とその表情を見て思った。初めて亡くなった父を見て、泣き崩れ立っていられなくなった祖母を、祖父が両手で支えているのを見て、私は「納棺の立ち会いは私がするから、つらかったら外に出ていても大丈夫だよ」と言った。祖父母は二人で寄り添いながら、体育館から出て行った。棺が来るのを待つ間、私は父の頬に触れてみた。冷たくて、固かった。でも、父だった。私は何も、声をかけられなかった。何を伝えたらよいか、わからなかった。父は裸で袋に入れられていたようで、その白い袋ごと数人に持ち上げられて、木の棺の中に納まった。袋を持ち上げたとき、父の体はくの字に折り曲がって、腰から棺に入っていった。ぼうっとした頭で、人は死体になって、肌や顔は固くなるけど、腰はああいう風に曲がるんだなと、遠い思考で考えていた。この場にひとりで立ち会うのは、思っていた以上につらくて、私はすぐには動くことができなかった。棺の中の足元には、父の荷物も入れられた。

棺は家に運び込まれた。玄関からではなく、庭を通ってベランダから、棺は家に入れられた。父の棺は重くて、家に来ていた男の人たちみんなで、唸りながら運んだ。誰かが「何でこんなに重いんだぁ？」と大きな声で言っていた。親戚のおじさんに「女は下がっていろ！」と怒鳴られたけど、私は無言で一緒に棺を持っていた。庭から、せーのっと声をかけて、棺を家の中に押し込む。精一杯の力を込めて棺を押し、自分の足元が見えた時、足の横に何か、黄色いものが見えた。棺を入れてから、もう一度見に行くと、昨日は咲いていなかった、庭の黄色い福寿草が一斉に花開いていた。父が、私のために今咲かせてくれたのかなぁと思いながらも、「福寿草」のもつ言葉の意味に、胸がぎゅうっと絞めつけられた。しゃがんで花をじっと見つめて、私は玄関から家に入った。

棺の足元に入っていた父の服と荷物は、津波の水と泥をめいっぱいに含んで、何十キロにもなっていた。棺が父の体重以上に重かったのは、それらが原因だった。父のお気に入りの革ジャンも、持ち上げると信じられないくらいずっしりと重くなっていた。私は、それを手にした時に、真っ青になった。膝が震えて、気が遠くなりそうな感覚だった。その革ジャンは、私が父にプレゼントしたものだった。それから私は、後々まで自分を責めてしまうようになる。それは、ある人が発した悪意のない言葉と連動していた。どうして、一緒に津波に巻き込まれたCさんは助かって、父は助からなかったのか。その違いは、服装や持ち物にあったのではないかと言った人がいた。助かったCさんは、会社の薄い作業着だけを着ていた。父は、早くに帰り支度をしていたので、私服に着替え、上にこの革ジャンも着込んでいた。助かったCさんは、津波の速さに、何一つ持てないまま車の外に逃げたが、父は肩から斜めに身体にかけるカバンを、身に着けたまま車の外に逃げ、そのままの状態で津波の水を受けた。その、父の厚着と、斜め掛けのカバンが、身体の自由を奪い、結果的に命までも奪ったのではないかと。私が父にプレゼントした、某ブランドの中古の革ジャンのせいで父は死んだのだろうか。父が身に着けていたカバンもまた、私と母が選び、父にプレゼントしたものだった。

父のカバンの中に残っていたものは、何もかも茶色く砂だらけになっていた。父は、いつもカバンの中に小さなセカンドバッグを入れていて、そこにサイフや鍵、ケータイの充電池などを入れていた。でも、帰ってきた父のカバンの中には、そのセカンドバッグだけがなくなっていた。私は現金なんかどうでもいいから、サイフの中に入っていた父の免許証と、父が大事に持ち歩いてくれていた私の成人式の写真を、どうしてもあきらめきれず、もう一度、遺体安置所に連絡をして探してもらったが、それは見つからなかった。後日、警察に届けを受理してもらっても、そのセカンドバッグだけは、手元に戻ってこなかった。警察官からは「現金が入っていたものだから、きっとお金を抜かれて、その他のものはどこかに捨てられたんでしょう」と言われた。その時は、そういう死体相手のおいはぎみたいな事件が多発していた。

その日、母は、父の親友たちに連絡を取っていた。「ドライアイスが足りないので、死後変化で父の容貌が変わってしまう前に、父の顔を見に来てほしい」と言っていた。父の親友たちは、ガソリンを工面してすぐ駆けつけてくれた。そして、目を真っ赤にしてむせび泣きながら、父に話しかけていた。父の遺体を見て、泣きながら、話しかける人は何人もいた。私は、父はこの光景を見て、何を思うのだろうと思った。

私は遺体となった父を見た日から、続けて悪夢を見るようになった。自分の泣き声で目が覚める。内容は、父の遺体が腐ってくずれ落ちていくもの。私は、大好きな父が目の前で腐っていくのが、こわかった。火葬場の情報がまだ得られないなか、最小限のドライアイスをまとう父は、少しの時間で顔にしわや黒ずみが増えた。父の棺の傍では、祖父母が来客のために石油ストーブをつけていた。Eさんや葬儀屋の心遣いで、再度、納棺師が化粧を施してくれた後に、私と母は、棺に入っている父の顔をカメラで写真に納めた。本来なら、してはいけないことなのかもしれない。家に泊まっていた親戚は、あからさまにけわしい顔をして「あんたたち、なにやってんの。気持ち悪い」と言った。でも、祖母は「いい、いい。好きにすればいい」と言って、咎めはしなかった。母は「これを見て、現実を忘れないようにする」と言い、大事にその写真を見つめていた。


火葬の日が決まった。Eさんのおかげもあって、火葬場が再開してから、早い段階で予約を入れてもらうことができた。沿岸では火葬が追いつかず、特例措置で土葬も行われていたようだ。私は、火葬の日が決まってから、悪夢を見ることがなくなった。

火葬の日には、多くの人が集まってくれた。ガソリンも少ないなか、バスや車で火葬場に向かい、棺が火葬炉に入っていくのをみんなで見守った。棺には、あの日父が着ていた、私がプレゼントした革ジャンも入れた。私は、これが父の命を奪ったのかもしれない……と、入れるのをためらったが、母が、父は私がこれをあげたとき、本当に喜んでいたからと言って、棺に入れてくれた。後々の私の気持ちを気遣ってくれたのかもしれない。あとは、家族三人の写真や、私の成人式の写真も棺に入れた。「成人式の写真、お父さんなくしちゃったみたいだからね」と母が言った。火葬を待っている間は、来てくれた人たちに、今まで家族で撮った家族写真などを回して、見て頂いたりした。泣いている人もいた。

火葬が終わると、火葬炉から骨になった父が出てきた。それを見て私は、心の底からほっとして、力が抜けたのを覚えている。これで、父が腐ることはない。やっと骨にしてあげられた、と涙が流れた。白い骨を一つずつ、みんなで箸で運んだ。私は母に、父の骨のかけらがほしいと言った。常に身につけて、持っておきたいと。母は、困った顔をして、私に言った。「お父さんが、次に生まれかわるとき、骨がかけらでもなかったら、困るでしょう。だからダメだよ」と。それを聞いて、親戚のおばさんが「これ、もらえるはずだよ」と、私に父と一緒に焼かれた百円玉を指して言った。それはまだ熱くて持てなかったが、火葬場の人が小さな巾着にそれを入れて渡してくれた。まだ熱い巾着を私は胸に抱きしめた。骨壺には、最後に頭蓋骨がのった。係の人が、壺のふたで、ぐっと骨を押すと、軽い音がして、骨がくずれ、全部が壺に納まった。葬儀の日が決まるまで、骨壺は、家の祭壇に置かれていた。

私はまた、会社に行くようになった。電車は動いていなかったので、自転車を出してきて、時間はかかったが、それで会社に通った。私の住む地域では、水道がまだ復旧していなかった。洗濯ができなかったので、ワイシャツを着る制服ではなく、上司のアドバイスで会社の作業着で毎日の仕事をしていた。ライフラインは地域によって、その復旧具合はまちまちだった。地震の翌日にはもう元通りに使えた地区もあれば、私の住んでいるところのように、復旧に大幅な時間がかかったところもある。みんなが同じように理解してくれるわけではないので、職場におけるその格差は、かなりつらかった。いろいろなことを、言われたりもした。震災に関する温度差も、強く感じた。たぶんあの頃はまだ、誰もが普通の精神状態ではなかったのだと思う。誰かの何気ない言葉に傷つくことがあっても、それは誰にも言えなかった。私は自分の思いを、どんどん心の奥に閉じ込めていくようになった。つらいことがたくさんあったし、急に父を思い出したりして、トイレや、取材へ向かう車の中で、ひとりで泣いた。本意ではない、つくり笑顔が上手くなった。なるべく笑顔をつくって、一生懸命仕事をこなしては、トイレで吐いた。私は、自分の父が津波で亡くなったことを、ほかの部署の人には、自分からは言えなかった。その事実を口に出すことが、私自身がつらかったし、うわべだけの優しげな言葉をかけられるのもいやになっていた。

その頃、私も母も、いろんなことを人に説明するのが、とても苦しくなっていた。もう何度も何度も、繰り返し口にしてきたけれど、口に出す度に、傷が一つずつ増えていく感じがした。そのうち、訊かれても、自分の気持ちとは裏腹に、あいまいにしか答えられないようになっていった。

「心を許すと、裏切られる」。私はそのとき、経験から学んだ。私の事情を知っていて、つらかったね、大変だったね、と優しくしてくれる人はたくさんいたが、大半の人は、本当に気持ちをわかろうとはしてくれなかった。もちろん、これは私のわがままだし、同じ体験をしていない人がわかるはずはないのだが、その頃のねじ曲がっていた私は、そう感じていた。実際に、本当に気遣ってくれている人の口からは出ないような、言葉や問いかけ、好奇心による探りが、いたるところにちりばめられていた。信じられないことに、ふだんあまり話したこともないような相手から、保険金はどのくらい入ったのか、父の遺体は見つかったとき腐っていたのか、そんなことを不躾に訊かれて、驚いたりもした。また、うつむきがちな母と私に、説教をしてくる人も何人もいた。

ほかの津波の被災者たちと被害の大きさを比べられたり、家族の中で亡くなった人数を比べられて「あんたたちは、まだ幸せなんだから」と、よく言われた。言った人たちは励ましているつもりなのだろうが、私たちは、その言葉を受け入れることができなかった。この悲しみは、他との比較はできなかった。また、「私ももう少しで、津波にのまれそうになった」と、語りかけてくる人もたくさんいた。父と同様に、津波の恐怖を経験したことで、気持ちを共有しようとしてくれたのかもしれないが「でもこうやって、私は津波から何とか逃げられた」と話す人たちに、逃げ切れなかった父の無念を思いながら「それは、良かったですね」と答えなければいけない私たちの、心が軋む音や、引きつった笑顔に気づく人は、ほとんどいなかった。いろんな言葉を置いていく人たちは、自分たちは一回しか言ってなくても、その言葉を受け取る側の私たちは、人の数だけ何度も繰り返し、苦しい思いをすることになる。うちは知人が多い家なので、繰り返されるその回数は多かったと思う。病気や事故で家族を失った人との大きな違いは、誰もが知っている震災の津波で亡くなった父に関して、まるで解説者のように、多くの人にいろいろなことを言われることだったと思う。なぐさめや励ましや同情や説教の形をとりながら、テレビやラジオの情報が、にわか解説者たちによって、私たちの上に降り注いでいた。私も母も、それを、ありがたいとは思えなかった。笑顔で応じられず、非難されたこともあった。正解が見えない度重なる会話は、私たちを混乱させた。私たちは、心を強く保てない弱者になっていった。

そんななかでも、父の火葬が済んでから葬式までの間の、母の働きはすさまじいものがあった。母もまた、気持ちに蓋をして、食料の確保と買い出しに走り回ったり、お線香をあげに来た来客に、祖父の指示通りに食事をふるまったり。夜には、風呂の代わりにバケツに足湯を作り、血の巡りが悪くならないようにと祖父母の足をマッサージした。母は「父の代わりに家族を守らなければ」と、ただそれだけでがんばっていた。でも、私にはそのがんばりが周りに伝わっているようには見えず、母が痛々しく見えた。祖父は、思い通りにいかないことがあると、よく母のせいにする。来客が「こんな状況で、食事を頂くつもりでお線香をあげに来てるわけじゃないから」と食べずに帰ると、あんたの段取りが悪いからだ、と母に言い、母はよく部屋で声を殺して泣いていた。私は、母がそこまで、祖父母に尽くす気持ちがわからなかった。何度も母に、そこまでやる必要はないんじゃないか、と伝えた。それでもがんばり続ける母を見て、私は母の気持ちが理解できず、母から少しずつ心が離れていくのも感じた。たぶん、この時期が一番、祖父母、母、私のそれぞれが、それぞれにつらく、誰がいつ狂ってもおかしくないような痛みを感じていた時期だったのだと思う。先が見えない異常な環境の中で、仕方なかったのかもしれないが、それは後々までいろんなことに影響していくほど、暗いトンネルの中にいるような日々だった。

水道が復旧したのは三月三一日だった。蛇口をひねるとあふれる水に、懐かしさとありがたさが込み上げた。その頃には、葬式の準備や打ち合わせも少しずつ進み、四月一〇日に通夜を、一一日に葬式を行えることになった。葬式というはっきりした目標が見えて、祖父母は元気を取り戻したように見えた。準備の段階でまた、母がないがしろにされる場面もあったが、私にはどうすることもできなかった。私は葬式の中で、「父への別れの手紙」というものを読むことになった。バタバタとした日が続き、父への手紙は、前日に一気に書こうと決めた。その日その日を、精一杯生きることだけが、私の毎日のギリギリの目標だった。

四月七日の夜、また震度6の大きな地震がきた。地鳴りが迫ってくるように鳴って、緊急地震速報が響いた。23時半、まだ寝ずに二人で話をしていた私と母は、急いで手をつないで台所のテーブルの下に潜った。まるで、ぶちぶちと音が聞こえるように、次々にいろんな電気が消えていった。また、停電。父の葬式まで、あと少しというところで、また突き落とされたような気分だった。それでも幸い、今回は水は止まらず、出続けていた。

翌日、私はまた会社を休んだ。会社もひどい様子だったらしい。地震で水道管が壊れたか何かで、一階から三階まで水びたしになったと聞いた。手伝えないことに申し訳なさを感じたが、家の事情を考慮して休むことを許可してくれた上司の言葉に心から感謝し、私は甘えることにした。その時の私は、とにかく家のことで、本当に頭がいっぱいだった。

四月八日の夜、私と母は、駅前で沖縄の自衛隊が支援で開放していた、テントの風呂に歩いて向かった。母が「ちょっと気持ちを変えよう」と言って、私を誘った。テントに入ると、中は温かく、自家発電による灯りと熱いくらいのお湯、子どもたちの笑い声にほっと安心した。隊員の人たちのサービスの「なんくるないさ～」の言葉に笑って、少し涙が出た。行き帰りの道は、目がどうかなってしまったんじゃないかと思うほどまだ真っ暗だったが、気分が切り替わったせいか、少し雰囲気が違って見えた。見上げると、また頭上にはたくさんの星がキラキラと瞬いていた。その日は、その降るような星空を、少し、きれいだなと思えた。サイレンの音は、前ほど頻繁には聞こえなかった。そして、翌日の九日には電気がついた。もう、通夜も暗い中でやることになるだろうとあきらめていたから、あの時は久しぶりにうれしくて、手をたたいて喜んだ。

一〇日、通夜が行われた。お寺で行われた通夜には、多くの人が来てくれた。来る人来る人に、みんなで頭を下げて、父にお線香をつけて頂いた。父の会社の社長とその奥さんもいらしてくれた。二人は、父と母の結婚式の仲人で、私も小さいころからずっとかわいがって頂いてきた。社長の奥さんは、涙をぼろぼろと流して、泣いていた。そして、私たちに何度も何度もつぶやくように「本当にごめんなさい、ごめんなさい。あの日、あの時、お父さんを、もっと長く会社にとどめておけばよかった。ほんの少しでも時間がずれていたら、こんなことにはならなかったかもしれない。本当にごめんなさい、ごめんなさい」と言った。言いながら、額を畳にこすりつけるように何度も頭を下げていた。私は何も言葉が出ず、それを見て涙を流すだけだった。母が「ありがとうございます。でも、誰も悪くなんかないんです。頭を上げてください」というのを聞いて、私も何とか口を開けて一言、「そんなことありません」と言えたことが、自分の精一杯だった。その出来事は、私にとってとても衝撃的な出来事で、奥さんの声と泣き顔が、数日間、数週間、頭を離れなかった。

通夜が終わると、お寺に泊まるため、私と母だけが残った。父と母と私、震災以来初めての三人だけの夜だった。けれど、他に誰もいなくなると、母は張っていた糸が切れたように、着替えもせず、父の骨と写真の前で、突然、倒れるように眠り始めてしまった。私はとても驚いたが、母と一緒に、父との思い出を話しながら、父への別れの手紙を書きたかったので、母を何度か起こしてみた。けれど、これまでの母のがんばりを思うと、途中からとても起こすことはできなくなってしまった。後から聞いたことだが、母はそれまでずっと眠れていなかったらしい。私は仕方なく便せんを出して、ひとりで泣きながら、父への別れの手紙を書き綴った。時々、父の写真をじっと見つめては、言葉を紡いでいった。とても、長い夜だった。

四月一一日、お寺には人がどんどん集まって、定刻となり、葬式が始まった。何だか、まだ気持ちはフワフワとしていたが、本堂の真ん中に飾られた写真は父のもので、どう見ても父の葬式だった。住職さんにお経をあげて頂いて、父の会社の社長と親友たちが弔辞を読んで下さった。弔辞は、温かく心のこもったもので、いかに父が、周りに愛されていたかを改めて知った。父がいなくなって、悲しいのは私たちだけではないのだなぁと、ありがたく感じた。その後、私が別れの手紙を読みあげる時間になった。本当は私は、別れの手紙は、母に書かせてあげたかった。母こそが、みんなの前で父への思いを語りたいのではないかと思っていた。けれど母は、夫の葬式でありながら喪主にもなれず、来てくれた方々へのお礼の言葉も述べられない立場だった。私はそんな母が不憫で、たくさんのことを考えた上で、行動した。事前の段取りや打ち合わせにはなかったが、別れの手紙を読みあげるときに、隣にいた母の手を引いて、一緒に父の遺影の前に歩み出た。母は驚いていたが、黙って私の横に一緒に立った。二人で並んで、父に向き合って、私は別れの手紙を読みあげた。泣かないつもりが、大泣きだった。かっこ悪かったと思う。父は、いつも私に「しぃは、かっこいいなぁ」と言ってくれて、そんな私が好きだったのに、かっこいいとこ見せられなかったなぁと、少し残念に思った。でも、ちゃんと「父と母の子どもでよかった」と、はっきり伝えられて、そこは満足できた。お墓の下に父の骨を入れるとき、少し変な感じがした。父は本当にここに入るのか、ここにいるのか、よくわからなかった。何となく、父は私と母の隣にいる気がしていた。その後の法要会食は、それなりに過ごした。母と二人でたくさんの人に、お酌をして歩いた。ちゃんと笑えていたかは、自分ではわからないが、私の中では、もう葬式は終わっていたから、何も感じなかった。

それから世間は、「がんばろう!」とか「絆」とか「復興」とかが、合言葉のようになり、どんどん日常に戻っていった。徐々に「普通」が戻ってきたが、そこには父だけがいなくて、私は変に何かに対して抗っていた。今まで感じたことのなかった、黒くて汚い気持ちが、自分の中にあることに気がつき、苦しくなったりもした。母は、葬式が終わってから、多くの手続きに追われて忙しく過ごしていた。でも部屋でひとりになると、気が抜けたみたいにぼうっとしていたのを、私は知っている。このまま母は、消え入るように死んでいってしまうのではないか、とも思った。母と私は、徐々に周りとの交流が難しくなっていった。外に出て、近所や会社で、いろんなことを訊かれるのがつらい。家の中にいて、来客の話すことを聞いていなければいけないのもつらい。買い物に行って、楽しそうな家族を見るのが苦しい。子どもの手を引く、よそのお父さんの笑顔を見るのも苦しい。自分たちが普通でいられる居場所が、どんどん少なくなっていった。どこにいても、息が詰まるような不安がつきまとった。何となくでも安心できたのは、車の中だった。家族三人でたくさんのところに出掛けた楽しい思い出のつまった、車の中だけだった。

その頃の母は、それまでの気丈さが嘘のように、我慢をせずに、よく涙を流すようになっていた。大きなきっかけとなったのは、親戚みんなで行くことになっていたお墓参りに、母だけ留守番に家に置いていかれたことだったと思う。お墓から帰ってきた祖父母や親戚に、お酒や料理を出してから、夕方泣きながら、ひとりでお墓参りをして来たと言っていた。私は、日中は仕事があり、会社に通っていたので、母を守れない。その頃の私の仕事の内容も、相当にハードなもので、津波で父を亡くした私が、津波の爪痕や被害などを撮影したり、記事にしたりで、心底参り、疲れ切っていた。母は、父という存在を失い、けれどその悲しみにまっすぐ向き合う時間もなく、いろんなことに干渉され、翻弄され、がんばっているうちに、いつの間にか精神を病んでいったようだった。電車やバスにも乗れなくなり、たくさんの人の目が在る場所に、居られなくなった。過去の小さなことを思い出し、父に対して、ごめんなさい、ごめんなさいと謝りながら、涙を流す。私にはそれを、どうすることもできなかった。そんな母を、ただ見ていた。いつからか私は、母の前では泣けなくなっていた。母が泣いて、私がそれをたしなめて、時にはひどい言葉を投げつけて、私自身はお風呂の中でひとりで泣いた。夜は布団をかぶって泣いた。母を守りたい気持ちと、それに伴わない自分の無力さと、自己防衛とが混ぜこぜになって、私は心がぐちゃぐちゃになっていた。多分、私も精神を病んでいたのだと思う。

父に会いたい。とても大好きだった。変な話だが、私は今でもよく「お父さんは、元気かなぁ」と、ごく自然に考えていることがある。実際にはもう二度と会えないのだけれど、父はどこか違う世界で生きているんじゃないかなんて、ファンタジーみたいなことを考えて、考えている自分に、吐き気がする。父が死んだことは、誰よりも私がよく理解している。だから、ドラマなんかでよくあるように、間違えて父の名前をふと呼んでしまうようなチープなことも起きない。今になって思い出してみると、遺体となった父に対面したとき、最初に私の頭に流れ込んできた感情は「しまった」という後悔だった。子どもが大好きだった父に、私の子どもを抱かせてあげること、それが私の人生の目標の一つになっていた。私の結婚式も、孫の顔も見せないままに、父を死なせてしまった。その事実は、思っていた以上に私の心に突き刺さっている。将来、自分に子どもが生まれたとき、私は何を思うのだろう。きっと、泣くと思う。それを考えるとつらくて、いっそ子どもを産むこと、結婚することさえ自分から遠ざけてしまおうかと、静かに考えている自分がいる。私にとって、それほどまでに父親の存在が大きかったのかと、改めて驚かされたりする。

父が亡くなってから、私は、実は父が生きていた、という夢を何度も見ている。でも、夢の途中で必ず、自分で、これは夢だと気がつく。父は死んだ、だからこれは夢だと理解し、気持ちがすっと冷たくなり、涙とともに目が覚める。そんな中でも一度だけ、とてもリアルな夢を見た。家族三人で近所のアウトレットモールから、帰ってくる夢。三人並んで歩き、横断歩道を渡る。天気が良い、日差しがあたたかい。母がはっとして「忘れ物をしたから取ってくる」と私と父に告げる。私と父は二人で笑って話しながら、道を歩いていく。ふと、私が気づく。違う、これは夢だ。父は死んでしまったから、これは夢だ。私は立ち止まって、奥歯をぐっと噛みしめる。遅れた私を、父が不思議そうに振り返って、歩みを止めた。私はぼろぼろ泣きながら、父の肩を二回、強く叩いた。苦しくて、息がつまりそうだった。父が私を見て、私と母がプレゼントした、いつもの斜め掛けのカバンから、くしゃくしゃになった、ポケットティッシュを出して、私に渡す。私はそれを受け取ったが、開けもしないで、ただ涙を流していた。父は困ったように私を見て、子どもの頃によくしてくれたみたいに、分厚いあたたかい掌で、私の涙を拭ってくれた。父が仕事で使っていたインクやペンキの匂いがした。働き者の機械整備士だった父の、黒い、いつもの手だった。そして、頭をぽんぽんと二回撫でて、「しぃ、ごめんな、ごめんな」と言った。父も泣いていた。そこで目が覚めた。

今後、自分と母がどうなっていくのかは、まだわからない。ここまでは、私と母の感受性や喪失感が、明らかに周りとは違うアウェイ感があり、まるで共依存のように寄り添ってガードしてこなければ、うまく生活してこれなかった現実があった。けれど、二年経った今、やっと私たちは、おのおの別々の手だてで、個々の悲しみに対峙できるスタートに立っている実感がある。私たちには、ここまで来るのに、これぐらい時間が必要だったのだと思う。以前に比べて、心や気持ちの鮮やかさがくすんでしまったことも、十分に分かっている。それが、ちょっとやそっとで戻るものだとも、私には思えない。

震災前と震災後で、明らかに自分の中で変わったものがある。かつては、自分の十年後や二十年後、その先までが、何となく想像できた。ぽつぽつと続く夜道の街灯の下をのぞくように、十年後には誰かと結婚しているかもしれない、二十年後には二人くらい子どもがいるかもしれない、と容易にイメージができた。でも、震災が起きて、心の中の街灯は消え、私の世界は真っ暗になった。何が自分で、どれが他人なのかも分からない、混沌とした空間だった。それでも、父の葬式までは何とか、少し先が見えていた。懐中電灯を持ったような気分だった。葬式までの準備がたくさんあった。やることがあって、向かう先があった。何とか数歩先までは、光が届いていた。けれど、葬式が終わると、手に持っていた懐中電灯は、ロウソクに変わってしまったような気がした。

あの、ゆらゆらと頼りなくゆれる、小さな光になってしまった。足元すら照らすことができない。いつ消えるかも分からない。何も進む先が見えなくて、その日、その時を生きるだけで、精一杯だ。それは、あの日から二年以上が経った今でも変わらない。何も将来が想像できずに生きている。もしかしたら、私は欠陥のある人間になってしまったのかもしれない。

いつか、生きる先が見えるようになれる、と言ってくれる人がいる。その言葉を信じることは、今はまだ、できない。でも、いつかまた、未来を想像できるようになったとき、私はきっとまた、泣いてしまうと思う。先が見えるようになったことがうれしくて泣くのか、苦しみが遠のいてしまったことが不安で泣くのか、それはわからないけれど。

私は、父のことが大好きだった。私たち家族は、この美しい自然も大好きだった。父の命を奪ったのは自然災害だ。それでも私はまた、この自然を愛することができるのだろうか。無邪気な心で、明日を楽しみにできる日が、いつか来るのだろうか。でもそれは、まだ、きっと先のことだと思う。曇りのない心への道は、まだまだ、遠い。

（二〇一三年六月）

追記

この手記は、私の名前で書かれてはいるが、実際には母との合作で成り立っている手記である。私はこの手記を、半年間かけて、やっと完成させることができた。手記を書き始めたのが、二〇一二年一一月。震災からは、すでに一年半以上の時間が経過していた。実は前々から、こういうものを書いてみないかという話はあったが、この震災が自分の中であまりにもつらく苦しい出来事だったため、その記憶と向き合い、書くことを決断するまでにも、一年半という時間を要した。実際に書き始めてからも、途中で何度も書けなくなったし、何度も投げ出した。後半は適当にごまかしてでも早く終わらせてしまいたい気持ちがすべてになっていた。そんな時に手を貸し、細部を補足してくれたのが母だったので、私はこの手記は、私だけのものではないと考えている。

手記を書くにあたって、最初は自分の記憶の中にある震災時の出来事のみを、何も考えずにただ文字にしていくつもりだった。実際に、そう書いた。けれど、ひとつひとつのことを思い出しながら書き始めてみると、その時の感情がよみがえってきて、出来事の記述の中に、自分の気持ちも書き足していくようになった。泣きながら、呻きながら、言葉を綴っていった。そうして、最後まで書いてみて、自分の中に残ったのは、解放感と安心感だった。そこで初めて、今までのモヤモヤとしていた自分の気持ちに気がつくことができた。震災から時間が経ち、世間が日常に戻っていくなかで、私は「あの、あまりにも苦しく悲しかった震災後の日々のことを、自分は絶対に忘れてはいけない」という強迫観念のような思いと、それでも薄れていってしまう自分の記憶や感情の狭間で、とても重苦しい葛藤を感じていた。記憶と正面から向かい合って、再び痛いほどの悲しみに引き込まれるのがこわくて、いろんなものを心の底に押しこめて、目をそらして放置していたような状態だった。それでも今回、苦しみながらも、しっかり記憶と向き合い、それらを自分の身体の外に、文字として出して、文章として保管することで、いつでも見返して思い出せる形にすることができた。もう、震災のことを忘れてわからなくなってしまうことはないんだ、と思ったら、何だかほっと安心して、ぎゅうっと固まっていた心がほぐれていくような気がした。被災者としての責任感から、どこか解放されたような心持ちだった。

そうしたら次は、自分の記憶や思いを書き出しただけのものを、未来に残せるように、矛盾のないものに仕上げたいと思えた。拙いながらも、記憶を文字にしたことで、ほんの少し、自分に自信がついたのだと思う。それでも、何度も文章を読み直し、事実を確認して、直していく作業は思った以上につらく、傷口を何度もえぐっているような気分だった。事実の確認で、母とも何度も衝突した。特に、自分の記憶の曖昧さには、ショックを受けた。でも、人はあまりに強烈な出来事を経験したとき、その当時の記憶が一部抜け落ちたり、曖昧になってしまうものらしい。自分の間違いを認め、ネットや当時の資料から事実を確認し、手記を書き直して、それが完了した今、私の中で、何かひとつ壁を越えられたような気がしている。

この手記には、当時のつらかった記憶や出来事ばかりを多く吐き出してしまった。父の思いを大切にしたかった私と母と、家制度に重きを置く気質の祖父母との間には考え方にも大きな溝があったと思う。世の中が自粛するムードの中、息子を亡くしながらも、神事だからと喪中にせずに正月を祝い敢行した祖父母を理解することは、とても難しかった。私の文章は、読み返してみても、とても尖っているし、いろんなものを否定し、遠ざけ、何かにずっと怒っているように感じる。多分それは、そんな軋轢と一般論と自分たちとの思いのズレによって生じてきたストレスだったと思う。けれど、今思い返せば、その合間合間には、誰かに感謝したこと、うれしかったことも、確実にいくつも存在していた。素直にありがとうと言えたことも少なくなかったはずだ。しかし、感謝のエピソードは、日々の中で誰かに伝えることができるけれど、つらく苦しかった思いは、表に出すことは難しい。だからあえて、今まで人には話せなかった負の部分を多く、この手記に綴ってきた。心が病んで、自分でも自分のことが分からないくらいの感情は、通常なかなか理解してもらえるものではないと思うし、読んで不快になった人も多かったかもしれない。その人たちにはとても申し訳ないと思う。ごめんなさい。けれど、もし今、これを読んでいる人の中に、当時の私と同じような思いを抱えて、悩み、焦っている人がいたならば、表に出せない自分の思いを文字にして「書いてみること」も、ひとつの対処方法となりえるのだと、心の片隅にでも覚えておいてくれればいいなぁと思う。だから、今読み返すととてもイタい感じの自分の文章も、あえてきれいにまとめたりせずに、このまま残すことにしてみた。あの当時のありのままの自分をちゃんと見つめることも、事実を書き出していくことと同じくらい大切なのではないかと思う。

気持ちは、時の流れと共にやわらかく変化してきている。三年経った現在、父の死についてはすべて受け入れ納得もしている。けれど、今なお続く周囲の無責任な言葉や温度差、価値観の相違はまだ許容できず、苦しむこともあり、難しさを感じている。

最後に、この手記を書くうえで、記憶を掘り返しながら思いを言葉に変えていくのに、なかなか筆が進まずイライラしたり、当時を思い出して感情がコントロールできなくなったりと、周囲にはたくさんの迷惑をかけてしまった。特に母とは、何度も感情や考えが衝突し、母に対し消えない心の傷もつけてしまったと思う。それでも、最後までしっかりと、一緒に記憶をたどり支えてくれた母と、見守ってくれた金菱先生には心から感謝している。また、私が筆記療法に取り組む様子を取り上げ、番組として視聴者に「被災者の心の闘い」を伝えてくれたフジテレビの加藤健太郎ディレクターさん、共同テレビジョンの遠藤一弘カメラマンさんにも、改めて心からの感謝を伝えたい。そして、何より、こんな私の拙い文章を最後まで読んで下さった方々、本当にありがとうございます。

（二〇一四年五月）

映像資料

フジテレビ 2013 報道特別番組『0311、知られざる心の闘い こころの再生・復興』3月9日13：30～15：30関東、3月25日深夜1：25～3：25宮城放映.

＊一八九頁 この写真を巻頭の写真集「3・11以後を生きる震災誌」に掲載

おわりに——震災メメントモリを伴った復興論

本書は「彷徨える魂」と共にある震災遺族に重きをおいてきた。本書ではそれを震災メメントモリと呼び、震災の復興を考える際には死者の問題を措いて先に進めないことを、さまざまな事例を通じて見てきた。それでは、なぜ死者が主題となるのか。

宗教学者の狐野利久は、中世ヨーロッパにおいて、屍体の墓像彫刻が流行した背景に、当時の人びとに「生きる」という切実な問題があったからだと論じている（狐野 2001）。すなわち、一二世紀まで全ヨーロッパの森林が伐採され、耕地と人口が増え生活が安定したかにみえたが、一三世紀になると異常気象の寒波に襲われ、不作・凶作のため多くの人が飢えて亡くなった。さらに一四四八年のペストの大流行によって、村や町が壊滅し、人口が半減するなか、病者の看病を放棄し、遺体はゴミのごとく投棄され、人びとは死の恐怖を抱きながら生活していた。死に直面してどのように生きるかが各人の課題となり、屍体の絵や彫刻を目にすることによって、死を直視し、今を生きることの大切さを知るようになったとある。

とりわけ、キリスト教の文脈によれば、財産や名誉など現世の物質的欲望への執着を断ち切れず苦悩すれば、悪魔はそこにつけ込んで人間を誘惑し、これが最後の審判の際に天国に入る妨げになるのだという。屍体の彫刻や絵画は宗教的な意味において、現世の生き方を反省させる役割を担っていた。メメントモリは、直訳すれば、「死を想え、死を忘れるな」ということになるが、「究極的には、生を大事にすることに気が付いて、日々を送ることを意味している」(狐野 2001 : 28)。

東日本大震災の現実を見てきた私たちにとって、震災メメントモリは、信仰という意味での「向こう岸」の死者との霊的な交流ではなく、生ける死者との協同実存として、生者と死者の回路をつなぐ技法であった。現場での方法論は、通常の震災復興のあり方と対極をなす。すなわち、通常の復興は、死者を早く忘れることによって生の再建を果たし、将来再び訪れる災禍をいかに未然に防御するかに腐心する。より高い防潮堤を建設してこれまでの海の暮らしの歴史性を断ち切り、あるいは全く新たな産業を導入することで雇用を確保しようとする。それらはすべて驚きの体験に彩られるような豊かな可能性を排除することで、ある単純で純粋な、陳腐で無味乾燥な公共空間を生みだすことになる。

それに対し、震災メメントモリを用いた回復(レジリエンス)論は、人びとにとって最も大事なものの喪失を色づけることを通じて、不確かな将来を自分たちの側に手繰り寄せ、より確かな世界を再建する(生きなおす)人びとの営為である。震災メメントモリは、経済合理的な利潤計算や工学的な機能論の発想からは決して生まれない。それは、これまで築いてきた歴史や、矛盾しながらも「死者」と折り合いをつけて解決してきた人びとの経験に支えられている。

過剰とも思えるコミュニティの出現は、生者と死者の中間領域に存在する不安定かつ両義的な生/死を縮減し、生死の個別取引の主導権を生者の側に引き戻すための擬似的な社会・文化的装置であった。個人が本来負わなければならない死者への応答をコミュニティへ帰属させることによって、死者との個別交渉による消耗戦で精神を擦り減らす個人の負担を軽減させる実践であった。

「第一の津波」で被災民は家屋や先祖の土地を流失し肉親を亡くしたが、その後行政によって一方的に居住地を再統合されるという「第二の津波」に対して、震災を境に分断された二つの不透明な社会空間を祭礼によって色づけしなおすことによって、宙づりの自己を再定位し、自らの拠って立つ居場所を確保していた。

各浜が有していた生活手段の確保は、外から押しつけられるショック・ドクトリンに抗して、在地リスク回避の役割を果たすにとどまらず、創造的破壊を含意していた。外からやってくる一方的な利益誘導のシステムに依拠することなく、身の丈にあった解決法で問題をクリアする、すなわち大災害という外部の自然条件を社会的・文化的要件という内部システムに取り込み転換させることで、内側からの構造改革を果たしたのである。

気仙沼では、「無」防潮堤を選択することでハレとケという日常と非日常、海との交渉権の思想を発達させ、気仙沼という港町を成り立たせてきた。海は恐ろしいものであるが、同時に海の恵みのおかげで生活を成り立たせてきた。このような海との正負まるごとの両義的な価値が人びとのあいだで共有されている。防潮堤を立てて海から背を向けて暮らすことは、海から学んだ死生観に根ざした恵みをも捨て去ることになる。

最後に、震災遺族にとって心の痛みは消し去るべきものでなく、むしろ抱き続けるべき大切な感情であった。死者を置き去りにした解決策に彼ら彼女らは非常に〝抵抗〟を感じている。自分は安全に避難したために肉親は犠牲になったという悲痛な自責感から、死者を忘れることは肉親の犠牲の繰り返しではないかと怖れるのである。亡くなった肉親との同伴が実感される、いわば、「痛みを温存した」記録筆記法(慟哭の記録)の手法が、彼ら彼女らに一時の開放感をもたらしたのであった。記録筆記法を心理療法のように推奨することはできないが、逆に、早く忘れるように強いる治療は、彼ら彼女らにとって逆効果になりかねないことを銘記するべきである。

以上の実例は、その社会を根底から破壊するような災禍にあってもなお、災禍を吸収するダイナミズムを私たちの社会は本来的に保持していることを示してくれる。すなわち、単に安全を求めるだけでなく災害のリスクを〝引き受ける〟しくみが組み込まれている。このような生と死の両義性に身を委ねている人びとに信頼をおくとするならば、生のみの安全基準を求める復興とは、災害に対して逆に弾力性と柔軟性を失わせ、社会を脆弱化すると言わざるをえないだろう。

津波常襲地帯である三陸沿岸には、「イワシで殺され、イカで生かされた」という伝承がある(第3章注11)。民俗学者の川島秀一は、このことは何かしらの科学的な説明はできるかもしれないが、大漁の後に大津波に襲われた者たちや、あるいは津波後に大漁に見舞われた者たちにとって、それは魚や海洋生物の命と人間の命の「互換関係」としてとらえられている(川島 2012b)。すなわち、ここには自然と人間との贈与交換が成立し、死はただの生物学的な死ではなく、死と生が織りなす文化的な世界として民俗社会のなかに組み込まれているのである。既成の復興プランについて全く異なる視点が必要であることが見通せる。

自然および社会科学に求められているのは、理想的な国家編成のための道具になることではなく、現実には受け入れがたい、なぜこのような習俗や行為があるのか疑問を解き明かし、「死者」を含めた異質な他者の存在を受け入れるパラダイムを確立することである。

三陸沿岸は、しばしば陸の孤島と称されるように、大都市圏からは周縁部にある。それらの地域は少子化や高齢化など日本共通の課題を抱えており、いずれ生じるであろう問題が三〇年圧縮していち早く到来した先進地といえよう。そうであるならば、被災地の三陸沿岸を地理的辺境と見るのではなく、むしろ危機＝災害リスクを生き抜くための智慧が集積した文化的中心とおくことで、主体性に裏打ちされた社会形成の基盤とみることができるだろう。

付記　調査にあたっては、私立大学戦略的研究基盤形成支援事業の「地域脆弱性の克服と持続基盤形成を促す大学・地域協働拠点の構築」（代表：宮城豊彦）、日本学術振興会科学研究費補助金基盤研究（A）「東日本大震災と日本社会の再建――地震、津波、原発震災の被害とその克服の道」（代表：加藤眞義）、日本学術振興会科学研究費補助金若手研究（B）「リスクに対処するためのレジリエンスと生きられた法の環境社会学的研究」（代表：金菱清）、東北学院大学・震災に関わる学長研究助成金（代表者：金菱清）「津波・原発被害を被った漁村と水産業の復興の在り方に関する総合研究――水産業復興特区をめぐって」の成果の一部に基づいている。

あとがき

この三年間ピンと張りつめた空気のなかにいたと言っていい。あるいは拭い去ることのできない緊張感と言っていいかもしれない。そのような緊張感のなかで震災に関わる多くの人の力が筆を執らせてくれたと言っても過言ではない。それは今も継続している。震災前から交誼のあった方々のなかにも亡くなった方が多くいて、その中から考えざるをえなかったし、導いてくれたと思っている。同時にまだまだ震災のもつ裾野の広さと深さに届いていないところがたくさんあることが、研究の上でも、また実践の上でも重くのしかかっていることは確かである。

三年が経ち、当初一丸となって震災に立ち向かうはずの「日本丸」という船は、沈没しかかっている。「まだ震災のことなのか」という外の空気と「まだまだスタートにもつけていない」という現場の空気がまるで寒気流と暖気流のようにぶつかりあい、不協和音を起こしつつある。本書は、後者の被災者の嘆きを通して、前者の忘却しようとする人びとに対して、災害列島に生きる人間のわがこととして震災を考えられるような考察を心掛けてきた。

二〇一三年九月にブータン王国を訪れた。ブータンではよく知られているように、GNHと呼ばれる国民総幸福量として、人びとの幸福（ハピネス）が国家目標の中心におかれている。二万人にものぼる死者・行方不明者を生んだ大震災で「復興」が目標として掲げられているが、手段であるはずの目標がいつのまにか目的化される現実を目の当たりにしてきた。何のための復興か明記されていないために、建物や道路の復旧が最優先されて、そこで暮らす人びとの幸せが結果として置き去りにされる。なかでも死に関しては、いくら復興が進んだところで元には戻らないという悲しみだけが、年月がたつほどに繰り返し遺族に襲いかかる。これが「第二の津波」と呼ぶものの正体である。

日本の場合、独特の先祖観のもと祖霊の棲む場所に自分も加わることを祈念し、死者を彼岸の世界へ押しやる文化的な死の対処法がある。しかし通常時とは異なり、震災の際にはかならずしもこれが有効に働いていないように思われる。すなわち、死者が死者にもなれず、魂が彷徨う現実が被災地を広く深く覆っている。

他方、ブータンでは、仏教の「輪廻転生」が生活の各場面で徹底されていて、四九日の間にバルド（中間領域）を通ってすべての人が次の人生を歩むことになる。これは祝福すべきことであるので、この四九日の間に悲しむことが祝うことに一八〇度転換する場面を必ず迎える。悲しんでいると、亡くなった人が現世に未練を残すことになり、次のステージに転生できなくなる最悪の事態が発生する。したがって、悲しみを残さないしくみが幾重にも社会・文化的装置として組み込まれている。

たとえば、お墓もなければ先祖という概念もない。なぜなら生きとし生けるものはすべてが生まれ変わるからである。小さい頃からツェチュという大衆の祭りのなかでバルドチャム（地獄の再演）を通じて、老若男女が死後の世界を五感で体感する。そのなかで、現世で悪行を重ねれば地獄などの六道の下位に落ち、善行を積めば上位に生まれ変わると体得し、わがこととして真剣な眼差しのもとで、見る者と見られる者の関係性を昇華させる。「死を想え」というメメントモリが生活のなかでつねに想起されている。死に直面して、ジタバタしないことに慣れていて、いざという時に残された遺族を狼狽させないしくみが生活の中に埋め込まれている。

死を文化的なバリエーションからとらえた場合、日本では近代化に伴ってあらゆる場面で死を遠ざけてきた。その結果、災害死に直面した時にはきわめて社会的に脆弱であるように思われる。ただし、それでもなお本書の事例を通して、コミュニティの崩壊や近親者の死に対して人びとはどのように向きあってきたのかという創意工夫の痕跡を窺い知ることができるのではないだろうか。

閖上の仮設団地の自治会の試みは、自治会長さんが述べるように、死に対して悲しむ気持ちを十二分に理解できる一方で、それを忘れることも大事だという。また「痛み温存」としての記録筆記法もまた、死者の追悼を通して生者が前に進むための方法である。災害死における悲しみからの回復方法は、何も確立された宗教的儀礼のみではなく、擬似的な社会・文化的装置によって補完されることが現場から見えてきた。すなわち、文化的バリエーションとして死の受け止め方が、よりよく変形されたことになる。ここに千年災禍という未曾有の災害におけるコントロールの思想を、私たちは垣間見ることができるだろう。

本書の執筆に当たって数え切れないほど多くの方々の協力を得た。また、多くの写真を提供いただだいた。すべてお名前をあげることはできないが、ここで深く御礼申し上げたい。資料の整理に当たっては、東北学院大学大学院生の相澤卓郎君に手伝っていただいた。赤井志帆さんには、心身のストレスが増すなか、勇気を振り絞り書いて下さったことに感謝申し上げるとともに、敬意を表したいと思います。新曜社編集部の小田亜佐子さんには、『3・11慟哭の記録』の取り組み以来、今回の刊行にむけて細やかな助言をいただき、出版への道を拓いていただきました。

参考文献

阿部ゆず子ほか 2008「魚問屋からみる港町　気仙沼」佐久間政広ほか編『気仙沼に学ぶ――二〇〇七年度東北学院大学教養学部地域構想学科発展実習（地域社会コース）報告書』：15–28.

網野善彦 1996『無縁・公界・楽――日本中世の自由と平和』平凡社.

Campbell, R. S. and J. W. Pennebaker, 2003, "The Secret Life of Pronouns : Flexibility in Writing Style and Physical Health", *Psychological Science* 14 : 60–5.

フジテレビ 2013 報道特別番組『０３１１、知られざる心の闘い　こころの再生・復興』３月９日13：30～15：30 関東、３月25日深夜１：25～３：25 宮城放映.

S・フロイト 高橋義孝ほか訳 1969『トーテムとタブー』フロイト著作集 人文書院.

船木伸江・河田恵昭・矢守克也・川方裕則 2006「大規模災害時における遺体の処置・埋火葬に関する研究」日本自然災害学会編『自然災害科学』24(4)：447–71.

古川彰 2004「村の災害と無事―「貧民漁業制」という仕掛け」『村の生活環境誌』世界思想社：202–12.

古川美穂 2012「協同ですすめる復旧復興」『世界』226：35.

橋本裕之 2012「祭を再開する理由―東日本大震災以降の現状と課題」『建築雑誌』127：25.

林春男ほか 2009『災害エスノグラフィー――阪神・淡路大震災　秘められた証言』ＮＨＫ出版.

スザンナ・ホフマン 若林佳史訳 2006「怪物と母—災害の象徴表現」ホフマン、オリヴァー＝スミス編『災害の人類学——カタストロフィと文化』明石書店：127–60.
兵藤裕己 2010『王権と物語』岩波現代文庫.
飯島伸子 2000「地球環境問題時代における公害・環境問題と環境社会学—加害—被害構造の視点から」『環境社会学研究』6: 5–22.
池上良正 2003『死者の救済史——供養と憑依の宗教学』角川書店.
今井信雄 2002「阪神大震災の「記憶」に関する社会学的考察—被災地につくられたモニュメントを事例として」『ソシオロジ』47(2)：89–104.
今西肇 2012「気仙沼市南町およびその周辺地区の復興に向けての提案—海と共生する気仙沼市中心市街地の新たなまちづくりを進めるために」『東北工業大学新技術創造研究センター紀要ＥＯＳ』25(1)：27–40.
石川公彌子 2009『〈弱さ〉と〈抵抗〉の近代国学——戦時下の柳田國男・保田與重郎・折口信夫』講談社選書メチエ.
梶田孝道 1988『テクノクラシーと社会運動——対抗的相補性の社会学』東京大学出版会.
金菱清 2008『生きられた法の社会学——伊丹空港「不法占拠」はなぜ補償されたのか』新曜社.
金菱清 2011「一〇〇年前の公共事業が引き起こす環境破壊—濁流問題と海の〝カナリア〟」船橋晴俊編『環境社会学』弘文堂：76–91.
金菱清編 2012『3・11慟哭の記録——71人が体感した大津波・原発・巨大地震』新曜社.
金菱清 2013「弱者生活権を保障する—災害の所有」金菱清編『千年災禍の海辺学——なぜそれでも人は海で暮らすのか』生活書院：234–50.
河相一成 2011『海が壊れる「水産特区」』光陽出版社.

川島秀一 2011「流された漁村にたつ」『季刊東北学』28：194-200.
川島秀一 2012a『津波のまちに生きて』冨山房インターナショナル.
川島秀一 2012b「津波記念碑から見た三陸沿岸の生活文化」『地域災害と環境脆弱性の克服に関する国際会議と地域会議報告資料』(東北学院大学教養学部地域構想学科).
川島秀一 2013「魚と海難者を祀ること」『歴史民俗資料学研究』(神奈川大学大学院) 18：235-56.
気仙沼漁業協同組合 1985『気仙沼漁業協同組合史』同組合.
気仙沼ライオンズクラブ編 1972『目で見る気仙沼の歴史』同クラブ.
気仙沼魚問屋組合 2001『五十集商の軌――港とともに 気仙沼魚問屋組合史』同組合.
金賢貞 2014「東日本大震災と離島の民俗文化―女川町出島の獅子振りを中心に」高倉浩樹・滝澤克彦編『無形民俗文化財が被災するということ―東日本大震災と宮城県沿岸部地域社会の民俗誌』新泉社：71-80.
ナオミ・クライン 幾島幸子・村上由見子訳 2011『ショック・ドクトリン――惨事便乗型資本主義の正体を暴く』上・下 岩波書店.
今野雄太郎 2013「早期の復興を支えた〝沖出し〟―海のアジール論」金菱清編『千年災禍の海辺学――なぜそれでも人は海で暮らすのか』生活書院：68-82.
狐野利久 2001「「メメントモリ(死を想え)」について―仏教との類縁性も合わせての考察」『札幌大谷短期大学紀要』32：1-32.
小谷竜介 2013「被災地における民俗調査の在り方―震災前の調査と震災後の調査」国立文化財機構東京文化財研究所無形文化遺産部編『記憶・記録を伝承する――災害と無形の民俗文化』同研究所：25-34.
香坂玲 2012「祭りと劇の似合う街―非日常というインフラ」『地域再生――逆境から生まれる新たな試み』岩波ブックレット 851：8-14.

丸山茂樹 2012「震災復興政策の比較検討とオルタナティブの創造・実践—宮城県・岩手県の政策と宮古市・重茂（おもえ）漁協の実践事例」『えんとろぴい』73: 46–51.
政岡伸洋 2012「暮らしの文化と復興に向けての課題」『二一世紀ひょうご』12: 6–10.
松田素二 1999『抵抗する都市——ナイロビ　移民の世界から』岩波書店.
松井克浩 2011『震災・復興の社会学——二つの「中越」から「東日本」へ』リベルタ出版.
宮城県 1935『宮城県昭和震嘯誌』.
宮城県 2011『東日本大震災復興構想会議資料』（村井嘉浩宮城県知事五月一〇日提出）.
宮本常一 2012『飢餓からの脱出——生業の発展と分化』田村善次郎編　八坂書房.
諸井孝文・武村雅之 2004「関東地震（1923年9月1日）による被害要因別死者数の推定」日本地震工学会『日本地震工学会論文集』4(4): 21–45.
長峯純一 2013「防潮堤の法制度、費用対便益、合意形成を考える」『公共選択』59: 143–61.
中坪廉 2013「町の存続と漁業を成り立たせる〝信頼〟—漁業のモラル・エコノミー」金菱清編『千年災禍の海辺学——なぜそれでも人は海で暮らすのか』生活書院: 118–32.
野中大樹 2013「巨大防潮堤を考える(3)　海が遠くなることの危険」『週刊金曜日』3.29: 29–31.
荻野昌弘 1998『資本主義と他者』関西学院大学出版会.
荻野昌弘 2005『零度の社会——詐欺と贈与の社会学』世界思想社.
岡田広行 2012「気仙沼市を揺るがす巨大海岸堤防計画」『週刊東洋経済』9.22: 88–91.
重茂漁業協同組合 2000『至福を求め、海に生きる——五十年の軌跡』同組合.
重茂漁業協同組合 2013『復興へのみちのり』同組合.
ジェームス・W・ペネベーカー　獅々見照・獅々見元太郎訳 2007『こころのライティング——書いていやす回復

ワークブック』二瓶社.
齋藤宇成 2013「96人の協業化の試み―社会的ジレンマにメスをいれる取り組み」金菱清編『千年災禍の海辺学――なぜそれでも人は海で暮らすのか』生活書院：218-32.
佐々木広清 2013「命を守る防潮堤を〝拒否〟する人々―地域社会の紐帯を守るために」金菱清編『千年災禍の海辺学――なぜそれでも人は海で暮らすのか』生活書院：46-67.
佐藤航太・大内千春・高橋智美 2012「理想的なコミュニティを生み出す地域性と共同性の要件―宮城県名取市箱塚桜団地仮設住宅を事例に」『東北学院大学教養学部論集』162：133-66.
佐藤正助監修 2000『目で見る気仙沼・本吉・登米の百年』郷土出版社.
R・ソルニット 高月園子訳 2010『災害ユートピア――なぜそのとき特別な共同体が立ち上るのか』亜紀書房.
菅豊 2004「平準化システムとしての新しい総有論の試み」寺嶋秀明編『平等と不平等をめぐる人類学的研究』ナカニシヤ出版：240-73.
菅豊 2005「在地社会における資源をめぐる安全管理―過去から未来へ向けて」松永澄夫編『環境 安全という価値は…』東信堂：69-100.
菅原秀 2011「沖出しの記憶」『公評』48(6)：26-33.
鈴木啓也ほか 2008「魚町商店街の顔」佐久間政広ほか編『気仙沼に学ぶ――二〇〇七年度東北学院大学教養学部地域構想学科発展実習（地域社会コース）報告書』：67-84.
庄司貴俊 2013「唯一「水産業復興特区」に賛成する論理―平等性の原則」金菱清編『千年災禍の海辺学――なぜそれでも人は海で暮らすのか』生活書院：100-16.
高橋正樹・菅原昭彦 2013「被災地からの発信（第一回）市民による防潮堤計画を目指して―気仙沼市「防潮堤を勉強する会」の活動報告（小特集 東日本大震災から二年）」『土木学会誌』98(3)：62-5.

高橋統一 1994『村落社会の近代化と文化伝統――共同体の存続と変容』岩田書店.
高倉浩樹・滝澤克彦・政岡伸洋編 2012『東日本大震災に伴う被災した民俗文化財調査 二〇一一年度報告書集』.
高倉浩樹・滝澤克彦編 2013『東日本大震災に伴う被災した民俗文化財調査 二〇一二年度報告書集』.
高桑守史 1994『日本漁民社会論考――民俗学的研究』未來社.
竹内利美 1966「東北村落と年序集団体系」『日本文化研究所研究報告』(東北大学文学部日本文化研究施設編) 4: 57–69.
滝澤克彦 2013「祭礼の持続と村落のレジリアンス―東日本大震災をめぐる宗教社会学的試論」『宗教と社会』19: 115–29.
田辺元 2010「メメント モリ」藤田正勝編『死の哲学』岩波文庫: 11–29.
谷謙二 2012「小地域別にみた東日本大震災被災地における死亡者および死亡率の分布」『埼玉大学教育学部地理学研究報告』32: 1–26.
丹野宏美 2009『「浮気」と「信頼」の駆け引き――宮城県におけるカキ養殖業を事例として』東北学院大学教養学部総合研究.
寺田寅彦［1933］2011「津浪と人間」『天災と国防』講談社学術文庫: 136–45.
鳥越皓之 1997「コモンズの利用権を享受する者」『環境社会学研究』3: 5–14.
内田樹 2004『死と身体――コミュニケーションの磁場』医学書院.
内山節 2001「新たな共有的世界の創造と里山」トトロのふるさと財団編『都市近郊の里山の保全』トトロのふるさと財団: 70–9.
植田今日子 2012「なぜ被災者が津波常習地へと帰るのか」『環境社会学研究』18: 60–81.

梅屋潔 2004「書評――池上良正著『死者の救済史――供養と憑依の宗教学』」『宗教研究』341：433-8.
若松英輔 2012『魂にふれる――大震災と、生きている死者』トランスビュー.
渡辺征治 2011「天然ワカメと定置網から再起を―漁師を地域から流出させない」『季刊地域』SUMMER：42-5.
山泰幸 2006「「象徴的復興」とは何か」『先端社会研究』（関西学院大学）5：153-75.
山口弥一郎［1943］2011『津波と村』三弥井書店.
柳田邦男 1995『犠牲（サクリファイス）――わが息子・脳死の一一日』文春文庫.
柳田國男 1975『先祖の話』筑摩叢書.
安田寿典 2013「獅子と暮らす浜―民俗芸能と地域コミュニティの再構築」金菱清編『千年災禍の海辺学――なぜそれでも人は海で暮らすのか』生活書院：14-29.
吉田典史 2012『震災死――生き証人たちの真実の告白』ダイヤモンド社.
吉野英岐 2012「東日本大震災後の農山漁村コミュニティの変容と再生―岩手県沿岸地域での調査から」『コミュニティ政策』10：61-84.
吉野英岐 2013「津波被災地における復興と土地問題」『第86回日本社会学会大会シンポジウム　ポスト3・11の社会学』報告資料.

初出一覧

第1章　彷徨える魂のゆくえをめぐって——災害死を再定位する〝過剰な〟コミュニティ
「災害死を再定位するコミュニティの過剰な意義——ｉｆの未死と彷徨える魂の行方をめぐって」『フォーラム現代社会学』12号特集 2013.5: 104-13.

第2章「生きなおす」ための祭礼——拠って立つ居場所を具現化する祭礼の意義
「巨大地震で落ちなかった受験の神様と「担がれない」お神輿——石巻市北上町十三浜追波地区」高倉浩樹・滝澤克彦編『無形民俗文化財が被災するということ——東日本大震災と宮城県沿岸部地域社会の民俗誌』新泉社 2014: 52-9.

第3章　内なるショック・ドクトリン——第二の津波に抗する生活戦略
「内なるショック・ドクトリン——第二の津波に抗する生活戦略」『理論と動態』6号 2013: 20-36.

第4章　千年災禍のコントロール——原発と津波をめぐる漁山村の論理
「千年災禍のコントロール——原発と津波をめぐる漁山村の論理から」田中重好・船橋晴俊・正村俊之編『東日本大震災と社会学——大災害を生み出した社会』ミネルヴァ書房 2013: 105-32.

第5章「海との交渉権」を断ち切る防潮堤——千年災禍と日常を両属させるウミの思想
書き下ろし

第6章　震災メメントモリ――痛みを温存する「記録筆記法」と死者をむすぶ回路
「震災メメントモリ――「痛み温存」としての記録筆記法と死者をむすぶ回路」『震災学』3号　荒蝦夷 2013.10: 176–89.

＊各章とも出版にあたって全面的に稿を改め、図版・写真を補った。

著者紹介

金菱　清（かねびし　きよし）

1975年　大阪府生まれ

関西学院大学大学院社会学研究科博士後期課程単位取得退学　社会学博士

『文藝春秋』識者が選んだ108人（今後10年間に世界的な活躍を期待できる逸材）（2013年）に選ばれる

現在　東北学院大学教養学部地域構想学科教授　環境社会学専攻

主著

『生きられた法の社会学――伊丹空港「不法占拠」はなぜ補償されたのか』新曜社 2008年（第８回日本社会学会奨励賞著書の部）

『３・11慟哭の記録――71人が体感した大津波・原発・巨大地震』（編著）新曜社 2012年（第９回出版梓会新聞社学芸文化賞）

『千年災禍の海辺学――なぜそれでも人は海で暮らすのか』（編著）生活書院 2013年

『新体感する社会学――Oh！My Sociology』新曜社 2014年

震災メメントモリ
第二の津波に抗して

初版第１刷発行　2014年６月20日

著　者　金菱　清

発行者　塩浦　暲

発行所　株式会社　新曜社

101-0051　東京都千代田区神田神保町 3-9　第一丸三ビル

電 話 03(3264)4973(代)・FAX 03(3239)2958

E-mail：info@shin-yo-sha.co.jp

URL：http://www.shin-yo-sha.co.jp/

印　刷　星野精版印刷(株)

製　本　イマヰ製本所

ISBN978-4-7885-1389-1　C1036

第9回出版梓会　新聞社学芸文化賞受賞！

ISBN978-4-7885-1270-2 C1036　四六判上製 560 頁　本体2800円

新 体感する社会学

Oh! My Sociology

金菱 清　四六判並製240頁・2200円

ISBN978-4-7885-1388-4　C1036

「めっちゃ面白い」と大好評のぶっとび社会学テキストをリニューアル！大震災はいつどこで起きてもおかしくない。世界がひっくり返る非日常の正体とは？　イラストとデザインを一新して半期 15 回の大学の講義計画にマッチした新構成で快走中！

第8回日本社会学会奨励賞受賞

生きられた法の社会学

伊丹空港「不法占拠」はなぜ補償されたのか

金菱 清　四六判上製232頁・カラー16頁・2500円

ISBN978-4-7885-1087-6 C3036

国家、民族、労働、生活環境から何重にも締め出され、剥き出しの生を背負わされた在日の「生きられた法」とは。不法占拠の系譜から、合法的な補償へ至る過程を鮮烈に描く。

新曜社　表示価格は税抜